Franz Hauleitner

Dolomiten · Band 7

Südöstliche Dolomiten

Cortina bis Belluno

56 Touren in den Zoldiner und Belluneser Bergen sowie in den Dolomitgebieten östlich des Piave

ROTHER BERGVERLAG

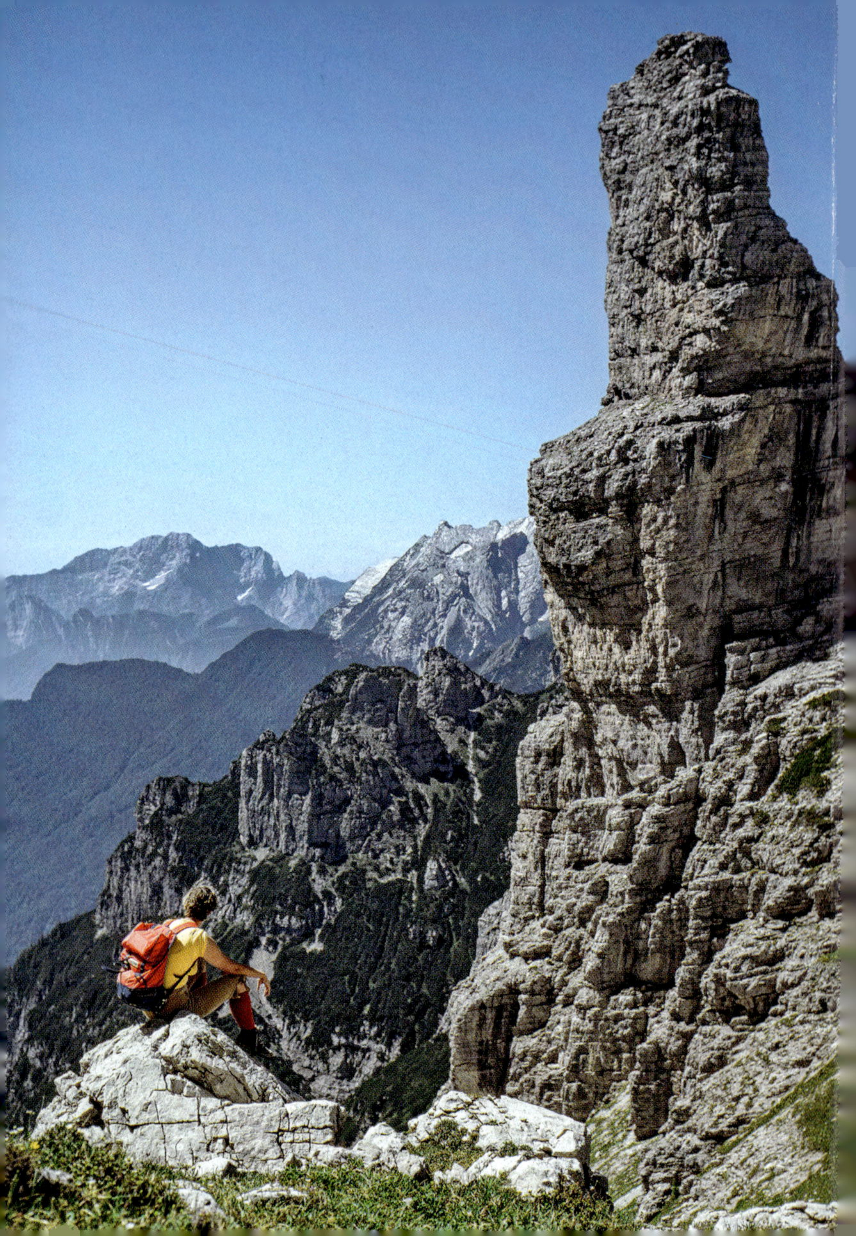

Vorwort

Die Dolomiten sind ein großartiges, weil wunderbar vielgestaltiges Felsrevier im Herzen der Südalpen und zählen deshalb zu den bevorzugten Erholungsgegenden der Mitteleuropäer. Ihre Umgrenzung wird durch die Flussläufe Rienz (Norden), Eisack, Etsch (Westen), Avisio, Cismon (Südwesten) und Piave (Süden, Osten) einwandfrei festgelegt.
Wer heute seinen Urlaub in diesem Gebiet verbringt, will meist zweierlei: einerseits die Bergwelt rund um seinen Aufenthaltsort erwandern und kennenlernen, andererseits nach Lust und Laune auch seinen sonstigen Interessen frönen und die Annehmlichkeiten der Zivilisation genießen. Diesem Trend trägt auch die Dolomiten-Reihe der Rother Wanderführer Rechnung, deren Aufbau und Einteilung sich gleichermaßen an den großen touristischen Zentren wie auch an den Talschaften und bekannten Berggruppen orientiert. Das Führerwerk ist für Wanderer bestimmt, die in dem so verlockend großartigen Bergraum nach unschwierigen, ungefährlichen, aber lohnenden Unternehmungen Ausschau halten. Ihnen eröffnet sich ein reiches Betätigungsfeld: bewaldete Mittelgebirge, märchenhaft schöne Lärchen- und Wiesenbezirke zwischen den Felskolossen, tiefe Schluchten, malerische Täler, verträumte Bergseen, prächtige Aussichtspunkte und auch leicht erreichbare Gipfel.
Im vorliegenden Band 7 wird der Südbereich der Östlichen Dolomiten, also der Bergraum zwischen Cordevole- und Piavetal, Cortina und Belluno beschrieben. Um an den schon vorhandenen Rother-Wanderführer »Friaul-Julisch Venetien« von Helmut Lang anzuknüpfen, werden hier auch die aus Dolomitgestein geformten Gebiete der Südlichen Karnischen Alpen – Friulaner Dolomiten, Dolomiti di sinistra Piave bzw. Dolomiti d'oltre Piave genannt – sowie das Mittelgebirge der Venetianischen Voralpen einbezogen. Kerngebiet aber sind die Berge rings um den Talkessel von Forno di Zoldo, eines der großartigsten Tourenzentren der Dolomiten, ja der Alpen.
Viele der hier angeführten Touren sind unschwierig und folgen gut bezeichneten Wegen. Andere wiederum stellen an Übung, Ausdauer und Orientierungsvermögen erhöhte Ansprüche. Der Mangel an Stützpunkten und die im Vergleich zu den Norddolomiten größeren Höhenunterschiede zwischen Tälern und Gipfeln werden in längeren, anspruchsvolleren Unternehmungen und in einer größeren Anzahl mehrtägiger Wanderungen sichtbar. Die durchschnittliche Gehzeit pro Tourentag liegt immerhin bei knapp fünf Stunden, die zu bewältigende mittlere Aufstiegshöhe pro Tag bei 750 Metern. Der allgemein größere körperliche Einsatz wird durch Stille, unberührte Natur und ein großartig gesteigertes Landschaftsbild reichlich wettgemacht.
In diesem Sinne wünscht der Autor allen Benützern dieses Wanderführers erlebnisreiche Stunden in den unvergleichlichen Süddolomiten.

Wien, Sommer 2022 — Dr. Franz Hauleitner

Inhaltsverzeichnis

Tàmer – Prampèr – Talvena

Schiaragruppe

Dolomiten jenseits des Piave (Friulaner Dolomiten)

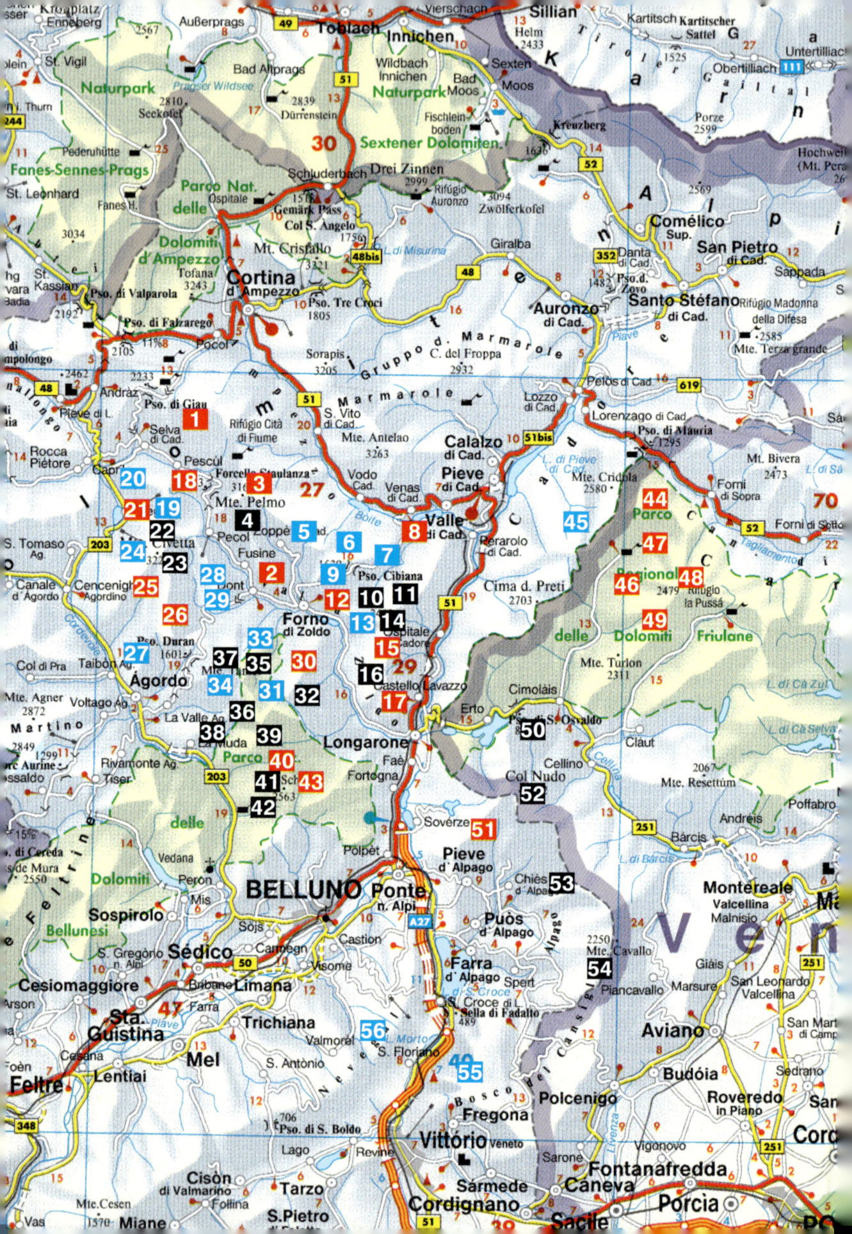

Toblach
Innichen
Sillian
Vierschach
Außerprags
Kronplatz
Enneberg
St. Vigil
Naturpark
Pragser Wildsee
Bad Altprags
Wildbach Innichen
Naturpark
Bad Moos
Moos
Sexten
Helm
2433
Kartitsch
Kartitscher Sattel
Untertilliach
Obertilliach
Fischleinboden
Sextener Dolomiten
Dürrenstein
2839
Seekofel
2810
Kreuzberg
Porze
2599
Hochweiß (Mt. Peral)
Pederuhütte
Fanes-Sennes-Prags
Schluderbach
Drei Zinnen
2999
Rifúgio Auronzo
3094
Zwölferkofel
St. Leonhard
Fanes H.
Parco Nat. delle Dolomiti d'Ampezzo
Ospitale
Gemärk Pass
Col S. Angelo
Mt. Cristallo
3321
L. di Misurina
Giralba
Comélico Sup.
San Pietro di Cad.
Sappada
Danta di Cad.
Pso. d. Zovo
St. Kassian
Pso. di Valparola
Tofana
3243
Cortina d'Ampezzo
Pso. Tre Croci
1805
Auronzo di Cad.
Santo Stéfano di Cad.
Rifúgio Madonna della Difesa
Mte. Terza grande
Pso. di Falzarego
Pocol
Sorapis
3205
Gruppo d. Marmarole
C. del Froppa
2932
Piave
Pelos di Cad.
Andraz
Pso. di Giau
Marmarole
Lozzo di Cad.
Lorenzago di Cad.
Pso. di Máuria
1295
Pieve di L.
Selva di Cad.
Rifúgio Città di Fiume
S. Vito di Cad.
Mte. Antelao
3263
Calalzo di Cad.
L. di Pieve di Cad.
Mt. Bivera
2473
Rocca Piétore
Caprile
Pescúl
Forcella Staulanza
Vodo Cad.
Venas di Cad.
Pieve di Cad.
Mte. Cridola
2580
Forni di Sopra
Parco
Mte. Pelmo
Zoppè
Boite
Valle di Cad.
Forni di Sotto
S. Tomaso Ag.
Civetta
Pecol
Fusine
Perarolo di Cad.
Tagliamento
Canale d'Agordo
Cencenighe Agordino
Pso. Cibiana
Cima d. Preti
2703
Regionale
Rifugio la Pussa
Forno di Zoldo
Ospitale di Cadore
delle Dolomiti Friulane
Pso. Duran
1601
Col di Pra
Taibòn Ag.
Ágordo
Castello Lavazzo
Mte. Turlon
2311
Cimolàis
L. di Cà Zul
Mte. Agner
2872
Voltago Ag.
La Valle Ag.
Erto
Pso. di S. Osvaldo
L. di Cà Selva
Martino
La Muda
Longarone
Claut
Rivamonte Ag.
Tiser
Parco
Faè
Fortogna
Cellino
Col Nudo
Mte. Resettùm
Poffabro
delle
Soverzè
Andreis
Bàrcis
L. di Bàrcis
Vedana
Dolomiti
Perón
Polpèt
Pieve d'Alpago
Chiès d'Alpago
Montereale Valcellina
Malnisio
Sospirolo
Bellunesi
Mis
BELLUNO
Ponte n. Alpi
Puòs d'Alpago
Alpago
Sòis
Castion
2250
Mte. Cavallo
S. Gregòrio n. Alpi
Sédico
Cargegn
Visome
Farra d'Alpago
Spert
Giàis
San Leonardo Valcellina
Cesiomaggiore
Bribano
Limana
L. di S. Croce
S. Croce di L.
Sella di Fadalto
489
Piancavallo
Marsure
Farra
Sta. Guistina
Trichiana
Valmorel
L. Morto
S. Floriano
Aviano
San Martino di Campagna
Cesana
Mel
S. Antònio
Bosco
Cansiglio
Polcenigo
Budóia
Sedrano
Feltre
Lentiai
Fregona
Roveredo in Piano
706
Pso. di S. Boldo
Vittório Veneto
Vigonovo
Livenza
Lago
Revine
Sarone
Fontanafredda
Cisòn di Valmarino
Tarzo
Sàrmede
Caneva
Porcia
Mte. Cesen
1570
Follina
Miane
S. Pietro
Cordignano
Sacile

Wichtige Hinweise für Unterwegs

Anforderungen

Viele Wanderungen verlaufen auf gut instand gehaltenen, markierten Steigen und Wegen, sind also im alpinistischen Sinn leichte Unternehmungen. Andere Touren verlangen hingegen bergsteigerische Übung, Trittsicherheit, Schwindelfreiheit und Ausdauer. Um die jeweiligen Anforderungen besser einschätzen und vergleichen zu können, werden die Nummern der einzelnen Tourenvorschläge mit verschiedenen Farben versehen. Diese erklären sich wie folgt:

Leicht Wanderungen auf markierten, meist auch trassierten Wegen und Pfaden. Unschwierig und in der Regel nur wenig anstrengend. Auch für Kinder und Senioren geeignet.

Mittel Bergwanderungen auf meist markierten Pfaden und Steigen, die jedoch häufig schmal und steil angelegt sind und über kurze Abschnitte auch ausgesetzt sein können. Trittsicherheit, etwas Schwindelfreiheit und Orientierungsvermögen nötig.

Schwierig Anspruchsvolle Bergtouren mit unmarkierten, zum Teil auch weglosen Passagen. Stellenweise können die Steige sehr ausgesetzt sein, manchmal wird die Zuhilfenahme der Hände notwendig (leichte Kletterei im Schwierigkeitsgrad I, vereinzelt auch II), an gesicherten Passagen kann ein Klettersteigset nötig sein. Nur für absolut trittsichere, schwindelfreie, konditionsstarke und alpin erfahrene Geher.

Der über dem Oberzoldo thronende Bergweiler Coi prunkt mit alten Holzhäusern und Aufblick in die grandiosen Südwände des Pelmo-Massivs.

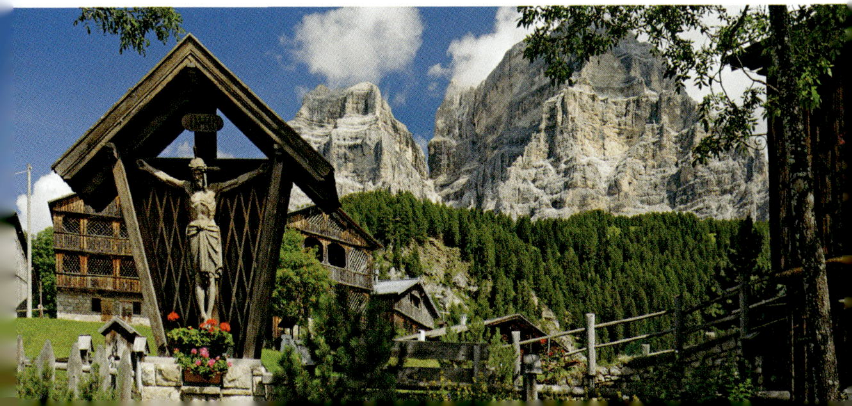

Symbole

Symbol	Bedeutung	Symbol	Bedeutung
	mit Bahn/Bus erreichbar		Gipfel
	Einkehrmöglichkeit unterwegs		Pass, Sattel
	für Kinder geeignet		Kirche, Kapelle, Marterl/Bildstock
	Ort mit Einkehrmöglichkeit		Burg, Schloss, Ruine
	Einkehrmöglichkeit		Picknickplatz
	Biwakschachtel		Aussichtsplatz
P	eingerichteter Parkplatz		Abzweigung
	Bus- bzw. Bahnanschluss		Quelle
	Fahrt mit Taxi		Klettersteigpassage

Gehzeiten

Man beachte, dass sich die Zeitangaben (Gesamtgehzeit in der Titelzeile, in den Diagrammen auch Teilgehzeiten) nur auf die reine Gehzeit beziehen. Rasten, Verlangsamung der Gehgeschwindigkeit durch Übermüdung usw. sind darin nicht enthalten. Wiederholt eingelegte Pausen können in Summe die Gehzeit wesentlich verlängern. Zeitangaben sind natürlich auch subjektiv. Die entsprechende Korrektur zur angeführten Gehzeit kann durch einen anfänglichen Zeitvergleich ermittelt werden. (zum Beispiel: 1 Stunde im Führer entspricht 1¼ Std. persönlicher Gehzeit).

Kinder

Wanderungen, die mit Kindern unternommen werden können, sind in diesem Buch durch ein Symbol gekennzeichnet. Bei Kindern zwischen fünf und fünfzehn Jahren ist weniger die Schwierigkeit einer Tour als die gebotene Abwechslung ausschlaggebend, denn junge Leute lieben das Abenteuer, die sportliche Betätigung und das Spiel in freier Natur. Man bedenke: Ein einziger fader Waldhatscher kann dem heranreifenden Sprössling die Lust auf weitere Unternehmungen am Berg komplett nehmen.

Auf einer längeren Tour sind Einkehrmöglichkeiten unterwegs ein wichtiges Kriterium für Kindertauglichkeit. Dort können die jungen Leute ausreichend spielen, herumtollen und sich ausruhen. Und sollte für den Nachwuchs das zumutbare Tagespensum schon erreicht sein, besteht immer noch die Möglichkeit, zu übernachten (Hüttenabend!) und das Unternehmen anderntags ausgeruht und gut gelaunt fortzusetzen.

Höhenunterschied(e)

Unter dieser Angabe ist jeweils die Summe auf einer Tour im Aufstieg bzw. im Abstieg zu bewältigenden Höhenunterschiede zu verstehen. Gegensteigungen werden also berücksichtigt!

Ausrüstung

Feste Schuhe mit Profilgummisohle, zweckmäßige Bekleidung sowie Rucksack mit Pullover, Regenschutz, Anorak und kleinerem Tourenproviant (Wasserflasche!) sind Voraussetzung.

Morgenstimmung über dem Zoldin. Blick von der Coldaihütte auf M. Punta, Bosconerogruppe und Friulaner Dolomiten.

Gefahren

Obwohl die meisten der hier angeführten Wanderungen gebahnten Wegen folgen, ist an einzelnen abrutschbereiten Stellen, bei Querung steiler Hänge oder hart gefrorener Schneefelder sowie im steinschlaggefährdeten Gelände Vorsicht am Platze. Eine gewisse Gefahrenquelle stellen auch sommerliche Gewitter sowie das lokale Vorkommen von Giftschlangen (Vipern) dar.

Bergrettung, Notruf

In Italien kann über die Telefonnummer 118 (kostenlos, keine Vorwahl!) die Bergrettung verständigt werden. Bei einem Handy ist unter Verwendung der Europäischen Notrufnummer 112 (ebenfalls kostenlos, keine Vorwahl) der gleichzeitige Zugriff auf alle Netzbetreiber möglich, allerdings nur dann, wenn zuvor der PIN-Code nicht eingegeben wurde.

Wegmarkierungen

Neben der einheitlichen rot-weiß-roten Markierung besitzen viele Steige auch eigene Nummern. Ihr Auffinden wird dadurch erleichtert. Wo Farbzeichen fehlen, verblasst oder unleserlich geworden sind, ist auf mögliche Steinmänner-Markierungen zu achten.

Künstliche Aufstiegshilfen

Von Stützpunkten, die mit Seilbahn oder Sessellift erreichbar sind, werden gelegentlich Wanderungen im Abstieg beschrieben. Man beachte, dass diese Anlagen oft nur während der Sommermonate (Juli bis September) in Betrieb sind. In der übrigen Zeit können solche Tourenziele bzw. Ausgangspunkte auf markierten Fahr- und Fußwegen zu Fuß erreicht werden, was zum Teil mit erheblicher Mehrleistung und zusätzlichen Gehzeiten verbunden ist, Fakten, die bei der Urlaubsplanung jedenfalls in Betracht zu ziehen sind. Bei den an Wochenenden gebundenen Öffnungszeiten der Lifte werden in diesem Wanderführer oft Zeitspannen (z. B. 5./10. Juni bis 15./20. September) angegeben, innerhalb derer die Lifte im mehrjährigen Durchschnitt in Betrieb sind.

Top-Touren in den Südostdolomiten

Monte Punta

Der Aussichtsberg des Zoldin, im Zuge einer attraktiven Runde unschwierig zu erreichen (Tour 2, 3 Std.).

Monte Pelmo

Gewaltigster Felsberg der Dolomiten mit interessanter Normalroute (Ballband). 2-Tage-Tour nur für geübte Bergsteiger! (Tour 4, 9¾ Std.)

Monte Rite

Als Aussichtsberg ein Solitär und durch das »Museum in den Wolken« attraktiv gemacht, gehört der Monte Rite in das Programm eines jeden Zoldotal-Besuchers (Tour 7, 4¾ Std.).

Um den Spiz San Piero

Für »Spürnasen« gerade das Richtige, denn es beginnt mit einer Fährtensuche im Wald und setzt sich als formidable Genusswanderung fort. Traumhaft! (Tour 12, 4½ Std.)

Civetta-Höhenweg

Der Höhenspaziergang von der Coldai- zur Vazzolèrhütte unter der grandiosen Civetta-Nordwestwand gilt als Dolomiten-Hit! (Tour 24, 8 Std.)

Tàmer-Höhenweg West

Als Teilstück des Dolomiten-Höhenwegs Nr. 1 vermittelt die Tour wunderbare Ausblicke zu den Agordiner Bergen, ist obendrein einfach und auch mit Kindern zu machen (Tour 34, 6½ Std.).

Von Norden auf den Monte Schiara

Auf den Spuren der Erstbesteiger auf einen großen Dolomitenberg. Für geübte Bergwanderer ein Hochgenuss! (Tour 40, 13 Std.)

Costa di Vedorcia

Als Luginsland zwischen den Dolomiten beiderseits des Piave vermittelt ein Besuch der Costa di Vedorcia bei geringem Kraftaufwand ein Optimum an Eindrücken (Tour 45, 4 Std.).

Zum Campanile di Val Montanaia

Die inmitten eines Geröllkares unvermittelt aufragende 200 Meter hohe Felssäule muss man gesehen haben! Der Anstieg ist steil, anstrengend, aber unschwierig (Tour 46, 5½ Std.).

Pian Roncada und Monte Ferrara

Wer nach Superlativen Ausschau hält, hat mit dieser Wanderung gegenüber den Türmen der Monfalconi einen guten Griff getan (Tour 49, 6½ Std.).

Cimon del Cavallo

Als letzter Hochgipfel der Südlichen Karnischen Alpen hat der Cavallo in puncto Rundsicht kein Gegenstück. Eine Pflichttour für jeden Bergfreund! (Tour 54, 6 Std.)

Öffentliche Verkehrsmittel

Viele Talorte und Ausgangspunkte sind mit öffentlichen Verkehrsmitteln erreichbar. Fahrplanauskünfte gibt es unter folgenden Internetadressen:

- Fahrpläne europaweit: www.fahrplan-online.de
- Provinz Bozen (Verkehrsverbund Südtirol): SAD Nahverkehr AG: www.sii.bz.it und www.sad.it

Ein klassisches Dolomiten-Motiv: Der Ort Villagrande (Colle di Santa Lucia) vor Val Fiorentina und Monte Pelmo.

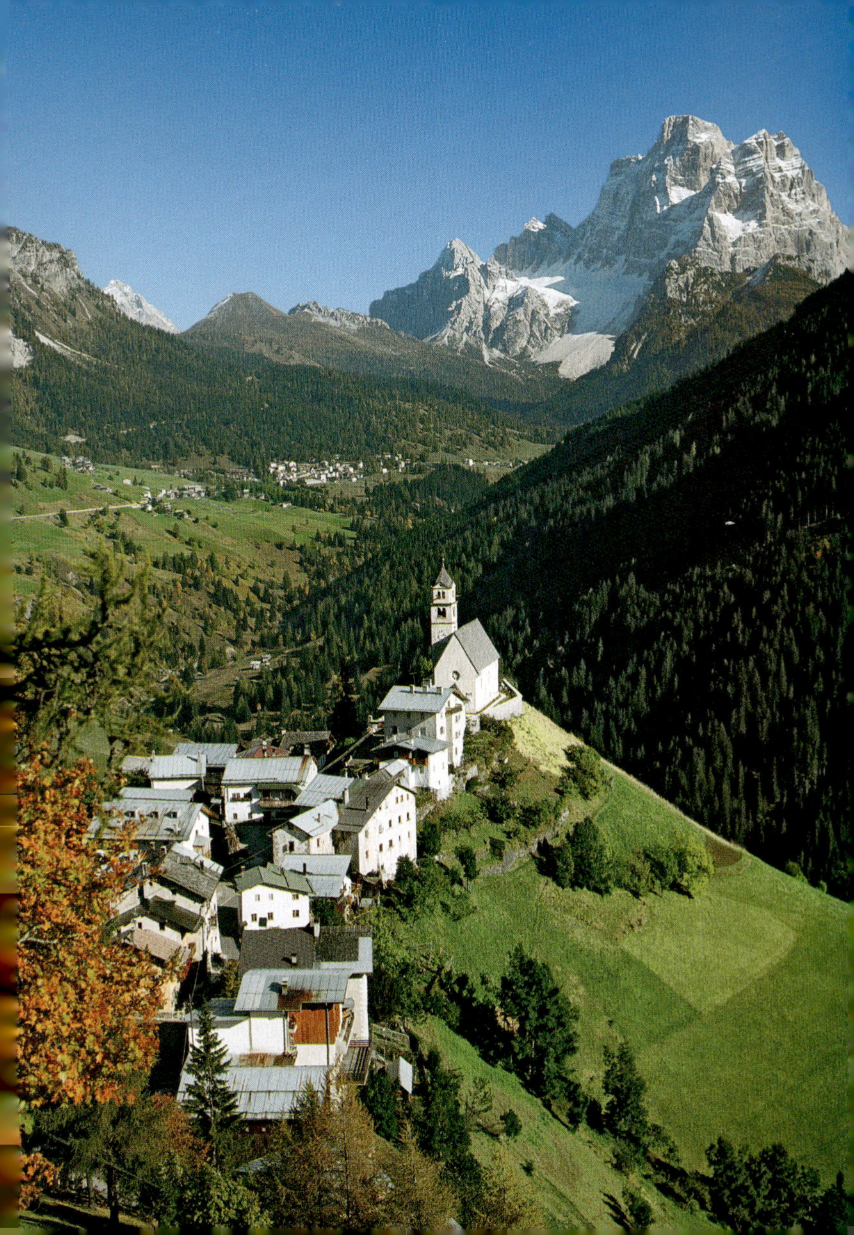

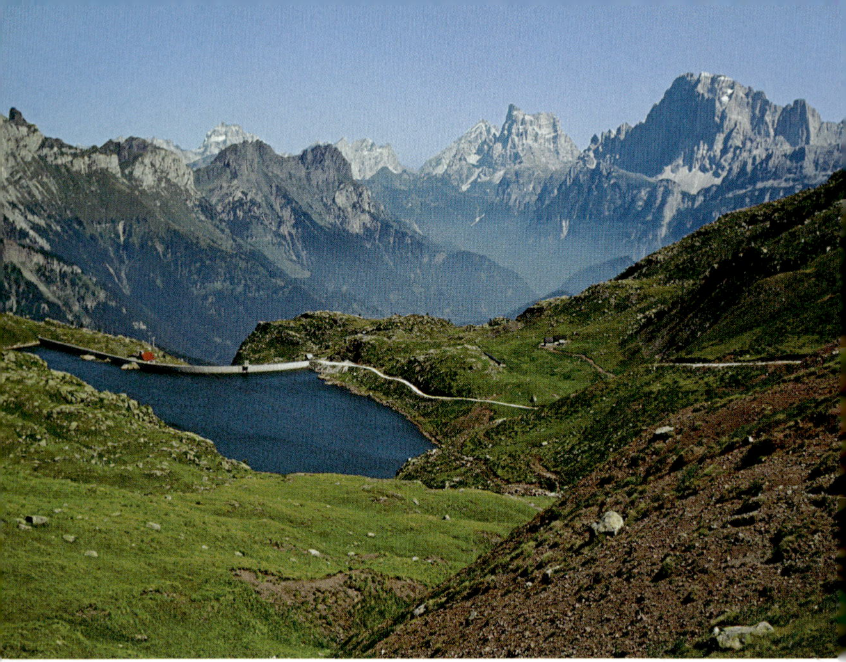

Der Lago di Cavia (Bocchegruppe) über dem Valle Biois. Im Osten, jenseits des Val Cordevole, grüßen Monte Pelmo und Civetta.

- Provinz Belluno (Verkehrsverbund Belluno): DolomitiBus: www.dolomiti-bus.it
- Provinz Trento (Verkehrsverbund Trentino): Trentino Trasporti: www.ttspa.it
- Deutschland (Deutsche Bahn): www.bahn.de
- Österreich (Österreichische Bundesbahnen): https://fahrplan.oebb.at

Schutzhütten, Gaststätten, Restaurants, Jausenstationen

Im Kasten auf S. 34/35 werden die wichtigsten Stützpunkte des Gebiets mit Bewirtschaftungszeit, Bettenzahl und Telefonnummern ausführlich vorgestellt. Bei den einzelnen Touren werden im Steckbrief unter dem Punkt »Einkehr« alle an der Route gelegenen Stützpunkte namentlich genannt sowie Informationen zu weiteren Einkehrmöglichkeiten gegeben (mit Hinweisen auf etwaige Ruhetage, die jedoch in den Monaten Juli und August oft nicht eingehalten werden!). Die angegebenen Bewirtschaftungszeiten sind Richtzeiten. Sie können je nach Lage der Wochenenden von Jahr zu Jahr etwas schwanken. Dies gilt auch für die Betriebszeiten der Beförderungsmittel.

Wetter

Informationen und Vorhersagen für das Bergwetter in den Dolomiten können telefonisch oder über das Internet abgefragt werden:

- Tonbanddienst des Amtes für Meteorologie und Lawinenwarnung der Provinz Bozen, Tel. +39 0471 271177 oder +39 0471 270555, www.provinz.bz.it/wetter
- Persönliche Beratungsstelle der Zentralanstalt für Meteorologie und Geodynamik, Dienststelle Tirol, Tel. 0900 566566 6 (nur aus Österreich, kostenpflichtige Hotline!), www.zamg.ac.at
- Tägliche Wetterberichte (in italienischer Sprache) vom Institut für Lawi_nenforschung (»Centro Sperimentale Valang-he«) in Arabba, Tel. +39 0436 780007 1, www.arpa.veneto.it
- Vorhersagen des Alpenwetters findet man außerdem auf den Internetseiten www.alpenvereinaktiv.com/bergwetter, www.alpenverein.de und www.alpenverein.at

Telefon

Aus Deutschland, Österreich und der Schweiz nach Italien die Landesvorwahl: 0039 wählen, bei der folgenden Ortsnummer die erste Null nicht weglassen! Handyvorwahlen haben in Italien generell keine führende Null. Aus Italien nach Deutschland 0049, nach Österreich 0043 und in die Schweiz 0041 wählen (folgend die Ortsnummer ohne die erste Null).

Karten

Neben den einzelnen Touren beigegebenen Karten mit Routeneintragung werden als ergänzende Orientierungshilfe folgende Karten empfohlen:

GPS-Tracks

Zu diesem Wanderführer stehen auf der Internetseite des Bergverlag Rother (www.rother.de) GPS-Daten zum kostenlosen Download bereit. **2. Auflage**, Passwort: **444002wsx**

Die GPS-Daten wurden vom Autor teils in der Natur, teils über eine digitale Karte erfasst. Verlag und Autor haben die Tracks und Wegpunkte nach bestem Wissen und Gewissen überprüft. Dennoch können wir Fehler oder Abweichungen nicht ausschließen, außerdem können sich die Gegebenheiten vor Ort zwischenzeitlich verändert haben. GPS-Daten sind zwar eine hervorragende Planungs- und Navigationshilfe, erfordern aber nach wie vor sorgfältige Vorbereitung, eigene Orientierungsfähigkeit sowie Sachverstand in der Beurteilung der jeweiligen (Gelände-)Situation. Man sollte sich für die Orientierung auch niemals ausschließlich auf GPS-Gerät und -Daten verlassen.

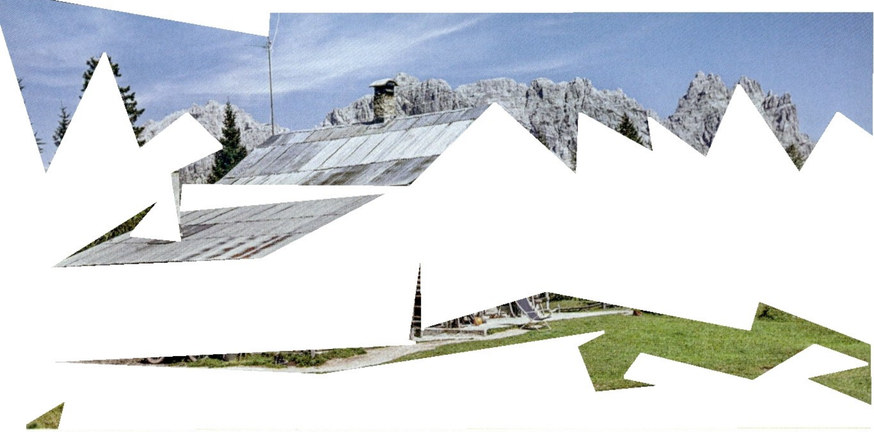

Das Rifugio Tita Barba auf der Coasta die Vedorcia in den Friulaner Dolomiten (Tour 45).

- Freytag & Berndt-Wanderkarte 1:50.000, Blatt WKS 10
- Kompass-Wanderkarte 1:50.000, Blätter 55 und 77
- Kompass-Wanderkarte 1:35.000, 4er-Set 672 (Dolomiten)
- Tabacco-Wanderkarte 1:50.000, Blatt 4
- Tabacco-Wanderkarte 1:25.000, Blätter 02, 012, 015, 016, 021, 024, 025

Literatur

Für die vorgestellte Region können folgende Titel empfohlen werden:

- F. Hauleitner: Rother Wanderführer Dolomiten 1–8 (8 Bände), Bergverlag Rother, München.
- F. Hauleitner: Rother Wanderbuch Dolomiten, Bergverlag Rother, München.
- F. Hauleitner: Dolomiten-Höhenwege 1–10 (3 Bände), Bergverlag Rother, München.
- H. Lang: Friaul-Julisch Venetien, Bergverlag Rother, München.
- G. Buscaini, S. Metzeltin: Dolomiten-Normalwege, Bergverlag Rother, München.
- M. Zahel: Klettersteige Dolomiten – Brenta – Gardasee, Bergverlag Rother, München 2013.
- Heinz von Lichem: Gebirgskrieg 1915–1918, Band 2 und 3, Verlagsanstalt Athesia, Bozen.

Informationen, Fremdenverkehrsämter

Landes-Fremdenverkehrsämter und Landes-Informationsstellen

- Provincia di Belluno (Ufficio turistico di Belluno, geöffnet täglich 10–13 und 15–18 Uhr), Piazza Duomo 2, I-32100 Belluno, Tel. +39 334 2813222, www.infodolomiti.it
- Pordenone Turismo), Piazzale dei Mutilati 4, I- 33170 Pordenone, Tel. +39 0434 549427 422, www.pordenoneturismo.it

Abkürzungen

alb.	Albergo	Jst.	Jausenstation
ANA	Associazione Nazionale Alpini	L.	(Matratzen-)Lager
		m.	monte
B.	Betten	mga.	Malga
bew.	bewirtschaftet	orogr.	orografisch, talabwärts gesehen
bez.	bezeichnet, markiert		
biv.	bivacco	OeAV	Österreichischer Alpenverein
c.	cima		
CAI	Club Alpino Italiano	P.	Punkt der Landkarte, Höhenkote
camp.	campanile		
cap.	capanna	ric.	ricovero
cas.	casera	rif.	rifugio
DAV	Deutscher Alpenverein	rist.	ristorante
forc.	forcella	sent.	sentiero
ganzj.	ganzjährig	unbew.	unbewirtschaftet
Ghf.	Gasthof, Gasthaus	unbez.	unbezeichnet, unmarkiert

Die Südrampe der Duranpassstraße mit Cresta delle Masenade und C. del Duran (Moiazzagruppe).

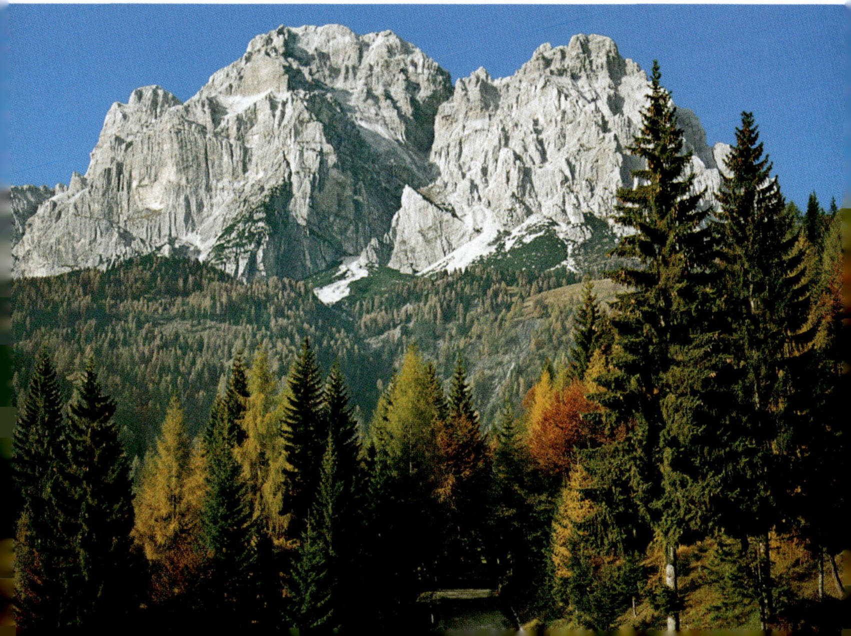

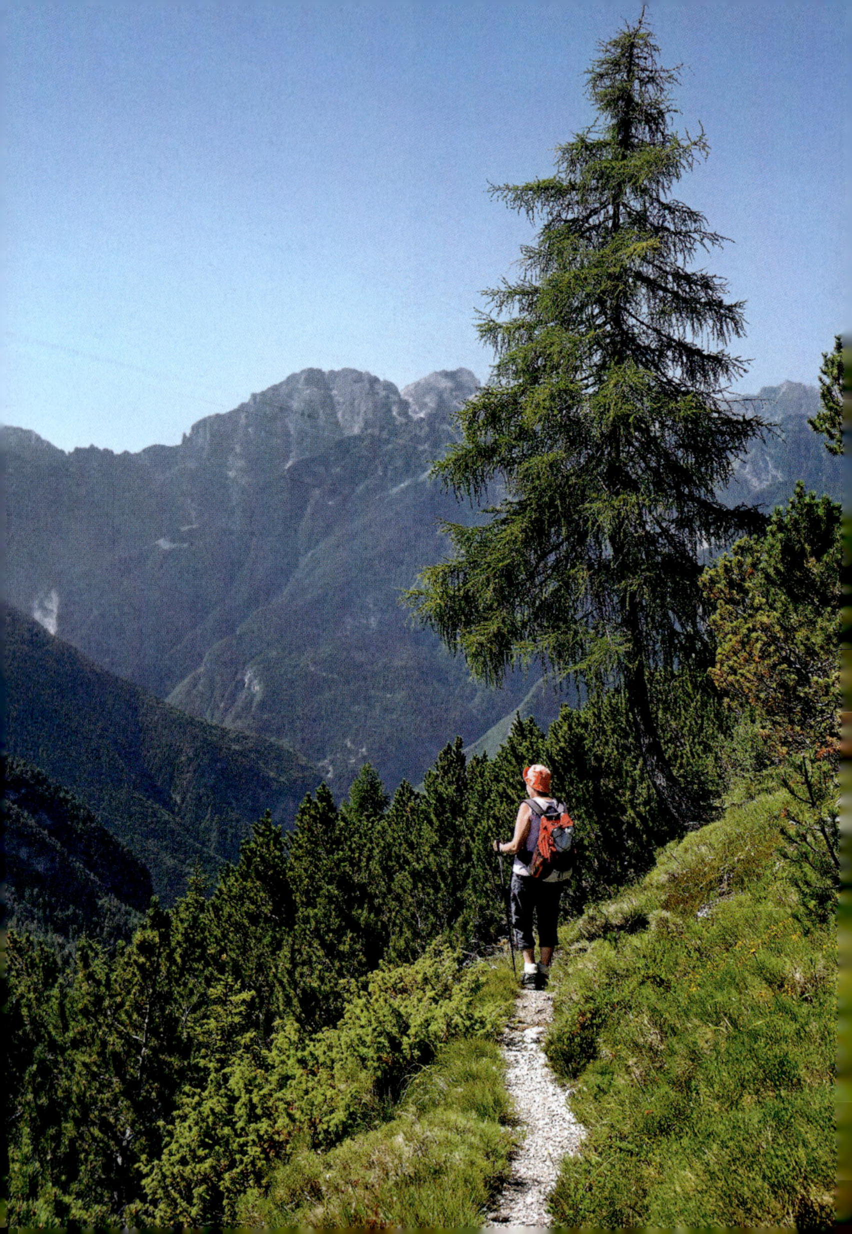

Ausflüge und Tipps für wanderfreie Tage

Bergseen

Das Gebiet ist arm an echten Bergseen. Einen Besuch lohnen der Lago di Santa Croce und der Lago di Vedana bei Belluno, der Lago d' Alleghe (Val Cordevole), der Coldaisee zu Füßen der Civetta, der Waldsee »El Vach« bei Pralongo (Forno di Zoldo), die Lacke »Palù de Serla« beim Rifugio Talamini, der tiefgrüne Laghetto dei Zot im Val Bosconero und der Lago delle Baste, ein Moorsee am Mondeval-Plateau.

Colcervèr

Auf einer Schulter unterm Col Baion gelegener Bergweiler, das »Soglio des Zoldin«, mit uralten Häusern und charakteristischen Holzstadeln. Prachtschau auf Pelmo, Bosconerogruppe und Spiz di Mezzodi. Man erreicht den Ort (kleiner Parkplatz am Ortseingang) von Forno di Zoldo über Pralongo auf schmaler Asphaltstraße, 6 km, 1½ Std. zu Fuß.

Cordevoleschlucht)

Durch die 20 km lange Talenge bahnt sich der Cordevole den Weg zwischen Schiara und Monti del Sole aus dem Becken von Agordo in das lichtdurchflutete Piavetal (Val Belluna). Mit bizarren Bergformationen und über 1500 Meter hohen Steilflanken gilt sie als eine der gewaltigsten Talschluchten der Südalpen. Im Zentrum das renommierte Restaurant »Alla Stanga« (8 B./Bed an Breakfast, ganzj. geöffnet, Mo. Ruhetag, Tel. +39 380 7780709, www.ristoranteallastanga.it; Bushalt).

Kupferbergwerk Val Imperina (»Miniere di Val Imperina«)

Mehr als 500 Jahre altes Kupferbergwerk (Abbau von Schwefelkies = kupferhältiger Pyrit) 3 km südlich von Agordo, an der Mündung des Val Imperina in das Cordevoletal. Das Areal erstreckt sich vom Cordevole das Imperinaltal rund einen Kilometer aufwärts. Ursprünglich 16 Gebäude mit drei Tunneleingängen (Gallerie Magni, Santa Barbara und San Francesco), Zertrümmerungs- und Waschanlage, hydroelektrischer Zentrale, Reitställen, Lagerhallen und Öfen zum Schmelzen und zur Veredelung des Kupfers. Zwischen 1400 und 1797 eines der bedeutendsten

Links: Ein herrlicher Wanderweg führt um den Spiz de San Piero (Bosconerogruppe, Tour 12) herum. Im Süden, jenseits des Zoldotales, die Höhen der Schiaragruppe.
Das Kupferbergwerk Val Imperina mit dem Stolleneingang Santa Barbara.

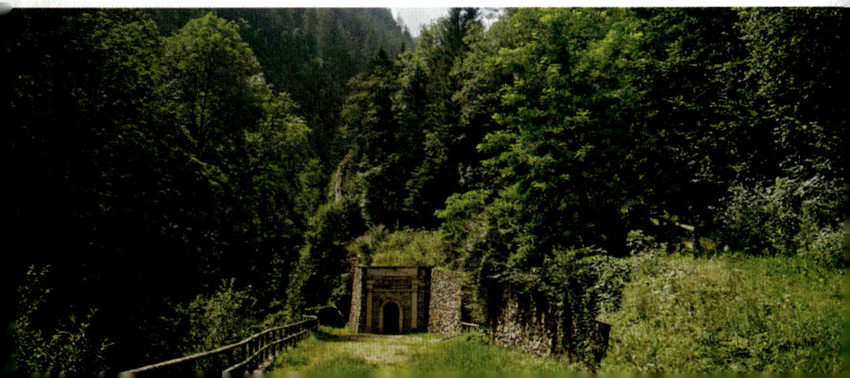

Bergwerke Europas, von 1813 bis 1866 unterstand es den österreichischen Staatskassen, von 1910 bis 1962 (endgültige Sperre) der Società Montecatini. Im »Centro Minerario Valle Imperina« (Eintritt frei!) ganzj. geöffnetes Restaurant mit Jugendherberge »Imperina Hostel e Ristorante« (46 Betten; Tel. +39 0437 62451 und +39 0437 950909, www.ostellodelledolomiti.it/), Besucherzentrum »Uomini di Valle Imperina« und »Museo Forni Fusori« (Museum Schmelzöfen). Die Anlage mit beschildertem Wanderweg zu den Sehenswürdigkeiten ist vom 1. Mai bis 30. Juni und vom 1. Sept. bis 1. Okt. an Wochenenden und Feiertagen, vom 1. Juli bis 31. August täglich zwischen 13.30 und 18.30 Uhr geöffnet. Tel. +39 0439 3328, www.dolomitipark.it.

Malga di Pramper

Herrlich gelegene Alm und Jausenstation mit Nächtigungsmöglichkeit (8 Betten) im inneren Val Prampèr, vom 15. Juni bis 30. Sept. täglich geöffnet (Tel. +39 329 7862899, www.bellunovirtuale.com). Vom Parkplatz Pian de la Fopa im unteren Prampèrtal, am Eingang in den »Parco Nazionale Dolomiti Bellunesi« (4 km von Forno di Zoldo) fährt im Sommer halbstündig ein kostenpflichtiges Shuttle-Taxi zur Alm, im August täglich, Juni, Juli und Sept. Sa., So. und Fei. 9.30–17 Uhr, (Tel. +39 348 6700786, www.zoldobus.it).

Monte Rite (»Mountain Museum Dolomites«)

In dem aus dem 1. Weltkrieg stammenden Sperrfort am Gipfel des Monte Rite ist das 2002 eröffnete, von Reinhold Messner konzipierte »Mountain Museum Dolomites«/»Museum in den Wolken« untergebracht, das die Geschichte und Erschließung der Dolomiten in zwanzig Räumen dokumentiert. Vom 1. Juni bis 30. Sept. von 10–13 und 14–17/18 Uhr geöffnet (Tel. +39 388 1568 007). Auffahrt per Shuttlebus vom Passo Cibiana zwischen 1. Juni und 30. Sept. von 9–18 Uhr (für den öffentlichen Verkehr gesperrte Schotterstraße, 7 km; Tel. +39 335 5473971). Ebenfalls im Fort untergebracht ist das Rifugio Dolomites mit Unterkunftsmöglichkeit (siehe S. 34). 360-Grad-Panorama vom Rite-Gipfel!

Nevegal

Dem Col Visentin nördlich vorgelagerte Bergschulter mit Freizeitzentrum (mehrere Gastbetriebe) und Wintersportanlagen über Belluno, von dort mit eigenem Auto zu erreichen, 13 km. Zweiteiliger Dreiersessellift auf den M. Faverghera (im August tägl., im Juli und vom 1. bis 15. Sept. an Wochenenden 10–18 Uhr in Betrieb). Die untere Sektion ist Zubringer zur Sommerrodelbahn FUN-BOB. Besuch des Botanischen Gartens (»Giardino Botanico delle Alpi Orientali«) am Monte Faverghera, geöffnet 10./15. Juni bis 10. Sept. 9–12/13–17 Uhr, sonntags 9.30–17.30 Uhr; außer im August Montag Ruhetag.

Passo San Boldo

Unbedeutender Passübergang in den Venetianischen Voralpen aus dem Piavetal (Val Belluna) zur oberitalienischen Tiefebene. Die Straße wurde im 1. Weltkrieg von Pionieren der österreichisch-ungarischen Armee in nur drei Monaten (»Straße der 100 Tage«) errichtet. Originelle Trassenführung an der Südrampe mit fünf aus dem Fels gesprengten engen Kehrtunnels und sechs verbindenden Brückenbauwerken. Verkehr (durch Ampeln geregelt) nur einspurig!

Silberbergwerk Val Inferna (»Miniere di Val Inferna«)

1368 gegründetes, 1880 aus Rentabilitätsgründen stillgelegtes Bergwerk nahe der aufgelassenen Ortschaft Arsiera, an der westlichen Talflanke des Val Inferna.

Abbau von Silber, Zinkblende (ZnS) und Bleisulfid (PbS). Man erreicht die Stollen und den Ort Arsiera von der Cibianastraße (Parkplatz »Ponte de la Palanca«, 1122 m, im Val Cervegana, 6 km von Forno di Zoldo, 2 km von Fornesighe). Die unbez. Naturstraße durch das Cerveganatal aufwärts zur Gabelung und links haltend hoch, später auf Fußweg, einen Graben querend, nach rechts zum Weiler Arsiera, 1310 m, mit teils eingestürzten Häusern inmitten der Obstgärten. Nach Nordosten aufwärts in den Wald und dort zur Linksabzweigung des Stollenweges. An steilen Hängen zur Linken des Val Inferna empor zum »Stol da l'aiva« (Quelle) und zur Weggabelung: Links zum »Stol de la Nef« und »Stol camino«, rechts zum »Canale di Assaggio« und zum Picknickplatz, 1530 m, 1½ Std. vom Parkplatz. Der Stollenweg kann bis zur Forc. di Val Inferna verfolgt werden (Variante zu Tour 9, Wegverlauf in der Karte dort eingetragen!) ergibt.

Zimberndörfer »Vallorch und Le Rotte«

Die Zimbern sind eine bairische Sprachminderheit, die in Oberitalien noch in drei Sprachinseln vertreten ist und zwar in den Sieben Gemeinden (Sette Comuni), in den Dreizehn Gemeinden (Lessinische Alpen) und auf dem Cansiglio (Alpago). Es wird angenommen, dass es sich um Bauern aus Westbayern und Tirol handelt, die im 11. und 12. Jh. nach Venetien auswanderten. Ihre traditionelle Mundart, das Zimbrische, wird heute noch von knapp 1000 Menschen gesprochen, die fast alle im Trentino leben. Die kleine deutsche Sprachinsel Alpago konzentriert sich auf die alten Dörfer »Vallorch« und »Le Rotte« am Südrand des Pian del Cansiglio, gegründet durch eine um 1800 aus dem Asiago Gebiet (»Sieben Gemeinden«) zugewanderte Gruppe von Zimbern. Der Volksstamm spricht eine deutsche Mundart aus der Zeit der Völkerwanderung, in der spätere Lautverschiebungen fehlen.

Malerische alte Häuser in dem schon großteils verfallenen Bergweiler Arsiera.

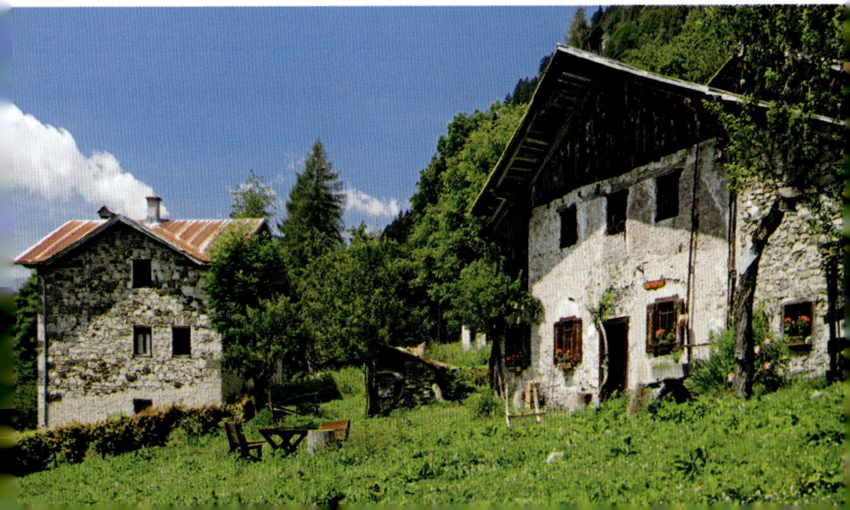

Die Südostdolomiten und ihre Randgebiete

Lage, Umgrenzung, Eingangsorte, Anreise

Der vorliegende Wanderführer beschreibt die Südostecke der Dolomiten, das Bergland zwischen Passo Giau und Val Bòite im Norden, Cordevoletal im Westen sowie dem Piavetal im Osten und Süden. Hinzu treten die ebenfalls aus Dolomitgestein geformten Gebiete der Südlichen Karnischen Alpen (auch »Friulaner Dolomiten«) östlich des Piave und das Mittelgebirge der Venetianischen Voralpen zwischen Piavetal und oberitalienischer Tiefebene. Kern- und Zentralregion des Führers ist der weitläufige Talkessel von Forno di Zoldo, Eingangspforte in den Nationalpark Belluneser Dolomiten. Um Forno scharen sich sechs eigenständige Berggruppen, genannt »Zoldiner Dolomiten« – Bosconero, Rite, Pelmo, Civetta, Moiazza und Prampèr – mit einem Tourenangebot wie selten anderswo in den Alpen.

Mit Scheitelhöhen von über 3000 Metern markieren Pelmo und Civetta den Südrand der Zentraldolomiten und gleichzeitig die Nordgrenze des in diesem Führer gewürdigten Berggebietes. Auch die ladinische Sprache erreicht im Nordteil des Zoldotales, in Oberzoldo und Zoppè di Cadore, ihr südlichstes Ausbreitungsgebiet.

Der Name »Zoldo« stammt von den rätoromanischen Urbewohnern der Dolomitentäler und bedeutet unter Berücksichtigung verschiedener Lautverschiebungen »Sölden«. Beide Bezeichnungen gehen daher auf einen gemeinsamen rätoromanischen Ortsbegriff zurück. Der Name »Sölden« taucht im heute deutschsprachigen Alpenraum um 1200 erstmals als »Seldon« auf, dem ein althochdeutsches ,»Selida« (= Herberge, Wohnstätte) entspricht. Dem italienischen »Zoldano« (Bezeichnung für die Talschaft »Zoldo«) steht ein deutsches, sprachgeschichtlich richtiges »Zoldin« gegenüber. Im vorliegenden Führer werden beide Bezeichnungen verwendet.

Zauberhaftes Val Fiorentina: Urlaubsort Pescul mit dem Monte Pelmo im Talschluss.

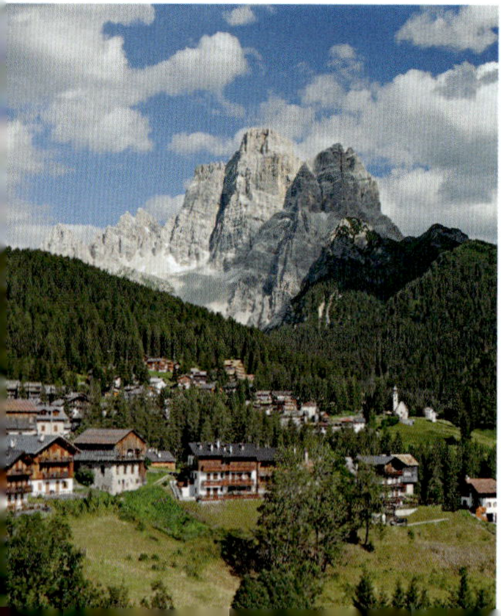

Eingangspforten sind im Westen (Cordevoletal) das Städtchen Agordo (Anreise über Bruneck bzw. Belluno/Feltre), im Norden (Bòitetal) die Zentren Cortina d'Ampezzo (Anreise über Sillian-Toblach) und Pieve di Cadore (Anreise über Innichen und den Kreuzbergpass), im Osten und Süden die Städte Longarone und Belluno (Autobahn-Anreise über Vittorio Veneto). Belluno, Longarone und Pieve di Cadore liegen ferner an den oberitalienischen Bahnlinien Treviso – Feltre – Belluno – Calalzo.

Gebietsüberblick

Nähert man sich von Norden den Zoldiner Dolomiten, so geschieht dies durch die zauberhafte Talwiege des **Val Fiorentina**. Umschlossen von den Ausläufern der Croda-da-Lago-Gruppe und der Civetta wird es von der »Gralsburg« des Monte Pelmo beherrscht. Der am Taleingang auf einer Bergschulter pittoresk platzierte Ort **Villagrande** (Colle Santa Lucia) gehört mit **Selva di Cadore** zu den touristischen Zentren des Gebietes. Der von dort per Auto erreichbare Giaupass ist ein guter Startplatz für Streifzüge in die **Nuvolau-, Croda-da-Lago- und Cerneragruppe**. Durch das innere Fiorentinatal erreichen wir den Urlaubsort Pescul mit Gondelbahn auf den als Wander- und Schiberg erschlossenen **Monte Fernazza**.
Zwischen Monte Crot und Monte Pelmo eingelagert, bildet der **Staulanzapass** das »Tor« in das südlich gelegene Zoldin. Er ist Startplatz für Streifzüge in das Pelmo- und Civettagebiet. Durch Form, Masse und Position beeindruckt der **Monte Pelmo** wie kein anderer Gipfel in den Dolomiten. Egal von welcher Seite man ihn betrachtet, immer wird man von dieser aus grünen Matten frei in die Lüfte ragenden »Götterburg« fasziniert sein. Seine Besteigung vom Rifugio Venezia entlang der Normalroute über das Ballband bietet wider Erwarten keine großen Probleme und kann trittsicheren, schwindelfreien und einigermaßen klettergewandten Bergsteigern empfohlen werden. Wanderer wiederum können den Pelmo auf guten Wegen gefahrlos umrunden und dabei fabelhafte Ausblicke gegen die Zoldiner und Ampezzaner Dolomiten genießen. Ein besonderes Juwel ist das an steiler Berglehne über dem Zoldotal thronende Dörfchen **Zoppè di Cadore**, überragt vom kolossalen Pelmostock.
Das Pelmo-Massiv setzt sich nach Südosten im Mittelgebirge des **Monte Rite** fort. Mit seinen begrünten, bis hoch hinauf bewaldeten Höhen erscheint das Gebiet wie ein Atemholen, ein Innehalten zwischen dolomitischer Felsenpracht. Die strategisch einzigartige Lage des Rite über Bòite-, Piave- und Zoldotal unterstreicht das am Gipfel stehende Sperrfort aus dem Dolomitenkrieg 1915–1918. Es beherbergt das von Reinhold Messner konzipierte **Mountain Museum Dolomites** (»Museum in den Wolken«) sowie eine Schutzhütte (Rifugio Dolomites) und wird im Sommer vom **Passo Cibiana** her zu Fuß oder per Shuttlebus erreicht. Jenseits des Cibianapasses – er verbindet Zoldo- und Bòitetal – betreten wir die Felsarena der **Bosconerogruppe**. Auf seine interessanten Wandermöglichkeiten und damals vielfach noch undurchstiegenen Wände wurde man erst durch die ab 1964 erschienenen Monografien des Belluneser Arztes und Bergsteigers Giovanni Ange-

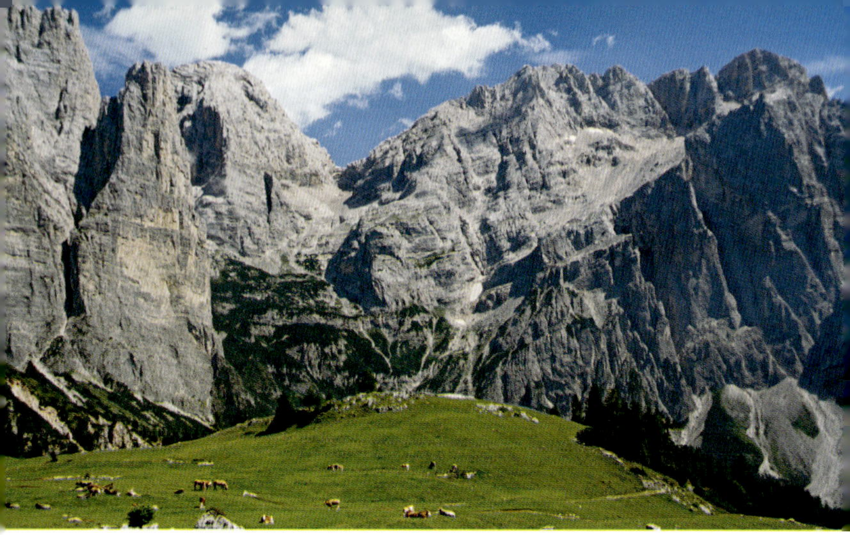

Sanfte Wiesenmatten vor wuchtigen Wänden: Der Pian di Pelsa (Tour 25) vor Torre Trieste und Cima Moiazza Nord.

lini aufmerksam. Die Gruppe wird vom Cibianapass (zwei Stützpunkte) her und durch das zentral gelegene Rifugio Bosconero erschlossen. Am Südende des Bosconerozuges liegt an der Talgabel von Piave- und Zoldotal das durch die furchtbare **Vajont-Katastrophe** von 1963 fast gänzlich zerstörte Städtchen **Longarone**, aus dessen Resten sich ein neues Industriezentrum entwickelt hat.
Mit ungeheurer Felsmasse überragt die **Civetta** den Talkessel von Alleghe um fast zweitausend Meter. Ihre berühmten Kletterführen und kühnen Eisenwege haben auch unter deutschsprachigen Bergsteigern klangvolle Namen. Die Civetta kann von **Alleghe** her (Gondelbahn auf den Col dei Baldi) oder aus dem **Oberzoldo** auf teils gesicherter Routen bestiegen werden. Wanderern unbedingt zu empfehlen ist der grandiose Höhenspaziergang von der Coldai- zur Vazzolèrhütte unter der sechs Kilometer breiten, fast tausend Meter hohen Civetta-Nordwestwand (»Wand aller Wände«) entlang. Das Gebiet setzt sich nach Süden in der **Moiazzagruppe** fort, die in der spektakulären **»Via ferrata Costantini«** einen Klettersteig-Superlativ aufweist. 1200 Meter tiefer, im Cordevoletal, wartet die Kleinstadt **Agordo** auf einen Besuch. Ihren Wohlstand verdankt sie den reichen Kupfervorkommen in den (heute stillgelegten) Bergwerken der Umgebung. Von den Massiven der Pala, Civetta-Moiazza, Tàmer, Prampèr, Talvena, Schiara und Monti del Sole flankiert gehören die grandiosen Talschluchten rings um das **Agordiner Becken** –

Val Corpassa, Valle di San Lucano, Canal d'Agordo, Canal del Mis, Val Vescovà und Val de Piero – zu den absoluten Attraktionen des Gebiets!
Das einsame Reich der **Prampèr-Dolomiten** südlich des Duranpasses ist bereits Teilgebiet des **Nationalparks Belluneser Dolomiten** und hat im dreigipfeligen **Monte Tàmer** seine höchste Erhebung. Das von Forno di Zoldo her zugängliche Val Prampèr trennt ihn von der Untergruppe der **Cima di Prampèr**. Die im Sommer bewirtschaftete Malga di Prampèr kann von Forno her zu Fuß oder per Shuttlebus erreicht werden. Sie ist Startplatz für einen Besuch des Rifugio Sommariva, wichtiger Stützpunkt in diesem entlegenen, weltfernen Winkel der Dolomiten. Weiter im Süden flankieren abgrundtiefe Schluchten das Massiv des **Monte Talvena**. Die Forcella di Lavaretta trennt ihn von der felsgewaltigen **Schiaragruppe**, von deren herrlichen südseitigen Eisenwegen man schon die nahe Provinzhauptstadt **Belluno** erspäht.
Östlich des Piave liegt ein den Dolomiten durchaus vergleichbares Bergrevier, die **Südlichen Karnischen Alpen**, auch **»Friulaner Dolomiten«** oder **»Dolomiten jenseits des Piave«** genannt. Ähnlich der Brenta sind diese südlichen Karnischen Ketten zwar nicht geografisch, wohl aber geologisch ein Dolomitenland in Reinkultur. Trotzdem gilt es, hier neue Maßstäbe zu setzen, wo geborstene Massive, kreuz und quer stehende Felsnadeln und Türme, kahle Steilflanken, von riesigen Schuttströmen erfüllte, wasserlose Täler ein Landschaftsbild formen, das dem Sanften, Lieblichen kaum Platz lässt. Und es mangelt an Stützpunkten und Wegen, von künstlichen Aufstiegshilfen ganz zu schweigen. Auch in den Talorten hat der moderne Fremdenverkehrsbetrieb noch keinen Einzug gehalten. Das Gebiet – heute Teilstück des **Parco Naturale Dolomiti Friulane** – bedeckt den Raum zwischen Tagliamentotal (Norden), Val Tramontina (Osten), Piavetal (Westen) und Alpensüdrand. Die bedeutendste Kammlinie mit den profiliertesten Gipfeln ist jene parallel zum Piavetal verlaufende. Sie setzt am Passo della Mauria an und erstreckt sich mit den Untergruppen Cridola, Monfalconi, Spalti di Toro, Pramaggiore, Caserine Cornaget, Resettum Raut, Cima dei Preti, Monte Duranno, Col Nudo und Monte Cavallo südwärts bis zur venetianisch friulanischen Tiefebene bei Vittorio Veneto. Als Ausgangspunkte kommen die Orte Forni di Sopra, Erto, Cimolais und Claut in Frage. Wer die Dolomiten zur Genüge kennt, wer nach noch intakter Natur, nach Stille und Beschaulichkeit, nach einer Steigerung der Landschaft Ausschau hält, ist mit einem Besuch dieses Berglandes gut beraten. Damit verbundene Unannehmlichkeiten wie nur wenige markierte Wege, fehlende bewirtschaftete Stützpunkte, geringe Touristenfrequenz und damit kaum Hilfe bei irgendwelchen Unfällen, müssen allerdings in Kauf genommen werden.
Die Senke der Sella di Fadalto trennt die Südlichen Karnischen Alpen von den **Venetianischen Voralpen**. Mit dem Col Visentin als höchste Erhebung erstreckt sich der Mittelgebirgsrücken zwischen Val Belluna und oberitalienischer Tiefebene in gerader Südwestrichtung bis zum Piavedurchbruch bei

Segusino/Quero. Über einem Waldgürtel erheben sich runde Grasgipfel, die als Aussichtsberge Ansehen genießen. Zu ihnen gehört neben dem **Col Visentin** auch der im äußersten Südwesten stehende Monte Cesen. Die Gruppe eignet sich hervorragend für ausgedehnte Kammwanderungen, auf denen man wunderbare Ausblicke zu den Dolomiten und über die Ebene hinweg bis zum Meer genießen kann. Geringe Höhen, Hitze und feuchte Meeresluft bringen aber im Sommer nur selten ideale Verhältnisse. Erst im Spätherbst, wenn die Dolomiten schon ihr erstes Winterkleid tragen, ist die Zeit für Unternehmungen in dieser südlichsten Berggruppe gekommen.
Abschließend sei noch der großen **Dolomiten-Höhenwege** (»Alte Vie delle Dolomiti«) gedacht, die eine sportlichere Alternative zu den hier gewürdigten »talgebundenen« Wanderungen darstellen, da sie, von Hütte zu Hütte führend, der Hochregion treu bleiben und so das Bergerlebnis vertiefen. Folgende Höhenwege führen durch das Berggebiet: Route Nr. 1 (»Klassischer Weg«, Länge 150 km) vom Pragser Wildsee nach Belluno, Route Nr. 3 (»Weg der Gämsen«, Länge 120 km) von Toblach oder Niederdorf nach Longarone, Route Nr. 6 (»Weg der Stille«, Länge 190 km) von Sappada nach Vittorio Veneto und Route Nr. 7 (»Auf den Spuren Lothar Pateras«, Länge 110 km). Begeher der Weitwanderwege 1, 3 und 6 erhalten nach Vorzeigen der Hüttenstempel am Verkehrsamt des jeweiligen Zielortes ein Abzeichen.

Geologie

Pelmo, Civetta und Moiazza bestehen aus flachem, muldenförmig geschichtetem Hauptdolomit (Dachsteinkalk) mit teilweise dünnen jurassischen Auflagerungen in der Gipfelregion. Der Sockel der Civetta wird im Westen (Val Cordevole) aus ungeschichtetem Schlerndolomit, im Osten (Zoldotal) aus älteren, ebenfalls unter den Raibler Schichten lagernden Werfener und Cassianer Ablagerungen gebildet. Ihre stärkere Erosionsfähigkeit bestimmt das ruhige Mittelgebirge um Forno di Zoldo, aus dem Pelmo und Civetta als 1000 Meter mächtige Hauptdolomit-Schollen isoliert aufragen. Auch die Höhen des Monte Penna und des Monte Rite werden aus älteren Gesteinen der unteren und mittleren Trias (Werfener und Cassianer Schichten) gebildet.
Waagrecht gebänderter Hauptdolomit formt die fantastische Gipfelflur der zentralen Bosconerogruppe. Ältere Gesteine (untere und mittlere Trias) findet man im Val Cibiana und im Val Cervegana. Nur im südlichen, etwas gemäßigteren Abschnitt der Gruppe, etwa an der Cima dell' Albero, treten pyramidenförmig verwitterte Ablagerungen aus der Jura- und Kreidezeit zutage. Auch in den Pramper-Dolomiten dominiert horizontal gelagerter Dachsteinkalk das Landschaftsbild. Besonders schöne Bänderung zeigt er am Türmelabyrinth der Spiz di Mezzodi aber auch am gegenüberliegenden Monte Tàmer sowie am mächtigen Castello di Moschesin.
Auf dem Hauptdolomit der Schiara-Kernregion lagern z. B. am Monte Pelf noch Schichten aus dem Jura. Aufgrund von Faltungen und Frakturen ist der

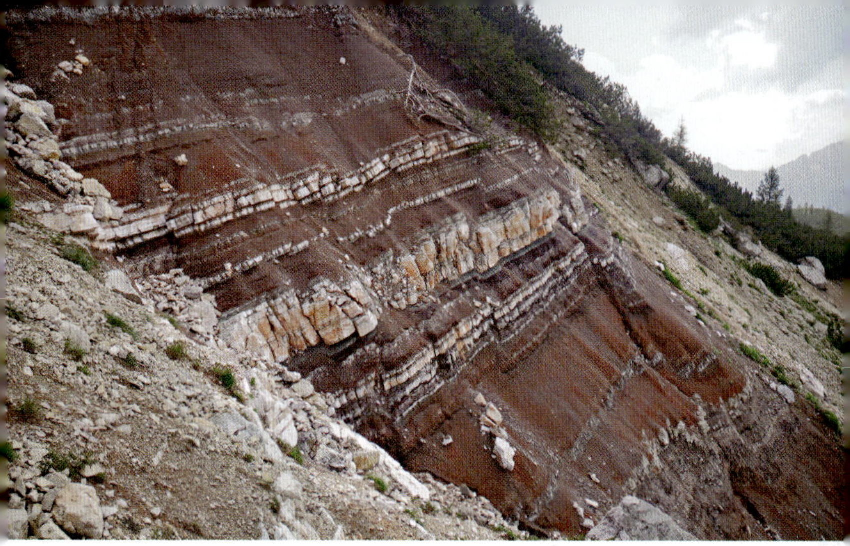

Rötliche Gesteinsschichten aus Grödner Sandstein unterhalb des Monte Pelmo.

Hauptdolomit an der Schiara nicht horizontal gelagert, sondern fällt nach Nord und Süd verschieden steil gegen die umliegenden Täler ab. Deshalb begegnet man etwa bei einem Abstieg vom Rif. 7° Alpini nach Belluno immer jüngeren Gesteinen. Nach Norden zu fällt der Schiara-Komplex in steilen Plattenschüssen gegen Val del Vescovà ab. Dort taucht der Hauptdolomit unter die jüngeren Gesteine (Kreide) des Talvena-Massivs. Überhaupt ist die Schiara-Nordseite ein Gebiet starker Faltungs- und Störungstätigkeit. Auffallend sind die weiten Felskare (z. B. Van de Città), deren Entstehung auf eiszeitliche Erosion zurückzuführen ist.
Die südliche Begrenzung der Schiaragruppe, das Becken von Belluno, liegt im Bereich der Ost-West-orientierten Belluneser Störungslinie, an welcher die von Norden her einfallenden Gesteinsschichten unter die viel jüngeren Jura- und Kreide-Ablagerungen der Venetianischen Voralpen sinken. Von den Feltriner Alpen kommend tangiert nördlich davon eine weitere Bruchzone das Gebiet, die Valsugana Spalte etwa entlang der Linie Canal del Mis – Val Imperina – Agordo – Passo Duran – Forno di Zoldo – Passo Cibiana, wo alte metamorphe (kristalline) Gesteine eindrangen – ein Gebiet mit vermehrter Erzfündigkeit (Eisen, Kupfer, Silber usw.).
Wie in den eigentlichen Dolomiten so dominiert auch östlich des Piave, in den Friulaner Bergen, der Hauptdolomit mit mächtigen Bänderungen in den Massiven der Cridola, Monfalconi, Spalti di Toro und lokalen Ablagerungen aus der Jura- und Kreidezeit darüber.

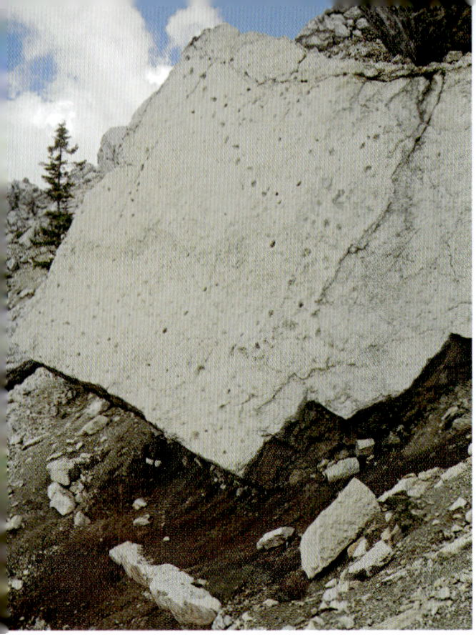

Lebensraum schon vor 200 Millionen Jahren: Dinosaurier-Trittspuren auf einem Felsblock am Südwestfuß des Monte Pelmo (siehe Tour 3).

Pflanzenwelt

Die Pflanzenwelt eines Gebietes ist weitgehend von Höhenlage, Bodenbeschaffenheit und Klima abhängig. Mit abnehmender Seehöhe und geografischer Breite nimmt die Vielfalt der Vegetation zu. Je weiter man in höhere, kältere Regionen vordringt, um so seltener werden anspruchsvolle Pflanzen, umgekehrt ist die dort vorhandene Vegetation gezwungen, sich durch verschiedene Maßnahmen (Zwergwuchs, Oberflächenreduzierung, Intensivierung von Farbe und Duft usw.) den unwirtlicheren Bedingungen anzupassen. In Höhen zwischen 500 und 1500 Meter treten Birke, Bergahorn, Bergerle, Buche, Fichte und Tanne auf. Hier findet man auch alle Arten von Beerengewächsen. Ab 1500 Meter Seehöhe reduziert sich der Baumbestand auf einige wenige Vertreter der Nadelhölzer (Fichte, Lärche, Zirbe usw.), die Baumgrenze liegt um 2000 Meter. Die Blumenwelt ist auf Grund südlicher Lage und wechselnder Bodenbeschaffenheit reichhaltiger als in den Norddolomiten. Wir finden u. a. Alpenrittersporn, Dolomiten-Akelei, Frauenschuh, Teufelskralle, Felsaurikel, Rätischer Mohn, Glockenblume, Primel, Windrose, Narzisse, Schneeglöckchen, Edelweiß, Feuerlilie, Kohlröschen, Anemone, Edelraute, Enzian, Alpenrose, Berghahnenfuß, Steinbrech, Silberwurz, Alpen-Säuerling, Nelke usw.

Tierwelt

Von den Tieren findet man in tiefen Lagen Reh, Hirsch, Hase, Fuchs, Eichhörnchen, Marder, Auerhahn, Alpensalamander und Feuersalamander. In der Felsregion trifft man Gämse, Alpendohle, Steinadler, Habicht, Schneehuhn, Mauerläufer und Murmeltier. Das in tieferen und mittleren Lagen stärkere Vorkommen meist giftiger Schlangenarten wie Kreuzotter, Aspisviper und Hornotter (Sandviper) wird bedingt durch hohe sommerliche Temperaturen, dichtes Buschwerk und Unterholz. Allerdings wird der Tourist außer an besonders schwülen Tagen (meist vor Gewittern) auch in abgelegenen Gebieten nur selten einer Schlange begegnen.

Als ein Meilenstein in der Gründung dolomitischer Schonungsräume ist der Nationalpark Belluneser Dolomiten (»Parco Nazionale Dolomiti Bellunesi«) zu sehen, der den gesamten Raum der Süddolomiten zwischen Cismon und Piave umfasst. Er setzt sich östlich des Piave in den Südlichen Karnischen Alpen als Naturpark Friulaner Dolomiten (»Parco Naturale Dolomiti Fiulane«) fort. Mit den schon länger existierenden Parkgebieten der Restdolomiten (Paneveggio-Pale di San Martino, Puez-Geisler, Ampezzaner Dolomiten, Fanes-Sennes-Prags, Trudner Horn, Schlern-Rosengarten, Sextener Dolomiten) sind damit schon große Bereiche dolomitischer Natursubstanz zum Schutzgebiet erklärt worden. So besteht die berechtigte Hoffnung, dass die Dolomiten als Naturparadies und Erholungsraum auch noch den kommenden Generationen erhalten bleiben.

Nationalpark Belluneser Dolomiten

Der durch eine außergewöhnliche Vielfalt an Lebensräumen geprägte Nationalpark Belluneser Dolomiten entstand 1990 vor dem Hintergrund, eine Region von hoher landschaftlicher und naturwissenschaftlicher Bedeutung unter Schutz zu stellen. Der Park erstreckt sich über eine Fläche von 31.000 Hektar und umfasst die Gemeinden Belluno, Cesiomaggiore, Feltre, Gosaldo, Longarone, Pedavena, Rivamonte Agordino, San Gregorio nelle Alpi, Santa Giustina, Sedico, Sovramonte, Forno di Zoldo, La Valle Agordina, Ponte nelle Alpi und Sospirolo. Da die Süddolomiten trotz unvergleichlicher landschaftlicher Schönheiten wegen geringerer Gipfelhöhen, fehlender Infrastruktur und verzögerter touristischer Erschließung immer schon im Schatten der Restdolomiten standen, hat sich ihnen die ursprüngliche, von menschlichen Eingriffen weitgehend freie Bergnatur bis zum heutigen Tag erhalten.

Der Nationalpark umfasst alle Gebirgsgruppen der südlichen Dolomiten: Feltriner Alpen (Vette Feltrine,

Ein landschaftlicher Höhepunkt der Dolomiten: Der Wiesenboden Pian dei Palui vor den Spiz di Mezzodì im mittleren Val Prampèr (Tour 31).

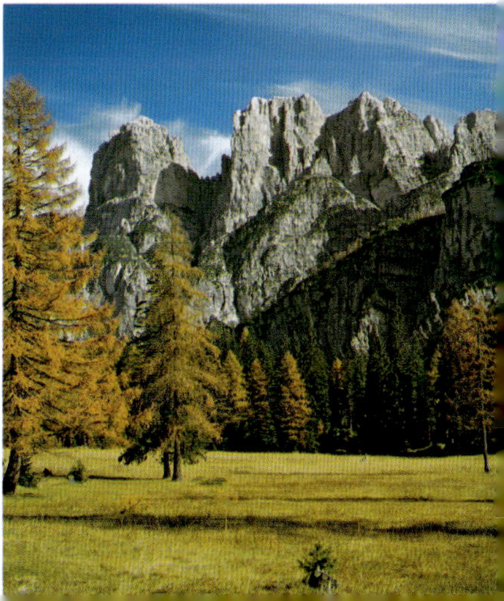

Cimonega, Pizzocco, Brandol-Erera-Agnellezze), Monti del Sole (Piz de Mezodi, Ferucgruppe), Prampèr-Dolomiten (Tàmer, Prampèr, Spiz di Mezzodì, Talvena) und Schiaragruppe.
Parkverwaltung: Ente Parco Nazionale Dolomiti Bellunesi, Piazzale Zancanaro, I-32032 Feltre, Tel. +39 0439 3328, E-Mail: info@dolomitipark.it, www.dolomitipark.it. Öffnungszeiten: Mo. bis Fr. 9–12 Uhr, zusätzlich Mo., Mi. und So. 15–17 Uhr.

Naturpark Friulaner Dolomiten

Auf dem Gebiet der Provinzen Pordenone und Udine gelegener Naturpark in den Südlichen Karnischen Alpen. Er wird im Westen durch den Piave, im Norden durch Passo della Mauria und den Oberlauf des Tagliamento, im Osten durch das Val Tramontina, im Süden durch das Val Cellina flankiert und umfasst das Gebiet der »Friulaner Dolomiten« (auch »Clautaner Dolomiten« oder »Dolomiten jenseits des Piave«). Das 1996 geschaffene 37.000 ha große Areal schließt eine der wildesten und unberührtesten Bergregionen der Alpen ein mit kolossalen Felsriesen und bizarren Türmen, engen Schluchten, mit Schotter gefüllten Tälern und stillen, keinesfalls überlaufenen Orten in den Randgebieten. Im Park liegen die fantastischen, aus Dolomitgestein geformten Felsräume der Cridola, Monfalconi, Spalti di Toro, Pramaggiore, Caserine-Cornaget, Raut-Ressetum, Monte Duranno, Cima dei Preti und Col Nudo.
Besucherzentren gibt es in Forni di Sopra und Forni di Sotto, in Andreis, Barcis, Claut, Cimolais, Erto-Casso und Montereale Valcellina sowie in Frisanco und Tramonti di Sopra. Sitz der Parkverwaltung ist Cimolais (Via Roma 4, I-33080 Cimolais/Pordenone, Tel. +39 0427 87333, www.parcodolomitifriulane.it).

UNESCO-Weltnaturerbe Dolomiten

Seit 2009 sind große Bereiche der Dolomiten als »einzigartige Gebirgslandschaft von außergewöhnlicher Schönheit« Teil des UNESCO Welterbes. Das Prädikat zielt hin auf nachhaltige und langfristige Maßnahmen zur Natur- und Landschaftspflege, die das Gebiet für nachfolgende Generationen intakt halten sollen. Wesentlich ist, dass alle betroffenen Berggruppen schon zuvor als Naturpark, Nationalpark oder Natura 2000-Flächen deklariert waren. Der über 142.000 Hektar große Raum umfasst neun Einzelregionen, welche in den italienischen Provinzen Belluno, Trentino, Pordenone, Udine und Bozen (Bolzano) liegen und von der »Stiftung Dolomiten UNESCO« verwaltet werden. Dazu gehören der Nationalpark Belluneser Dolomiten und der Nationalpark Friulaner Dolomiten sowie die Bergreviere Pelmo, Croda da Lago, Marmolada, Pale di San Martino, Pale di San Lucano, Dolomiti Settentrionali, Cadorine-Settsass, Puez-Geisler, Schlern-Rosengarten, Bletterbachschlucht (Rio delle Foglie) und Brenta. Internet: http://whc.unesco.org/en/list/1237/

Agordo

In einer Weitung des Cordevoletales gelegenes Städtchen, in dessen Umgebung typische Vertreter südlicher Vegetation wie Edelkastanie, Wein, Pfirsich und Mais gedeihen. Der geologisch bedeutsamen Lage an der Valsugana-Störungslinie verdankt die Stadt ihren Wohlstand. Im nahen Bergwerk Val Imperina wurde seit dem Mittelalter Eisenerz und Kupfer (Pyrit) abgebaut. Sehenswert die doppeltürmige Pfarrkirche (16. Jh.) und der Palazzo De Manzoni (17. Jh.), um die Piazza della Libertà das altehrwürdige Café alle Miniere mit Arkadenvorbau sowie ein an die Herrschaft Venedigs erinnernder Brunnen mit dem Löwen von San Marco. Besuch des »Museo mineralogico e paleontologico dell' arte mineraria« (Via V maggio, Tel. +39 0437 62015) sowie des 3 km entfernten, 1962 stillgelegten Bergwerks im Val Imperina.

Alleghe

Beliebter Urlaubsort in herrlicher Lage am gleichnamigen, vom Cordevole gespeisten See. Die mehr als 2000 Meter über dem Ort aufragende Civetta gibt dieser »Perle des Cordevoletales« ihr Gepräge. Der Alleghesee (Bootsverleih) verdankt seine Entstehung den 1771 und 1772 vom M. Forca niedergegangenen Bergstürzen, denen mehrere kleine Ortschaften zum Opfer fielen. Pfarrkirche San Biagio, nach dem Erdrutsch rekonstruiert, Innenraum mit barocken Gemälden und Fresken von Valentino Rovisi. Zweiteilige Kabinen-Umlaufbahn auf den Col dei Baldi mit Mittelstation an den auch per Auto erreichbaren Piani di Pezzè.

Belluno

Im Süden der Schiaragruppe am Piave gelegene Provinzhauptstadt und Bischofssitz, nach den Römern wichtiger Stützpunkt des Langobardenreiches. Im Mittelalter regierten Bischöfe und die Adelsgeschlechter der Camino, Skaliger, Carrara und Visconti. 1404 schließt sich Belluno freiwillig der Republik Venedig an, bei der es bis 1797 verbleibt, 1814 bis 1866 unter österreichischer Herrschaft. Sehenswert der Dom

Die Türme der Stadtpfarrkirche von Agordo unter den Felsbastionen der Moiazzagruppe.

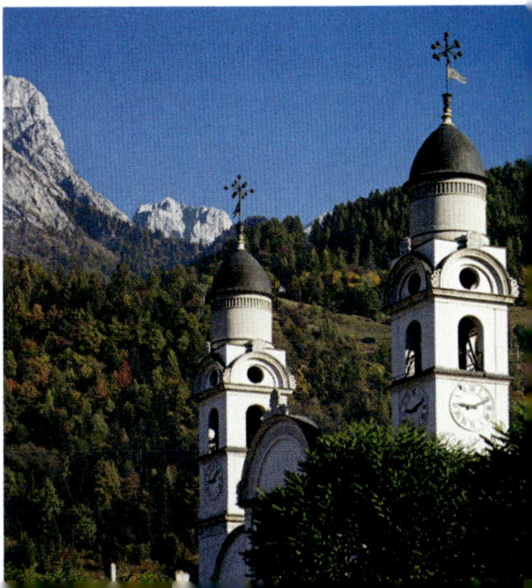

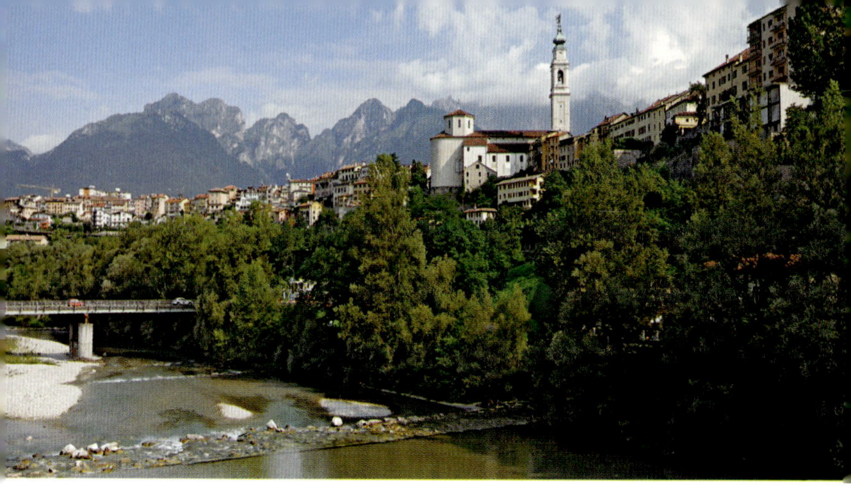

Die stark südlich anmutende Provinzhauptstadt Belluno am Piave, überragt von der Schiaragruppe.

(16. Jh.) mit Werken italienischer Meister. 66 Meter hoher Glockenturm von Filippo Juvarra, einer der schönsten Barocktürme Italiens. Rathaus (von Segusini), Palazzo dei Rettori (15. Jh.), Palazzo dei Vescovi, Museo Civico, Kirche San Pietro (14. Jh.) mit vielen Kunstschätzen. Porta Rugo mit Resten einer antiken Mauer, Kirche San Stefano (15. Jh.) mit romanischem Turm und gotischer Innenausstattung. Bus- und Bahnstation. Besuchenswert das Museo Civico di Belluno (Via Roma 28, Tel. +39 0437 956305) und das Museo Valentino del Fabbro (ex Casa Colonica, Via Sperti 2, Tel. +39 333 9621026).

Brusadaz, Coi, Costa

Hang- und Bergweiler in prachtvoller Balkonlage über dem Zoldo Alto, am Südhang des Monte Pelmo. Charakteristische Holzhäuser und Stadel. Sehenswert in Coi die elegante Casa Rizzardini mit außenseitigen Fresken (1713), die beiden Rizzardini-Mühlen (vor 1634 erbaut, bis 1946 in Betrieb) sowie die Mühle Piva mit großem Wasserrad. Alter Erzabbau westlich von Brusadaz an der Straße nach Coi sowie an der Forcella dei Mur (»Miniera di Darè Dof«).

Chiesa

Dorf westlich von Dont, an der Einmündung des Val della Grava in das Val di Goima. Pfarrkirche S. Tiziano di Goima (15. Jh.), deren Gründung schon in das 14. Jh. zurückreicht. Hauptwerk ist ein Flügelaltar von Andrea Haller (Brixen).

Cibiana di Cadore

An der Ostrampe der Cibianastraße im Val Rite gelegener Erholungsort, ein »Bergsteigerdorf« im Sinne der vom OeAV festgelegten Kriterien. Pfarrkirche Hl. Lorenz (19. Jh.). Sehenswert die »Murales«, rund 60 von italienischen und ausländischen Künstlern seit 1980 auf Steinfassaden gefertigte Wandmalereien, die den Berufsstand bzw. die Geschichte der jeweiligen Hausbewohner dokumentieren und entlang eines bez. Rundweges besichtigt werden können (www.cibianapaesedeimurales.it).

Cimolais

In einem Talbecken an der Mündung des Val Cimoliana in das Val Cellina gelegener Ort. Pfarrkirche mit schönen Holzaltären (17. Jh.). Sitz der Verwaltung »Parco Naturale Dolomiti Friulane«. Im Naturparkhaus ein in vier Sektionen unterteiltes Museum mit dynamischem und interaktivem Fußboden, der den Besuchern ermöglicht, mit Hintergrundbildern zu agieren.

Colle Santa Lucia

Gemeinde im Val Fiorentina am Südabhang des Monte Pore, unbestritten einer der schönsten Plätze der Dolomiten. Der auf einem Hügel angelegte Hauptort Villagrande bildet mit der grandiosen Felsburg des Monte Pelmo im Talschluss ein klassisches Motiv. Von 1177 bis 1945 Zentrum eines regen Bergwerksbetriebes mit bedeutendem Eisenerzabbau »Fursil« (alte Bezeichnung für das Gemeindegebiet Colle Santa Lucia) im Norden von Villagrande. Die Stollen »Miniera di Zenge« und »Miniera dei Vauz« können im Zuge einer Rundwanderung besichtigt werden. Informationen am Istituto Cultural Ladin »Cesa de Jan« (Tel. +39 0437 720609, www.istitutoladino.org) und am Pro Loco Colle Santa Lucia (Tel. +39 0437 720007, www.collesantalucia.eu).

Das Bergsteigerdorf Cibiana di Cadore mit der Pfarrkirche Hl. Lorenz von Südwesten betrachtet.

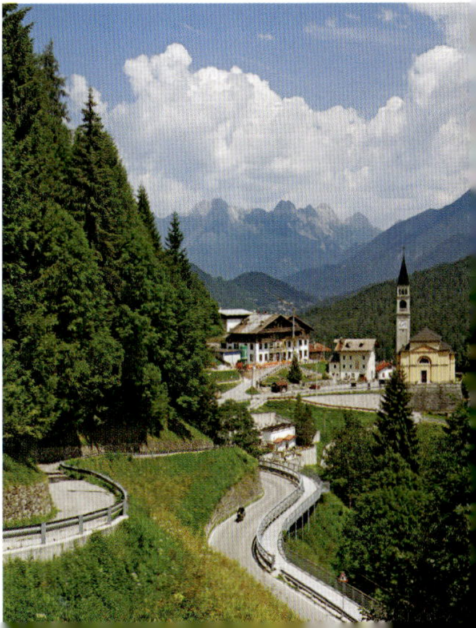

Dont

Ort im mittleren Zoldotal, am Zusammenfluss von Maè und Duran. Bekannter Gasthof. Kirche Santa Caterina mit Denkmal des Belluneser

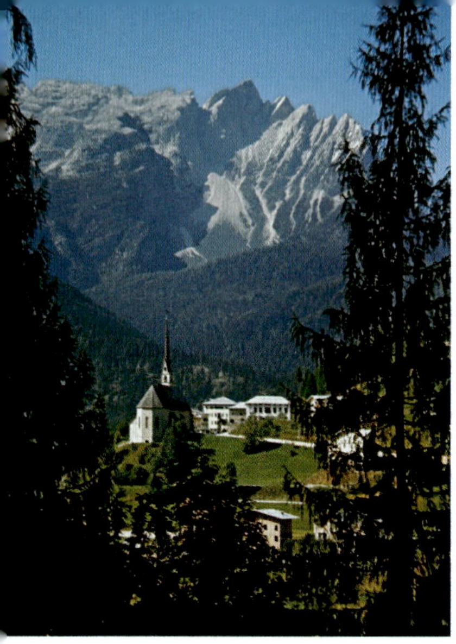

Die Kirche San Floriano von Pieve di Zoldo mit den Cime di San Sebastiano (Variante zu Tour 37) im Südwesten darüber.

Bildhauers Andrea Brustolon, dessen Eltern aus der nahen Fraktion Sottorogno stammen.

Erto

Typisch italienisches Gebirgsdorf nördlich über dem ehem. Lago del Vajont (heute Restsee), im Süden der Durannogruppe. Als Folge der furchtbaren Vajont-Katastrophe von 1963 wurde das alte Erto zunächst kaum noch bewohnt und verfiel, erst in jüngster Zeit sind Sanierungsbestrebungen im Gange. Zentrum ist heute der Ortsteil Stortan nördlich oberhalb der Staatsstraße mit einigen Gastbetrieben.

Fornesighe

Dorf am Südwestfuß des Col Duro, im Seitental des Rio Cervegana an der Cibianastraße. Die alten architektonischen Elemente konnten bewahrt werden, weil die Häuser nicht wie anderswo im Laufe der Jahrhunderte ein Raub der Flammen wurden. Besuchenswert das »Festival di Musica classica« im August, sowie das Karnevalsfest »La Gnaga« in der ersten Februarwoche.

Forno di Zoldo

Am Zusammenfluss von Pramper und Maè zentral gelegener Hauptort des Zoldin, im Osten überragt von den Felskolossen der Bosconerogruppe, ein »Bergsteigerdorf« im Sinne der vom OeAV festgelegten Kriterien. Die sechs großen Dolomitengruppen in der Umgebung bieten Tourenmöglichkeiten wie kaum ein anderer Ort. Der Name Forno (= Ofen) stammt von den alten Schmelzöfen, in denen das in der Umgebung abgebaute Erz verarbeitet wurde. In Ermangelung von Arbeitsplätzen ist die Bevölkerung seit Mitte des 19. Jh. gezwungen, als Gastarbeiter (Eisverkäufer!) in das Ausland abzuwandern. Sehenswert die Kirche Hl. Florian von Pieve di Zoldo (15. Jh.), das religiöse Zentrum des Tales mit dem »Seelenaltar« von A. Brustolon, steinernem Triptychon (18. Jh.) und 47 Meter hohem Turm, ferner das im Palazzo del Capitano di Zoldo untergebrachte Nagelmuseum (»Museo del Ferro e del Chiodo«, Tel. +39 0437 787811) sowie das Volkskundemuseum (»Museo degli usi e costumi«, Tel. +39 0437 797038) in Chiesa di Goima. Eisfest »GelatiAmo« am letzten Wochenende im Juli.

Fusine

Im Oberzoldo gelegenes Dorf. Sehenswerte Kirche San Nicolò (1570, 1909 renoviert), im Inneren ein Holzkreuz von A. Brustolon sowie Fresken anderer Meister. Alte Schmelze und Schmiede (Name!) nahe dem Maèbach, wo das in den umliegenden Bergwerken gewonnene Eisenerz vom 14. bis in das 17. Jh. verarbeitet wurde.

Longarone

Industrieort im Piavetal, an den Mündungen der Seitentäler Vajont und Zoldo. Das alte Longarone wurde am 9. Oktober 1963 bei der furchtbaren Vajont-Katastrophe fast völlig zerstört. Sehenswert die wenigen Überreste der alten Stadt mit den Murazzi (Terrassengärten), dem barocken Palazzo Mazzola sowie dem inmitten von Trümmern stehenden Glockenturm von Pirago. Von den neuen Gebäuden ist die aus Beton errichtete Gedenkkirche (Chiesa in memoria delle Vittime del Vajont) zu erwähnen. Besonders sehenswert das »Museo Vajont – Attimi di storia« (Piazza Gonzaga 1, Tel. +39 0437 770119, geöffnet 9.30–12.30 und 15–18 Uhr, Mo. geschlossen!). Bus- und Bahnstation. Internationale Eismesse (»Mostra Internazionale del Gelato Artigianale«) im November.

Der Palazzo Mazzolà, das heutige Rathaus von Longarone, blieb während der Überflutung von 1963 verschont.

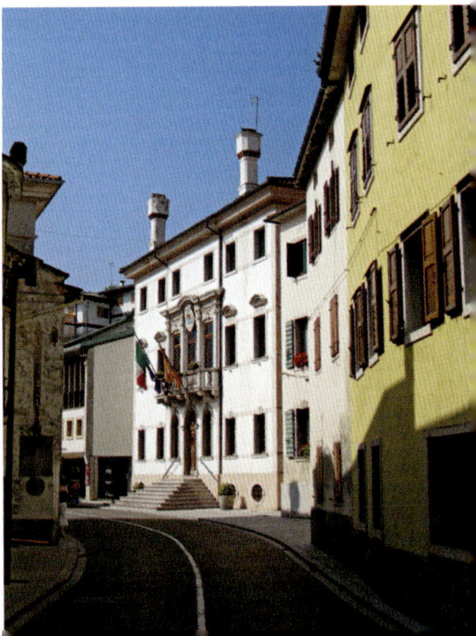

Mareson

In Wiesenmatten eingebettete Sommerfrische in Oberzoldo. Sehenswerte Kirche San Valentino (1482) mit Kreuzaltar von A. Brustolon. An der Fassade ein Fresko mit dem Schutzpatron.

Pianaz

Dorf in Oberzoldo. Kostbare Fresken in der Casa Colussi-David (1662, Madonna mit dem hl. Antonius und dem hl. Oswald) und in der Casa Colussi-Manét (Stammbaum der Familie mit dem hl. Rocco und dem hl. Antonius, Kreuzigung und Madonna mit Kind und Heiligen).

Die wichtigsten Stützpunkte

7° Alpini, Rif., 1502 m, CAI, 60 B., Winterraum im benachb. Biv. Lussato (8 L.), 15. Juni – 20. Sept., bei Schönwetter bis zum 1. Sonntag im Okt. geöffnet, Tel. +39 0437 941631 (Hütte), +39 348 5417793 (Pächter), E-Mail: infosettimoalpini@gmail.com, www.rifugiosettimoalpini.com

Angelini »Sora l' Sass«, Rif. Giovanni , 1588 m, CAI, 20 L., Winterraum (6 L.), 15./20. Juni – 15./20. Sept. durchgehend, ab 1.Juni und bis 30. Sept. an Wochenenden bew., Tel. +39 327 1619247 (mobil), E-Mail: paolo.scandolin@gmail.com, www.rifugiosoral-sass.it, www.caiveneto.it/

Bianchet, Rif. Furio, 1245 m, CAI, 40 B., Winterraum (6 L.), 1. Juni – 30. Sept., April, Mai und Okt. an Wochenenden geöffnet, Tel. +39 0437 669226 (Hütte), +39 335 6446975 (Pächter), E-Mail: rifugiobianchet@hotmail.com, www.caibelluno.it

Bosconero, Rif. Casera di, 1457 m, CAI, 28 B., Winterraum (4 L.), letztes Mai-Wochenende – 30. Sept. (nach Wetter auch früher oder später) bew., Tel. +39 338 3713870, mbosconero@libero.it, www.rifugiobosconero.it

Carestiato, Rif. Bruto, 1834 m, CAI, 44 B., Winterraum (6 L.), 1. Mai – 20./30. Okt. bew., Tel. +39 0437 62949, +39 392 9746984 (mobil), E-Mail: info@rifugiocarestiato.com, www.rifugiocarestiato.com

Città di Fiume, Rif., 1918 m, CAI, 25 B., 10 L., 20. Juni – 20. Sept., bei Schönwetter bis Anfang Okt. geöffnet, Tel. +39 320 0377432, info@rifugiocittadifiume.it, www.rifugiocittadifiume.it

Citta di Vittorio Veneto, Rif., 1547 m, Gemeinde Fregona, 23 L., 4 Notlager, 1. April bis 31. Okt. durchgehend geöffnet, Tel. +39 0438 1642595 und +39 393 4997212, info@rifugiocittadivittorioveneto.it, www.rifugiocittadivittorioveneto.it

Col Visentin, Rif., 1763 m, ANA, 28 L., 15. April – 15. Okt. durchgehend, sonst Sa., So. und Fei bew., Tel. +39 0437 27110 (Hütte), +39 348 3350750 (mobil), rifugio.visentin@gmail.com, www.rifugiocolvisentin.net

Coldai, Rif. Adolfo Sonino al, 2132 m, CAI, 88 B., Winterraum (8 L.), 20. Juni – 20. Sept. geöffnet , Tel. +39 0437 789160 (Hütte), +39 0437 723748 (Tal), E-Mail: barance@dolomiti.com, www.hotelbarance.com

Dèona, Baita (Passo Cibiana), 1530 m, privat, 8 B., ganzj. bew., außer Juli und August Mo. Ruhetag, Tel. +39 0435 540169 und +39 347 1678538 (mobil), www.baitaDèona.it

Dolomieu al Dolada, Rif., 1494 m, Gemeinde Pieve d' Alpago, 14 L., 15. Mai – 31. Okt. geöffnet, Tel. +39 0437 478 und +39 338 4775468 (mobil), info@rifugiodolada.it, www.rifugiodolada.it

Dolomites, Rif. (M. Rite), 2160 m, privat, 30 B., 1./10. Juni – 30. Sept. durchgehend, sonst an Wochenenden und Feiertagen bew., Tel. +39 348 5658675 (Hütte), E-Mail: info@rifugiomonterite.it, www.rifugiomonterite.it

Giàf, Rif., 1400 m, CAI, 45 B., Winterraum (8 L., nur mit Liegematte und Schlafsack) in einer Almhütte unterhalb des Hauses), 25/28. Mai – 30. Sept. geöffnet, Tel. +39 338 7856338 (mobil), info@rifugiogiaf.it, www.rifugiogiaf.org

Malga di Prampèr, 1540 m, Gemeinde Forno di Zoldo, 8 B., 15. Juni – 15. Sept. bew., Tel. +39 329 7862899 (mobil), www.infodolomiti.it

Padova, Rif., 1287 m, CAI, 25 B., 25 L., 25. April – 31. Okt durchgehend geöffnet, Tel. +39 0435 72488 (Hütte), +39 338 4763400 (Pächter), +39 338 4763400 (mobil) und +39 0435 366034 (Satellitentelefon), rifugiopadova@libero.it, www.rifugiopadova.it

Passo Duran »Cesare Tomè«, Rif., 1601 m, CAI, 28 B., Winterraum (4 L.), 1. Juni – 30. Sept., bei Schönwetter früher oder später geöffnet, Tel. +39 349 6848307, +39

348 1030648, Tel. +39 346 4165461 (mobil), E-Mail: info@rifugiopassoduran.it, www.rifugiopassoduran.it

Passo Giau, Berghotel, 2233 m, privat, 22 B., 15. Juni – 30. Sept. geöffnet, Tel. +39 0346 0696745 (mobil), www.passogiau.it

Passo Staulanza, Rif., 1766 m, privat, 26 B., 14 L., 10. Juni – 30. Sept. bew., Tel. +39 338 7900120 (mobil), +39 0437 788709, +39 0437 788566, www.staulanza.it, info@staulanza.it

Pian de la Fontana, Rif., 1632 m, CAI, 34 B. Winterraum im benachb. Biv. Renzo Dal Mas (12 L.), 10./15. Juni – 20./25. Sept. bew., Tel. +39 335 6096819 (mobil) und +39 0437 1956135, E-Mail: piandefontana@livecom.it, www.goldnet.it/piandefontana

Pordenone, Rif., 1249 m, CAI, 65 L., Winterraum (6 L.), 1./15. Juni – 30. Sept., Mai und Okt. an Wochenenden bew., Tel. +39 0427 87300 (Hütte) und +39 335 5224961 (mobil), rifugio.pordenone@yahoo.it, www.rifugiopordenone.it

Remauro, Rif. (Passo Cibiana), 1530 m, privat, 35 B., 1. Juni – 30. Sept. täglich, sonst an Wochenenden und Feiertagen geöffnet, Tel. +39 348 6906457, info@rifugioremauro.it, www.rifugioremauro.it

San Sebastiano, Rif. (Passo Duran), 1596 m, privat, 25 B., 6 L., 1. Juni – Allerheiligen geöffnet (im Okt. Mo. Ruhetag), Tel. +39 0437 62360 (Hütte), +39 328 1630580 (mobil), E-Mail: info@passoduran.it , www.passoduran.it

Semenza, Rif. Carlo e Massimo, 2020 m, CAI, 18 L., Winterraum im Biv. Lastè (9 L.), 15. Juni – 15./20. Sept., danach bis 30. Okt. an Wochenenden bew., Tel. +39 0437 49055 (Hütte) und +39 339 8379098

Sommariva al Pramperèt, Rif., 1857 m, CAI, 25 L., Winterraum (5 L.), 15./20. Juni – 20./30 Sept. bew., Tel. +39 0437 1956153 (Hütte), +39 0422 716354 (CAI Oderzo, www.caioderzo.it), www.rifugiosommarivaalpramperet.it

Talamini, Rif. Giampietro, 1582 m, Gemeinde Vodo di Cadore, 16 B., 2 L., ganzjährig geöffnet, in der Vor- und Nachsaison Di. Ruhetag, Tel. +39 0435 366129 und +39 380 9081496, E-Mail: rifugiotalamini@gmail.com, www.rifugiotalamini.com

Tissi, Rif. Attilio, 2250 m,CAI, 65 L., Winterraum (12 L.), 15./20. Juni – 20./25. Sept. bew., Tel. +39 0437 721644 (Hütte) und +39 347 5931833 (mobil), E-Mail: rifugio.tissi@gmail.com, https://rifugiotissi.com

Tita Barba, Rif., 1821 m, privat, 18 L., 20. Juni – 30. Sept., an Schönwetter- Wochenenden auch davor und danach bew., Tel. +39 0435 32902 (Hütte) und +39 392 7281781 (Pächter), titabarba@alice.it

Trieste, Rif. Capanna, 1135 m, privat, 18 B., 1. April – 30. Okt. bew., Tel. +39 0437 660122 (Hütte) und +39 340 5028699 (mobil), E-Mail: rifugiocapannatrieste@gmail.com, www.rifugiocapannatrieste.com

Valbinon, Ric. Casera, 1778 m, Gemeinde Forni di Sopra, 19 L., Winterraum (4 L.), 20. Juni – 20. Sept. einfach bew., telefonische Verbindung nur per GSM-Telefon (Tel. +39 339 5309361) oder Thuraya Satellitentelefon (Eurosat: 0088.2162.1002108), bei geplanter Übernachtung Voranmeldung empfohlen, www.valbinon.it

Vazzolèr, Rif. Mario, 1714 m, CAI, 56 B., 24 L., Winterraum (6 L.), 15./20. Juni – 30. Sept. bew., Tel. +39 340 1612828 und +39 328 8867114, rifugiovazzoler@gmail.com, www.rifugiovazzoler.com

Venezia Alba Maria De Luca, Rif., 1946 m, CAI, 62 L., 10 Notlager, 15./20. Juni – 15./20. Sept. geöffnet, Tel. +39 0436 9684 (Hütte) und +39 320 0103872 (mobil), www.rifugiovenezia.it

1 Monte Mondeval, 2455 m

3.45 Std.

Götterthron über dem Val Fiorentina

Als leicht erreichbarer Wander- und Aussichtsberg kommen in den Dolomiten nur wenige dem Ideal so nahe wie der Monte Mondeval im Süden der Croda da Lago. Originell, weil überraschend einfach und unkompliziert ist schon einmal der Nordzugang vom Giaupass über den »Durchschlupf« der Forcella Giau. Was danach folgt, sind Märchenwiesen, ein traumhafter Bergsee und zuletzt das Gipfelpanorama, das die Dolomiten-Highlights – Pelmo, Antelao, Sorapiss, Crode da Lago, Nuvolau, Cristallo, Tofanen, Sella, Marmolada, Pala und Civetta – in vollendeter Schönheit präsentiert.

Talorte: Cortina d'Ampezzo, 1211 m. Villagrande (Colle Santa Lucia, 1443 m). Selva di Cadore, 1336 m.
Ausgangspunkt: Passo Giau (2236 m; Großparkplatz, Bushalt), 16 km von Cortina, 10 km von Colle Santa Lucia. 8,5 km von Selva di Cadore. Wegbeginn (Tafeln) an der Straße wenige Meter östlich der Passhöhe unterhalb der Giaukapelle.
Anforderungen: Einfache Tour auf großteils bez. Wegen. Gipfelanstieg unmarkiert, jedoch Steigspuren und Steinmänner. Trittsicherheit nötig!
Höhenunterschied: 520 m im Auf- und Abstieg.
Einkehr: Alb. Passo Giau (siehe S. 35).
Hinweis: Auf der Hochfläche Mondeval wurde in 2150 Meter Höhe das 7500 Jahre alte Skelett eines Mannes (»Mann von Mondeval«) aus der Mittelsteinzeit gefunden.

An der Forc. de Col Piombin. Im Norden die Nuvolaugruppe mit M. Averau und Ra Gusela.

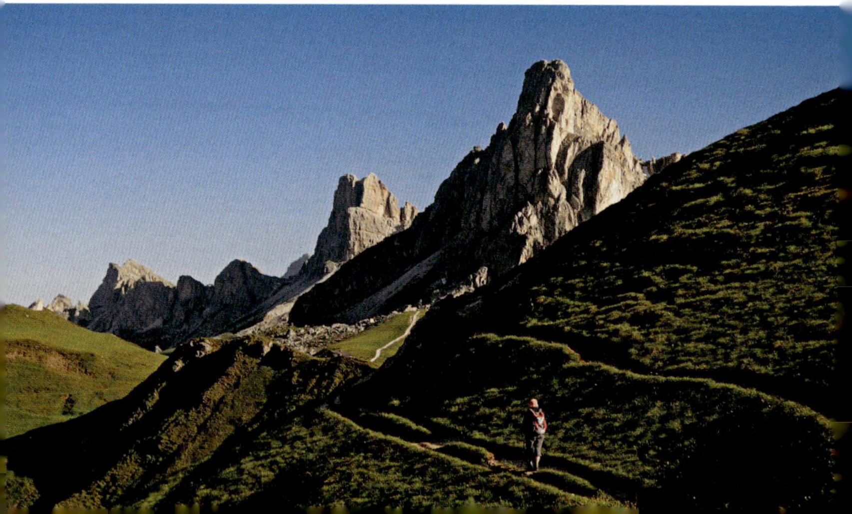

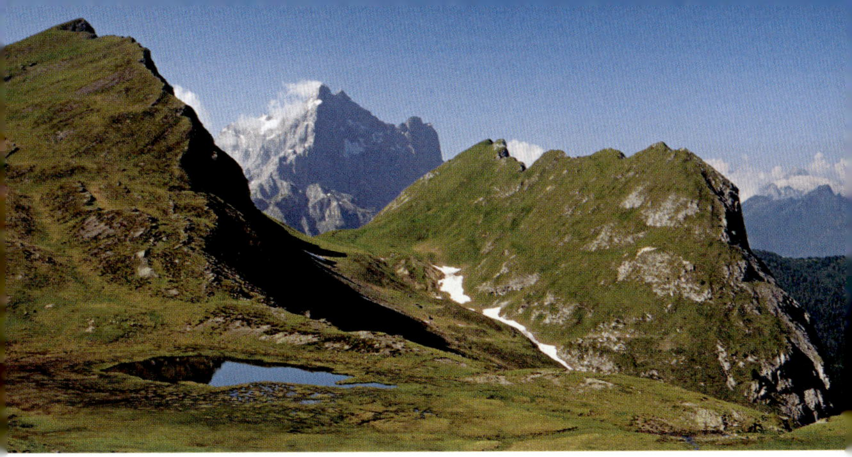

Der Lago delle Baste mit Monte Mondeval (links), Civetta und Monte Corvo.

Vom **Giaupass** (1) den Weg Nr. 436 am Nordhang der Punta di Zónia über Wiesen eben nach Südosten zu einem Sattel, danach leicht fallend in die **Forc. di Zónia**, 2233 m (2). Jenseits, an der steilen grasigen Westflanke des Col Piombin entlang (Vorsicht an einer sandigen Stelle!) eben zur **Forc. de Col Piombin**, 2239 m, mit Rechtsabzweigung des Fußweges auf den M. Cernera (3). Jenseits der Scharte, an felsdurchsetzten Grashängen nach Südosten abwärts in das obere **Val Cernera**. Die grüne Talmulde im Linksbogen ausgehend nach Osten bergab, später im Kristallingestein zur tiefsten Wegstelle, 2170 m, (4) und kurz hinauf zur Linkseinmündung des Weges aus dem Val Costeana (5). Rechts die Nummer 436 durch eine steile grüne Mulde in Kehren nach Südosten aufwärts, später im steilen gerölligen Terrain empor in die **Forc. Giau** (2360 m) zwischen Lastoni di Formin links und Cerneragruppe rechts (6). Überraschender Tiefblick auf das weite Mondeval-Wiesenplateau mit dem pultförmigen grünen M. Mondeval rechts und dem wuchtigen M. Pelmo links darüber. Informativer Rückblick zu den Norddolomiten (Sella, Puez, Nuvolau, Fanis, Tofanen).

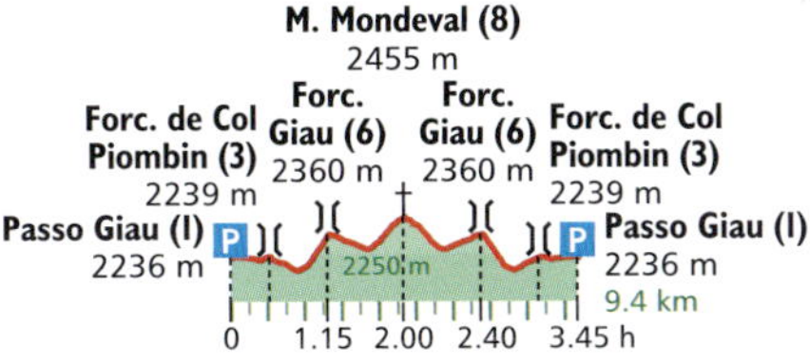

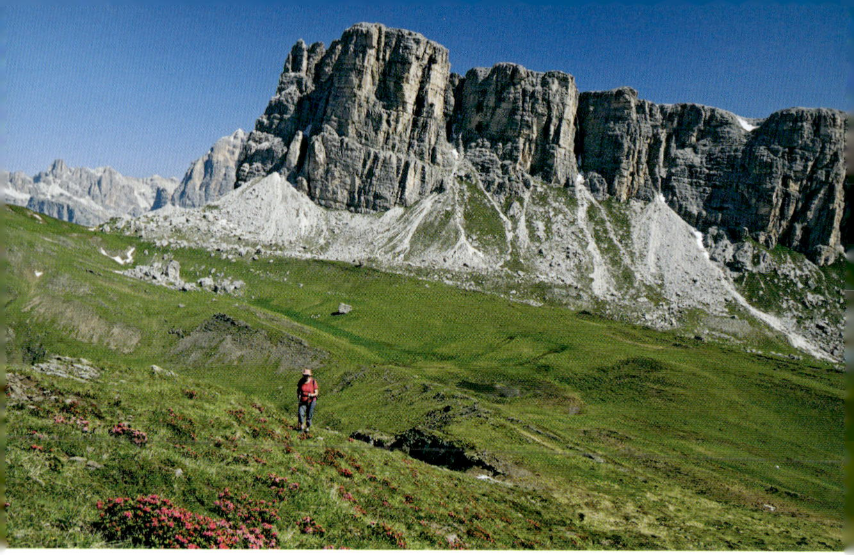

Im Gipfelanstieg auf den Monte Mondeval mit den Südwänden der Lastoni di Formin.

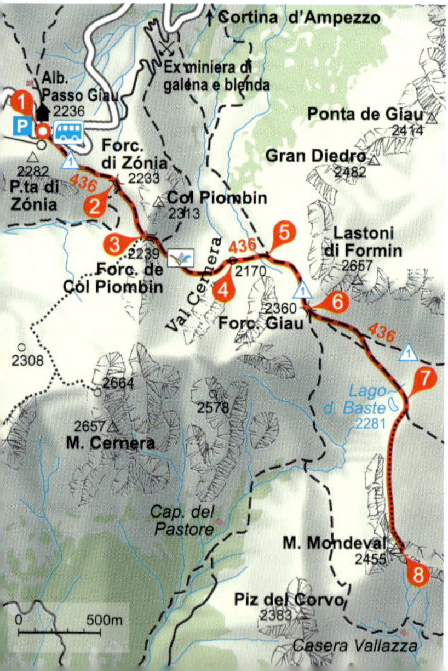

Jenseits (Weg Nr. 436) unter den Wänden der Lastoni di Formin in einmalig schöner Wanderung zunächst durch eine Bergsturzzone (Felsenstadt), dann, einem angegrünten Moränenrücken folgend, sanft nach Südosten abwärts, bis der Weg den Rücken nach links verlässt. Geradeaus auf unbez. Steigspuren am Rücken weiter, später durch Wiesen nach rechts (Süden) hinab zu dem von einem Hochmoor umgebenen **Lago delle Baste**, 2281 m (7). Links am See vorbei und jenseits den Nordrücken am Rande felsiger Steilabbrüche (Eruptivgestein) durch Wiesen und Almrosen empor zum Gipfel des **M. Mondeval**, 2455 m (8, kleines Gipfelkreuz, Buch in der Schatulle). **Abstieg** entlang der Aufstiegsroute.

3.00 Std.

Monte Punta (»Ponta«), 1952 m

2

Bester Orientierungspunkt des Zoldin

Grüner Bergkegel im Süden des Monte Pelmo, tausend Höhenmeter über dem Zoldotal, das ist der Monte Punta, vielleicht der beste Orientierungspunkt des Gebiets. Wir wählen hier den kurzen Zugang aus dem reizenden Bergnest Costa über den Nordrücken, retour wandern wir über den Südkamm und durch die Westflanke, was eine dreistündige Runde auf markierten Pfaden ergibt, abwechslungsreich, spannend und jedem trittsicheren Bergfreund zu empfehlen.

Talort: Forno di Zoldo, 858 m, Hauptort des Zoldin.
Ausgangspunkt: Costa, 1425 m, Bergweiler in herrlicher Balkonlage am Südabhang des M. Pelmo über dem Zoldo Alto gegenüber der Civetta. Kleiner Parkplatz am Ortseingang. Zufahrt von Forno über Dont und Brusadaz, 10 km.
Anforderungen: Einfache Wanderung auf gut bez. und beschilderten Wegen. Trittsicherheit an einer Passage nötig!
Höhenunterschied: 570 m im Auf- und Abstieg.
Einkehr: Keine.
Hinweise: Der M. Punta war im Dolomitenkrieg Beobachtungsposten mit herumführender Verteidigungsanlage. Im Gipfelbereich Vorsicht mit Kindern (Felsabbruch nach Nordosten!).
Variante: Folgt man dem Aufstiegsweg retour, so wird aus der »Roten« eine »Blaue« Tour (Gesamtzeit: 2½ Std.).

Das Massiv des Monte Pelmo vom Gipfel des Monte Punta.

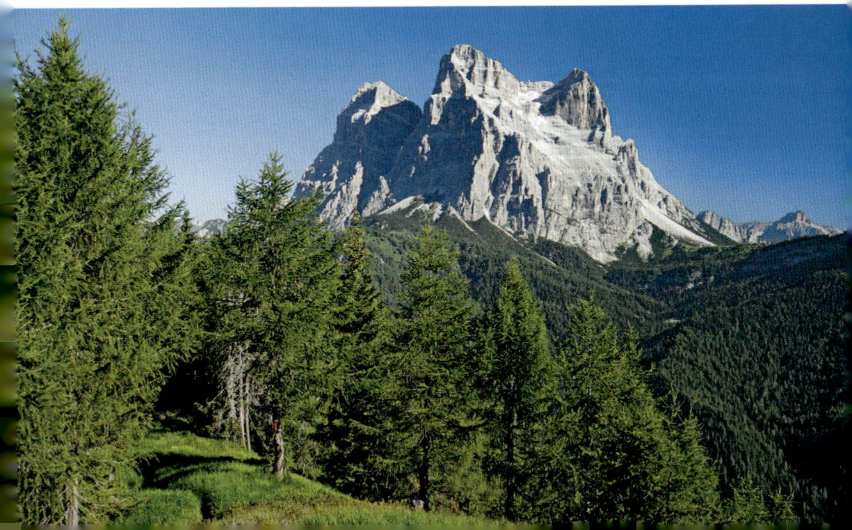

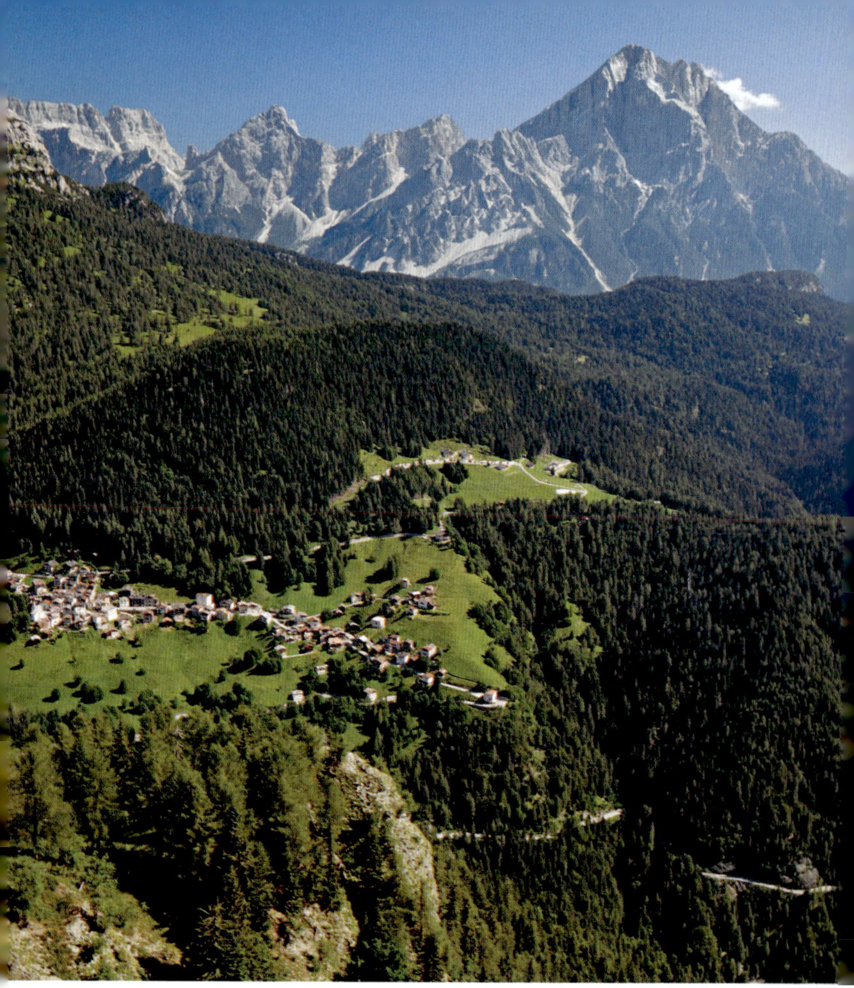

Tiefblick vom Monte Punta auf Zoppè di Cadore, rechts darüber der Antelao.

Vom **Parkplatz Costa** (1) die schmale Straße südwärts in den malerischen Ort und dort zum Verzweigungspunkt bei der kleinen Kirche (2, Brunnen). Links den Weg Nr. 496 zwischen den Häusern hindurch, dann extrem steil nach Südosten empor in den Wald mit querendem Karrenweg. Auf ihm an

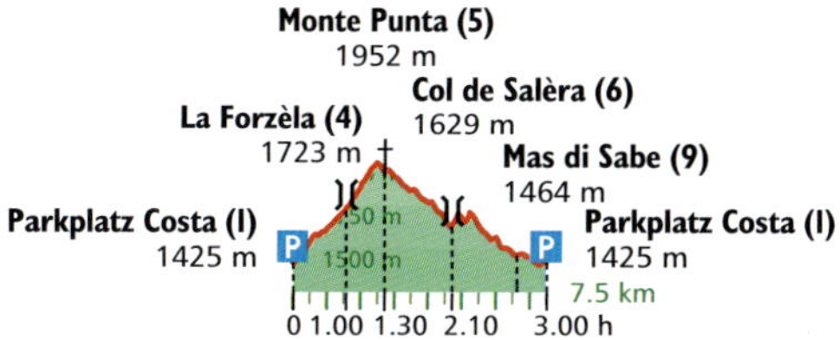

den Hängen des Col Nero aufwärts zu einer Gabelung, 1585 m (3). Links den oberen Fußweg an den Waldhängen in Ostrichtung weiter bergauf und nach einer Linkskehre in den Waldsattel **»La Forzèla«**, 1723 m (4), zwischen Col Nero und M. Punta mit dem Querweg Nr. 499. Auf ihm rechts haltend den Nordwestrücken des M. Punta im herrlichen Nadelwald eben und aufwärts, dann im lichter werdenden Wald steil und direkt empor auf den baumfreien Gipfel des **M. Punta**, 1952 m (5). Eindrucksvoller Überblick über die Berge rings um das Becken von Forno di Zoldo mit Pelmo (Norden), Bosconero (Südosten), Prampèr und Talvena (Süden), Tàmer (Südwesten) und Civetta-Moiazza (Westen).

Auf Fußweg Nr. 499 (alte Kriegsstraße von 1916) den Südrücken des Berges in sanft abfallenden Kehren vorerst über Wiesen, dann im lichten Nadelwald abwärts, später über einen Steilhang in drei weiten Kehren hinunter, schließlich auf Fahrweg an der Waldflanke in Westrichtung bergab zur Verzweigung an der Schulter **Col de Salèra**, 1629 m (6). Rechts ab und auf dem Fußweg Nr. 492 in die Westseite des M. Punta hinein. Den schmalen Pfad an den sehr steilen Wald- und Grashängen (Vorsicht!) nach Nordwesten aufwärts zu einer **Aussichtskanzel**, 1664 m, (7, alte Kriegsstellung, Tiefblick auf Foppa!). Weiter nun auf gutem Fußweg an den steilen Waldhängen in Windungen nach Nordwesten bergab, später, einen Graben ausgehend, zu einer Quelle aus niedriger Felswand, danach zu einer Verzweigung, 1500 m (8). Den Waldfahrweg gerade fort und hinaus zur Wiese **»Mas di Sabe«** (1464 m; Stadel, eindrucksvoller Civettablick!) mit Verzweigung (9). Auf dem Fahrweg am Oberrand der Wiese weiter in den Wald und dort zu kleiner Kapelle, danach erneut über Wiesen in das Ortsgebiet von **Costa** und zum **Parkplatz**.

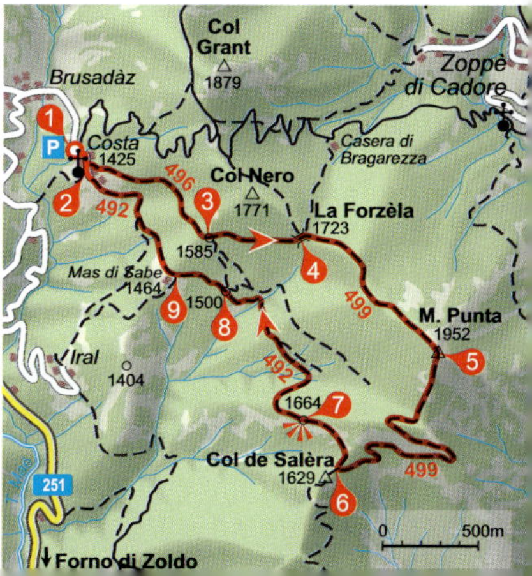

3 Um den Monte Pelmo

6.15 Std.

Ein Schauweg der Sonderklasse

Die Annahme, dass es von landschaftlichen Superlativen aus ringsum nur weniger attraktives zu schauen gäbe, stimmt überall, nur nicht im Wunderland Dolomiten! Denn unsere Umrundung der vielleicht gewaltigsten Felsburg der Alpen, des Monte Pelmo, ist eine Schau- und Panoramatour gegenüber den Riesen der Ampezzaner und Zoldiner Dolomiten, die in erster Linie an unsere Sinne Anforderungen stellt.

Talorte, Ausgangspunkt: Siehe Tour 18.
Anforderungen: Als Tagestour lang und anstrengend. Am »Sentiero Gino Flaibani« einige teils gesicherte Felspassagen, sonst einfache Wanderung auf bez. Wegen. Trittsicherheit und Schwindelfreiheit nötig. Im Frühsommer (Schneereste) Pickel ratsam.
Höhenunterschied: 820 m im Auf- und Abstieg.
Einkehr: Rif. Alpino Passo Staulanza, Rif. Città di Fiume, Rif. Venezia (siehe S. 34/35).
Hinweise: Wegen der Länge der Tour empfiehlt sich eine Übernachtung am Rif. Venezia. An der Pala de le Dee zweigt rechts ein unbez. Steig durch Latschen und Geröll steil zu den Dinosaurier-Trittspuren (»Impronte Dinosauri«, 2050 m; s. Foto S. 26) auf einem Felsblock am Südwestfuß des Pelmetto ab. Gesamter zusätzlicher Zeitaufwand: 1 Std.

Das Rifugio Venezia am Monte Pelmo. Im Norden, jenseits des Bòitetales, Punta Nera und Croda Marcora (Sorapissgruppe).

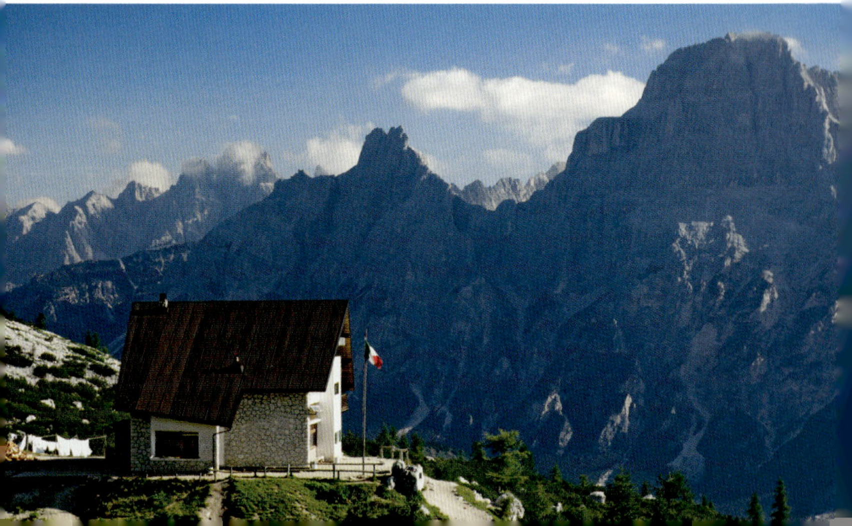

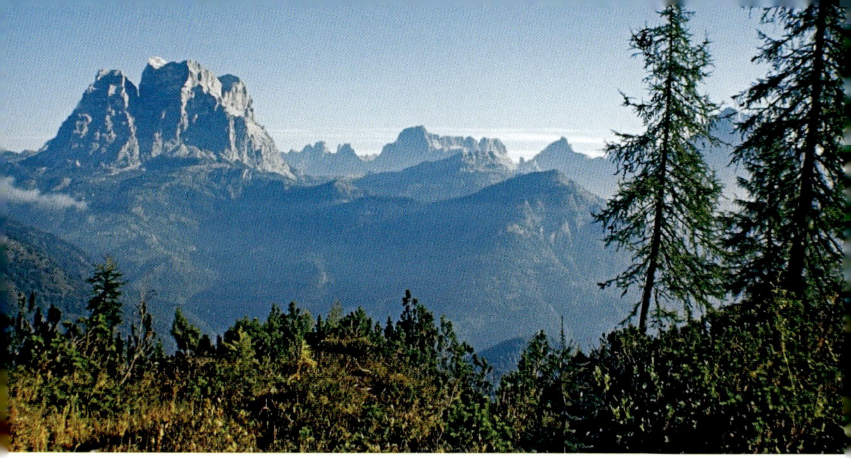

M. Pelmo, Sorapiss und Antelao von Süden, aus dem Vant de le Forzele (Tàmergruppe).

Vom **Passo Staulanza** (1) auf Fußweg (Dolomiten-Höhenweg Nr. 1) im Wald steil nach Südosten hinauf zum Querweg Nr. 472. Diesen links empor zu einer Schulter, danach durch Wald und Gesträuch nordostwärts zu den begrünten Schuttfeldern unter den Pelmo-Nordwänden. Über sie auf und ab dahin, dann kurz steiler bergauf und im Bergwald eben zu einem Bach. Über ihn (Brücke), dann nach links zu einem Karrenweg. Auf ihm zur Zubringerstraße und diese zum **Rif. Città di Fiume**, 1918 m (2).
Auf Weg Nr. 480 an den Hängen der Punta della Puina ostwärts hinauf in die **Forc. Foràta**, 1977 m (3) zwischen M. Pelmo und Punta della Puina. Ohne die Scharte zu überschreiten auf Weg Nr. 480 (»**Sentiero Gino Flaibani**«) unter den Pelmo-Wänden nach rechts (Südwesten) abwärts zu einer Verzweigung. Links auf Steigspuren eine steile Schlucht nach Südosten aufwärts, weiter oben die linke Begrenzungsrippe empor zu einem Wiesenrücken. Der Weg schwenkt nach links in das **Val d' Arcia** ein. An seiner linken Seite über Schutthänge eben in den Hintergrund des Tales und dort rechts hinauf zur **Forc. Val d' Arcia**, 2476 m (4). Jenseits eine breite Geröllrinne

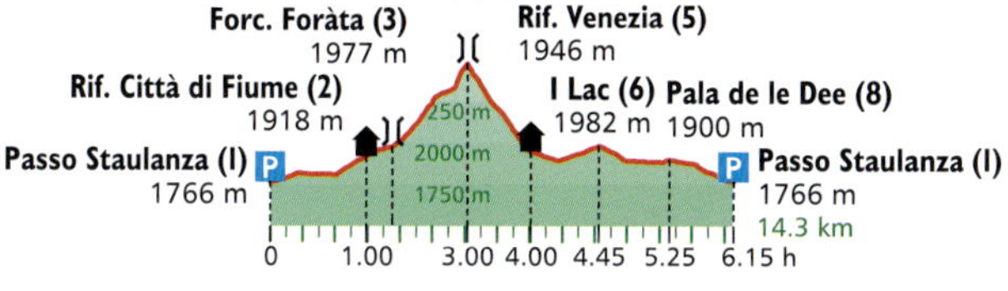

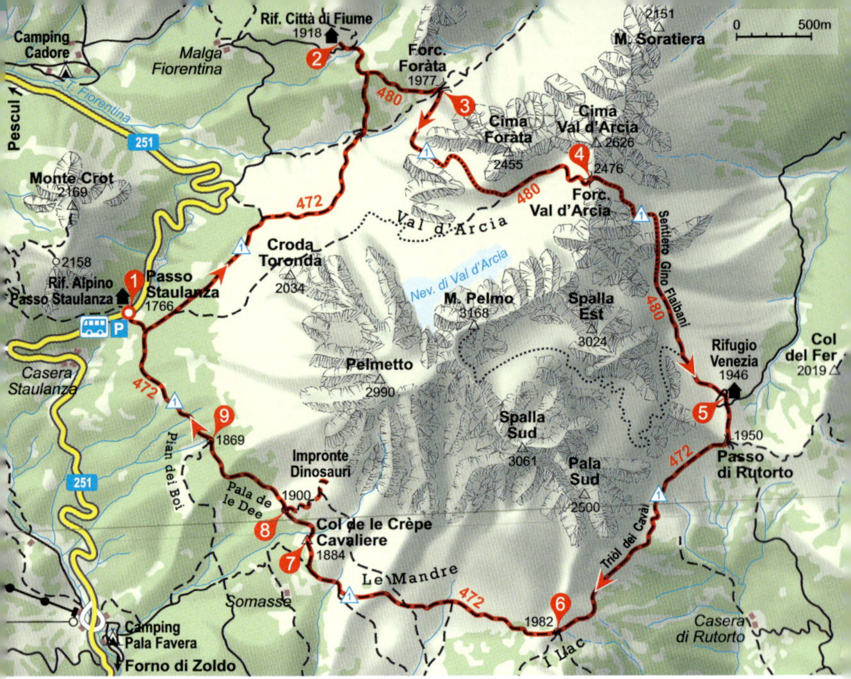

(Abfahren möglich) hinunter, dann unter den Pelmo-Wänden über Schutt und Bänder (Drahtseile) auf und ab nach rechts (Süden) in eine Scharte mit Felsturm. An den Hängen weiter zur Rechtsabzweigung des Pelmo-Normalweges. Vorerst steil bergab, dann durch Latschen und Felsblöcke zum **Rif. Venezia**, 1946 m (5), am Ostfuß des Monte Pelmo.

Eben nach Süden zum **Passo di Rutorto**, 1950 m, zwischen M. Pelmo und M. Penna. Jenseits kurz bergab zum Querweg Nr. 472 (»**Triòl dei Cavài**«). Auf ihm nach rechts hinab zu einem Wiesenboden unter den Pelmo-Wänden. Durch Latschen in Kehren nach Südwesten aufwärts zur Wiesenschulter **I Lac**, 1982 m (6). Nach rechts in die Südseite des Pelmo und dort über die Terrasse **»Le Mandre«** westwärts sanft bergab zu einer Verzweigung. Den Weg Nr. 472 geradefort über einen Bach, dann eben zur Schulter **Col de le Crèpe Cavaliere**, 1884 m (7, Verzweigung). Im latschendurchsetzten Wald unter den Pelmo-Wänden bald zur Rechtsabzweigung zu den »Impronte Dinosauri« (mit Trittspuren von drei Dinosaurierarten) an der **Pala de le Dee**, 1900 m (8), danach in langer Hangquerung zum **Pian dei Boi**, 1869 m (9, Verzweigung) und weiter zu einer Wegteilung. Hier kurz nach links hinab zum **Passo Staulanza**.

2 Tage

Monte Pelmo, 3168 m

4

Festtag am schönsten Berg der Dolomiten

Dem spektakulären Felskoloss des Monte Pelmo (von »Pelf« = saxum pelphi = harter Stein) zu Leibe zu rücken, ist fraglos Wunschtraum vieler. Trotz der in Summe nicht wirklich schwierigen Normalroute sind die luftigen Schlüsselstellen am berühmten Ballband keine Angelegenheit für bergsteigende Neulinge, verlangen souveränes Gehen im steilen Felsgelände.

Talort: Forno di Zoldo, 858 m, Hauptort des Zoldin.

Ausgangspunkt: Zoppè di Cadore (1460 m, begrenzter Parkraum), prachtvoll gelegenes Bergdorf am Südfuß des M. Pelmo. 9 km von Forno (Bus).

Anforderungen: Anstrengende, hochalpine Tour für geübte Bergsteiger. Die Begehung des luftigen Ballbandes verlangt trotz durch Drahtseil »entschärfter« Passagen Trittsicherheit, Schwindelfreiheit und Klettererfahrung (Stellen im Schwierigkeitsgrad I+). Seilsicherung für weniger Geübte ratsam!

Höhenunterschied: 1710 m auf und ab.

Einkehr: Rif. Venezia (siehe S. 35).

Hinweis: Von Zoppè kann man sich per Taxi (Zoldobus, Raffaella Curci, Via Belvedere 24a, Forno di Zoldo, Tel. +39 348 6700786, www.zoldobus.it) bis unter die Sella di Rutorto fahren lassen, 1½ Std. Zeitersparnis.

Die Ostseite der Civetta (Tour 23) vom Gipfel des Monte Pelmo.

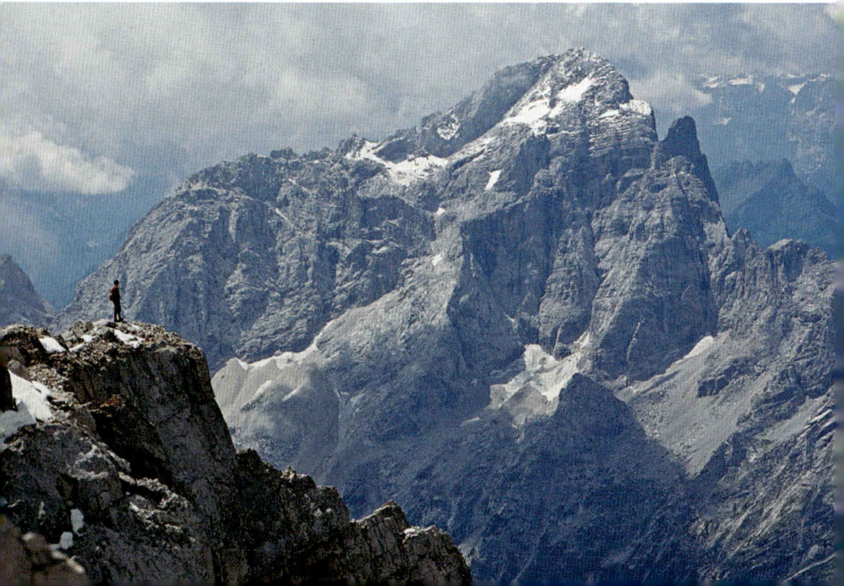

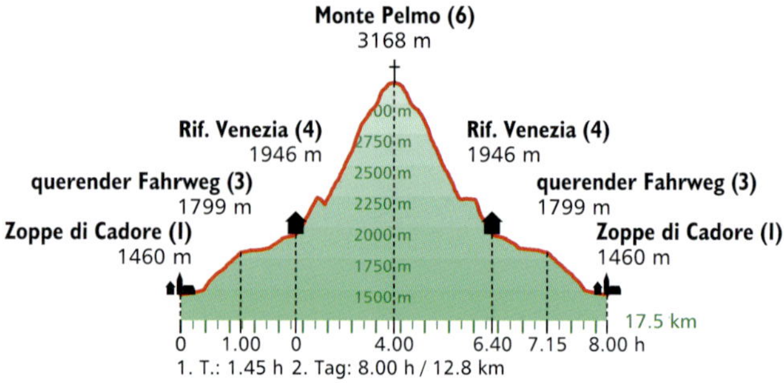

Von der Kirche in **Zoppè di Cadore** (1) die Dorfstraße aufwärts zur Teilung am oberen Ortsrand und links haltend durch die **Via Sagui** zu einer Verzweigung. Rechts den Karrenweg Nr. 471 nach Westen hinauf, dann nach rechts in ein Waldtal mit der idyllischen Wiese **Col del Pra**, 1497 m (2, Kruzifix, Pelmoblick!) und zu einer Wegteilung. Links auf Weg Nr. 471 weiter und über einen Bach, jenseits durch Wald in Kehren empor, dann in langer Hangquerung nach Nordwesten aufwärts an den **Col de Sant'Anna**, 1625 m. Über den Rücken nach Norden hoch und durch ein Gatter (nicht vorher der Wegtrasse nach rechts folgen!), danach im dichten Wald steiler empor zu querendem Fahrweg (3, Bank). Diesen (Nr. 471) links an den Waldhängen des M. Penna

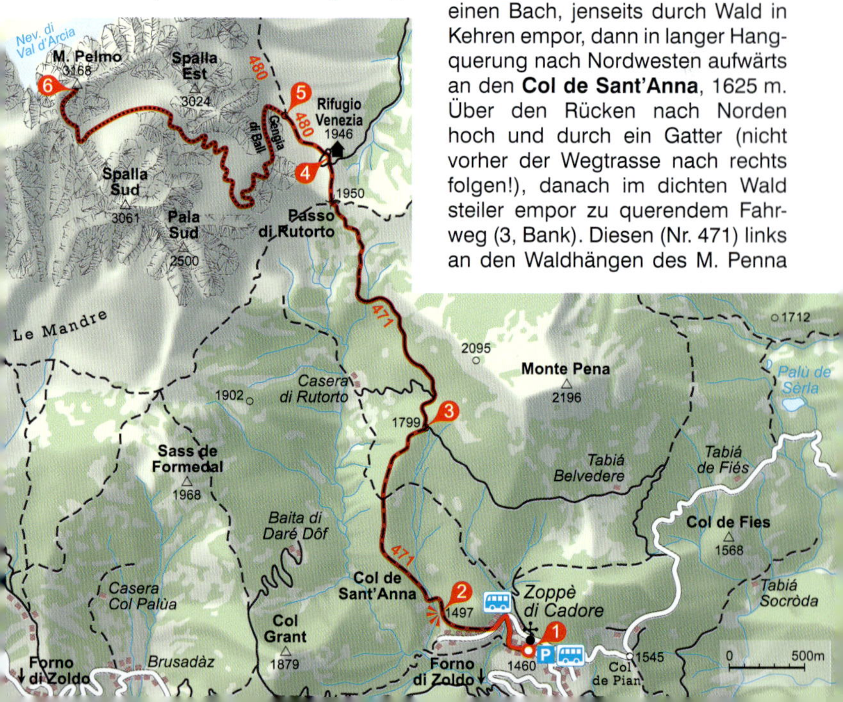

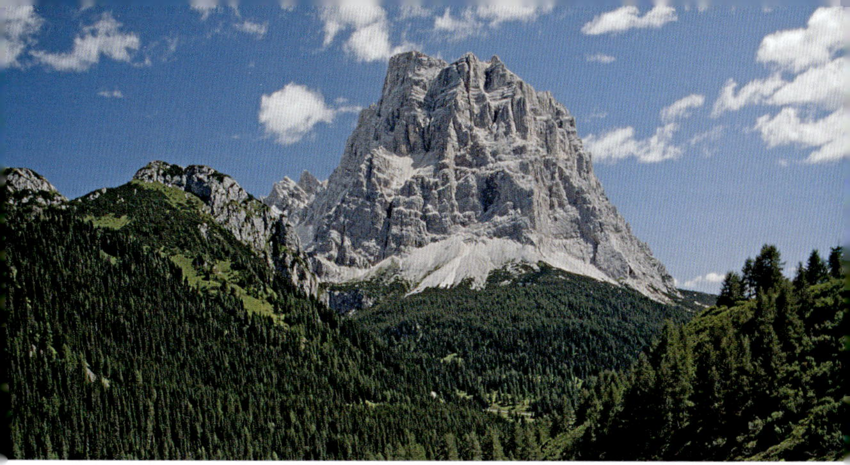

Der wuchtige Pelmostock von Westen mit dem Monte Crot (Tour 18) links davor.

sanft nach Nordwesten aufwärts, später auf Fußweg durch Lärchenbestände, zuletzt über Wiesen nach Norden hinauf in den **Passo di Rutorto**, 1950 m, zwischen M. Pelmo und M. Penna. Jenseits hinab in eine Mulde und aus ihr steil zu dem auf einem Hügel stehenden **Rif. Venezia**, 1946 m (4), empor.

Auf Steig Nr. 480 durch Latschen und Blockwerk nordwestwärts gegen die Pelmo-Wände empor zur Linksabzweigung des Normalweges (5) und auf ihm zum Einstieg in die Felsen (Aufschrift: »Attacco«). Über Schrofen 30 m hinauf zum Beginn des **Ballbandes** quer durch die Ostwand des Berges (s. Bild S. 48!). Auf dem anfangs breiten, später schmäler werdenden Band eben zur luftigen Unterbrechungsstelle **Passo dello Stemma**, die an guten Haltepunkten (Drahtseil) bewältigt wird. Auf dem schmalen und teilweise überdachten Band ohne Schwierigkeit weiter und nach der dritten Schulter (Kriechstelle) in den Hintergrund einer Schlucht. Dort zur fünf Meter langen Unterbrechungsstelle **Passo del Gatto**, die entweder kriechend oder besser außen und aufrecht an guten Griffen und Tritten (Drahtseil) bewältigt wird. Nun ohne Schwierigkeit zum Ende des Bandes an der vierten Schulter. Rechts durch eine breite Felsrunse empor, später an der rechten Seite des Südostkares über Geröll in Kehren steil aufwärts, schließlich auf gut gangbaren Bändern nach links in den zentralen Teil des Kares und dort gegen eine das Kar abriegelnde gebänderte Felswand. Über sie in Kehren hinauf in eine meist schneegefüllte Mulde (ehem. Pelmo-Gletscher). Das Schneefeld westwärts empor zu einer Scharte am Südgrat und über ihn zum Gipfelgrat. Dort (Steig) eben hinüber zum Hauptgipfel des **Monte Pelmo**, 3168 m (6).
Abstieg entlang der Aufstiegsroute.

5 Um den Monte Penna

6.00 Std.

Wandereldorado zwischen Pelmo und Rite

Wer den Pelmo-Ringweg (Tour 3) bereits absolviert hat und nach einer weiteren Genusstour Ausschau hält, der sollte mit der Umwanderung des Monte Penna liebäugeln. Der Charakter des Unternehmens ist jedoch ein anderer: An die Stelle dräuender Wände tritt ein sanftes Mittelgebirge mit zauberhaften Wiesen und Lärchenwäldern.

Talort, Ausgangspunkt: Siehe Tour 4.
Anforderungen: Einfache Mittelgebirgswanderung auf teils schlecht bez. Wegen. Orientierungsvermögen nötig. Nach längeren Regenfällen abzuraten.
Höhenunterschied: 620 m auf und ab.
Einkehr: Rif. Venezia und Rif. Talamini (siehe S. 35).

Variante: Vom Passo di Rutorto kann der aussichtsreiche Monte Penna (»Pena«, 2196 m) auf unbez. Steigspuren über die Nordwestflanke durch lichten Wald, Latschen und Wiesen in 1¼ Std. bestiegen werden.
Hinweis: Ohne Besuch des Rif. Talamini 1 Std. Zeitersparnis.

Der M. Pelmo aus der Umgebung des Passo di Ritorto. Der Normalanstieg auf den Pelmo (Tour 4) erfolgt über das schräg ansteigende Ballband und durch das Südostkar darüber.

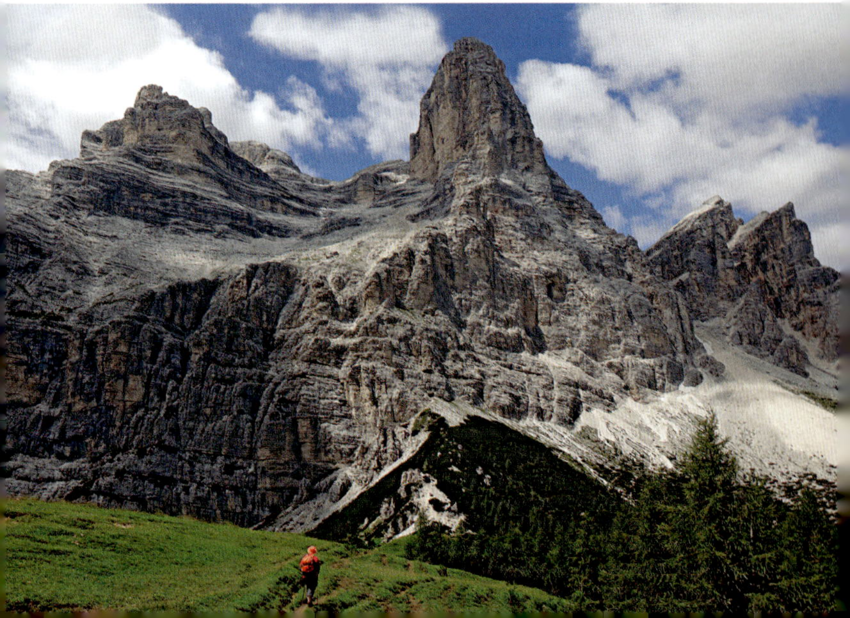

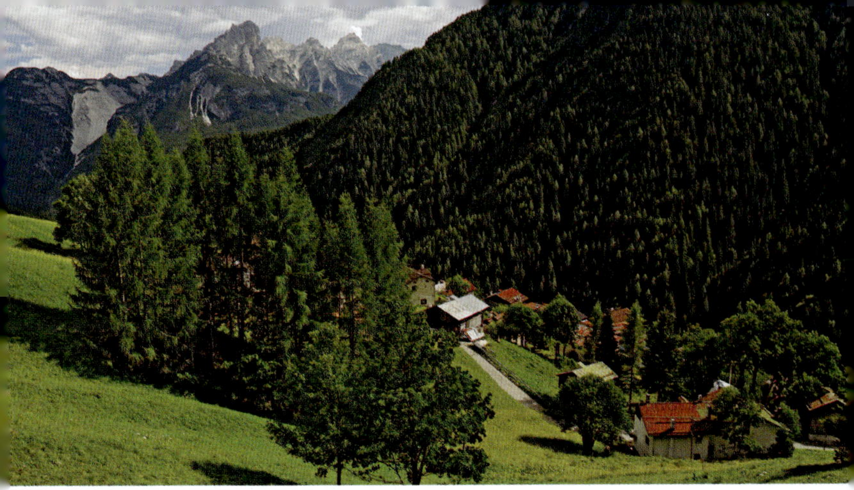

Das Bergdorf Zoppè ist Startplatz für die Umrundung des Monte Penna. Im Süden erkennt man die Spiz di Mezzodì (Prampèrgruppe).

Von **Zoppè** (1) wie bei Tour 4 zum **Rif. Venezia**, 1946 m (4). Zurück zum **Passo di Rutorto**, dort links den Weg Nr. 475 (Dolomiten-Höhenroute Nr. 3) über Wiesen gegen den M. Penna aufwärts bald zu einer Verzweigung, 1960 m. Links haltend (Weg Nr. 475) durch lichten Baumbewuchs nach Nordosten hinab in den Sattel vor dem Col del Fer. Nach rechts abwärts in die Wiesenmulde zwischen M. Penna und Col del Fer. An ihrem linken Rand nach Nordosten hinunter zu den Mauerresten der **Cas. di Naiaron**, 1800 m, und weiter zur Verzweigung am unteren Wiesenrand, 1770 m (5, Felsblock). Rechts auf Weg Nr. 456 und 493 im lichten Wald steil nach Osten hinab in den Graben des **Ru de Assola** und dort (Felsblöcke) über den Bach. Jenseits um die Crepe della Vizza Vecchia nach rechts herum in das **Val de la Fontaneles**, 1730 m (Quellen). Eine lange Wiesenzunge nach Süden hinauf, dann durch Wald (alter Lärchenbestand) in den Wiesensattel der **Forc. Colonèl de la Stanga**, 1849 m (6, auch »Ciampestrin«), zwischen M. Penna und Crepe di Serla. Nicht jenseits bergab (!), sondern eben nach links (Os-

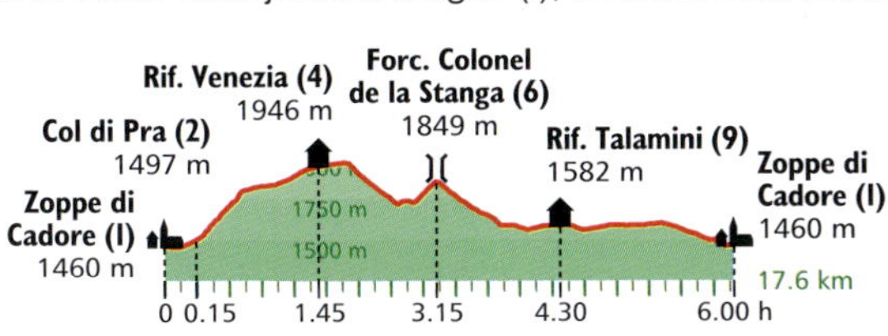

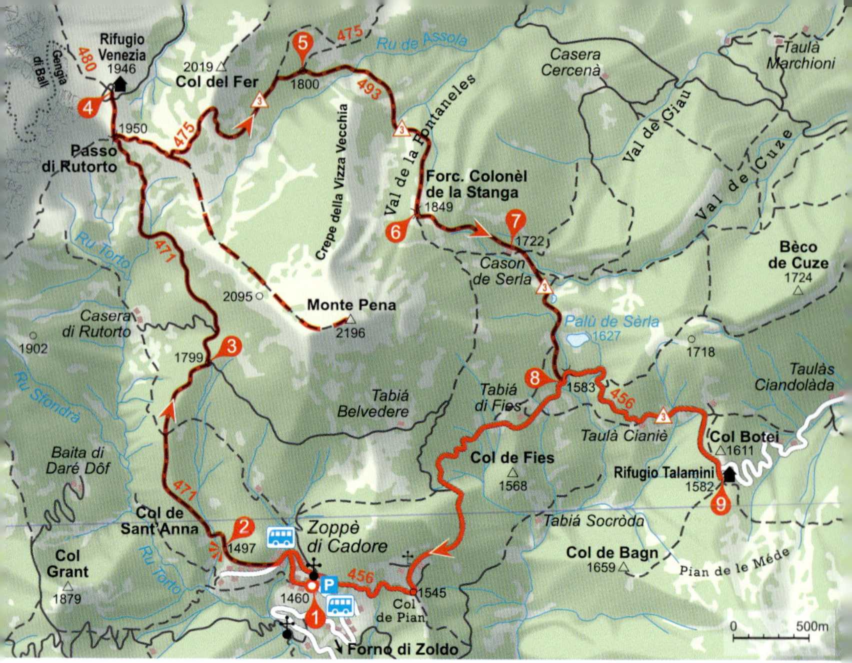

ten) und über einen Waldrücken in den nächsten Wiesensattel, wo sich der Weg nach rechts wendet. Durch unübersichtliches Gelände meist im Wald nach Südosten abwärts zur Blockhütte **Cason de Serla**, 1722 m (7, Feuerstelle, Sitzgelegenheit), am Oberrand einer Wiese. Den bez. Weg am linken Wiesenrand hinab zu einer Teilung. Rechts auf schlecht bez. Weg in Südrichtung abwärts, dann nach rechts in den Wald und dort, an einer Quelle vorbei, zum Sumpfbiotop **Palù de Serla**, 1627 m (Lacke, Sitzgarnitur). Auf bez. Karrenweg an der linken Seite eines Wasser führenden Waldgrabens nach Süden bergab, später (Brücke) rechts vom Bach zur querenden Naturstraße im Bereich **Tabià di Fies**, 1583 m (8). Diese (Weg Nr. 456) an den Hängen eben nach links (Osten), später rechts um den Col Botei herum in die **Forc. del Col Botèi**, 1575 m, wo die Straße den Waldrücken nach Nordosten (gegen Valle d'Oglio) verlässt. Hier auf Fahrweg kurz nach rechts hinauf zu dem auf idyllischer Waldblöße stehenden **Rif. Talamini**, 1582 m (9, Antelaoblick!). Retour zur **Tabià di Fies** (8). Die Naturstraße (Weg Nr. 456) durch Lärchenwiesen, an Heuhütten vorbei, eben fort, später auf Asphaltstraße im Wald, mehrere Gräben ausgehend, südwärts zu einer Bergecke mit Verzweigung (Kruzifix). Geradeaus hinab zur Wiesenschulter **Col de Pian**, 1545 m, und westwärts nach **Zoppè di Cadore** (1).

2 Tage

Monte Rite, 2183 m, Westanstieg

6

Die stille Seite des Panoramaberges

Durch das Messner-Projekt »Museum in den Wolken« ist der Monte Rite heute nicht mehr das, was er war. Von Süden, vom Cibianapass her, mit Shuttletaxis zu erreichen, überfluten heute Besucherscharen den früher kaum beachteten Berg. Eine Vorstellung von der einstigen Ruhe erhält man im Zuge des Westanstiegs von der Zoppè her, wo die über Jahre geschlossene Talaminihütte seit Sommer 2011 wieder zugänglich ist.

Talort, Ausgangspunkt: Siehe Tour 4.
Anforderungen: Einfache, aber lange Wanderung auf Bergstraßen und bez. Fußwegen.
Höhenunterschied: 800 m im Auf- und Abstieg.
Einkehr: Rif. Talamini und Rif. Dolomites (siehe S. 34/35).
Hinweise: Im Sperrfort (1912–1914) des M. Rite untergebracht ist das 2002 eröffnete, von Reinhold Messner konzipierte »Mountain Museum Dolomites«/»Museum in den Wolken«, das vom 1. Juni bis 30. Sept. geöffnet ist (im Juni und ab 15. Sept. 10–13/14–17 Uhr, sonst 10–13/14–18 Uhr, Tel. +39 338 1568007). Es dokumentiert die Geschichte und Erschließung der Dolomiten in zwanzig Räumen. Der Berg kann im oben genannten Zeitraum vom Passo Cibiana her über eine 7 km lange Schotterstraße (für den öffentlichen Verkehr gesperrt!) tägl. 9–18 Uhr per Shuttlebus erreicht werden (Tel. +39 335 5473971).

Die alte Kriegsstraße im Bereich des Sperrforts am Gipfel des Monte Rite. Im Osten die Friulaner Dolomiten mit Cima dei Preti und M. Duranno.

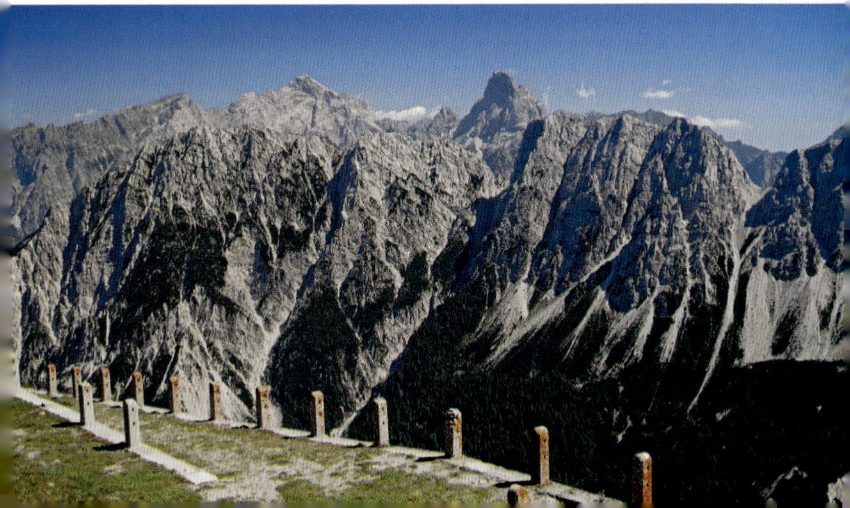

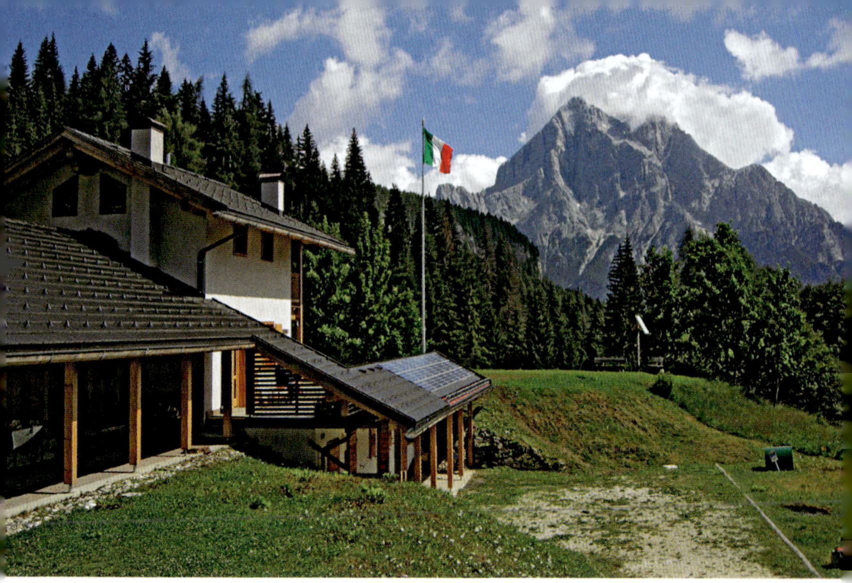

Das Rifugio Talamini an der Forc. del Col Botèi. Im Norden grüßt der mächtige Antelao jenseits des Bòitetales.

Von der Kirche in **Zoppè** (1) die Dorfstraße aufwärts zur Teilung am oberen Ortsrand. Rechts die Asphaltstraße mit Weg Nr. 456 an den Waldhängen nach Osten bergauf zur Wiesenschulter **Col de Pian**, 1545 m. Nach links in die Ostseite des Col della Viza hinein und dort durch Wald nach Norden hinauf zu einer Bergecke (1590 m; Kruzifix, Verzweigung). Die Straße mit Weg Nr. 456 geradeaus nahezu eben zu den Heuhütten der **Tabià di Fies**, 1583 m. Auf Naturstraße an den Waldhängen ostwärts weiter, später rechts um den Col Botèi herum in die **Forc. del Col Botèi**, 1575 m, wo die Straße den Waldrücken nach Nordosten (gegen Valle d'Oglio) verlässt. Rechts ab zu dem auf idyllischer Waldblöße stehenden **Rif. Talamini**, 1582 m (2, Antelaoblick!). Auf Weg Nr. 494 ostwärts in die bewaldete Nordflanke des Col Duro hinein und dort eben zum Querweg

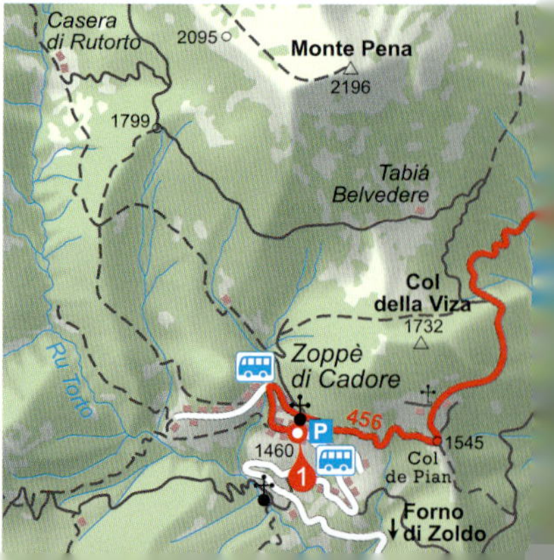

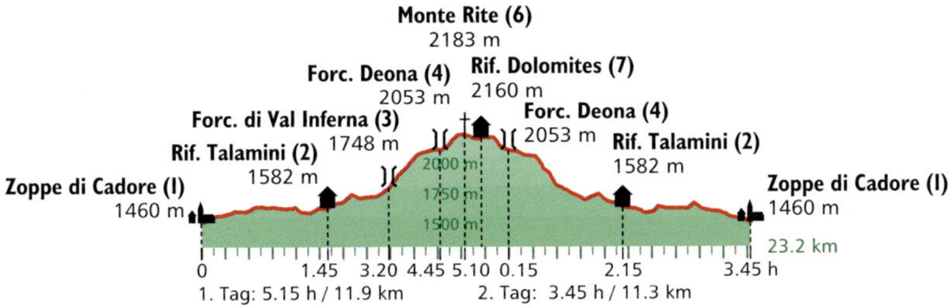

Nr. 478. Auf ihm geradeaus durch den wilden Sträucherdschungel steiler bergauf, später nach rechts in einen Graben. Diesen neben dem Bachbett nach Süden hinauf, dann einen steinigen Hohlweg in Windungen empor zur **Forc. di Val Inferna**, 1748 m (3, Verzweigung) zwischen Col Alto und Col Duro. Auf Weg Nr. 478 den bewaldeten Westrücken des Col Alto links empor zur Schulter des **M. Pera**, 1792 m. Am steilen Waldrücken in Kehren weiter, später quer durch die Nordwestflanke des Berges nach links hinauf in einen Sattel. Jenseits auf alter Kriegsstraße in die Nordostflanke des Col Alto hinein, danach einen steilen Schutthang nach rechts (Süden) empor zur **Forc. Dèona**, 2053 m (4), mit Schotterstraße vom Passo Cibiana her. Die Straße links haltend aufwärts in die Südseite des M. Rite hinein und dort nach 350 m zur Linksabzweigung des Fußwegs Nr. 478. Auf ihm empor an den Westrücken und diesen, an großem Steinmann vorbei, zum alten Sperrfort mit dem **»Mountain Museum Dolomites«** (»Museum in den Wolken«), 2175 m (5). Am Rücken weiter zum Gipfel des **M. Rite**, 2183 m, mit umfassendem Panorama über Ostdolomiten und Südliche Karnische Alpen (WP6). Zurück zum Museum und dort die Kriegsstraße in zwei Kehren nach links (Süden) hinab zum **Rif. Dolomites**, 2160 m (7). **Abstieg** entlang der Aufstiegsroute.

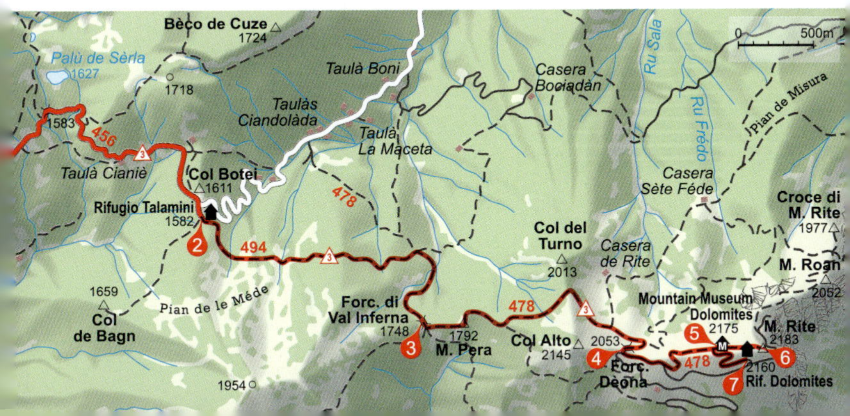

7 Monte Rite, 2183 m, Südanstieg

4.45 Std.

Keine Ruhe mehr am Berg!

Wem die ständig verkehrenden Zubringer-Taxis vom Cibianapass her ein Greuel sind, kann den Monte Rite von dort über die Forcelle Inferna und Dèona auch auf stillen Wanderwegen erreichen. Trotz Massenandrang oben: Nicht gelitten hat das Panorama von dieser unvergleichlichen Höhe, das die Dolomiten beiderseits des Piavetales und die Bergumrahmung des Zoldo- und Bòitetales einfach sensationell darbietet.

Talorte, Ausgangspunkt: Siehe Tour 9.
Anforderungen: Unschwierige, aber etwas anstrengende Wanderung auf alten Kriegsstraßen sowie teils steilen Fahr- und Fußwegen.

Höhenunterschied: 710 m im Auf- und Abstieg.
Einkehr: Rif. Remauro und Baita Dèona am Passo Cibiana, Rif. Dolomites am M. Rite (siehe S. 34/35).

Im Gipfelbereich des M. Rite. Blick nach Westen auf Civetta, Marmolada und M. Pelmo.

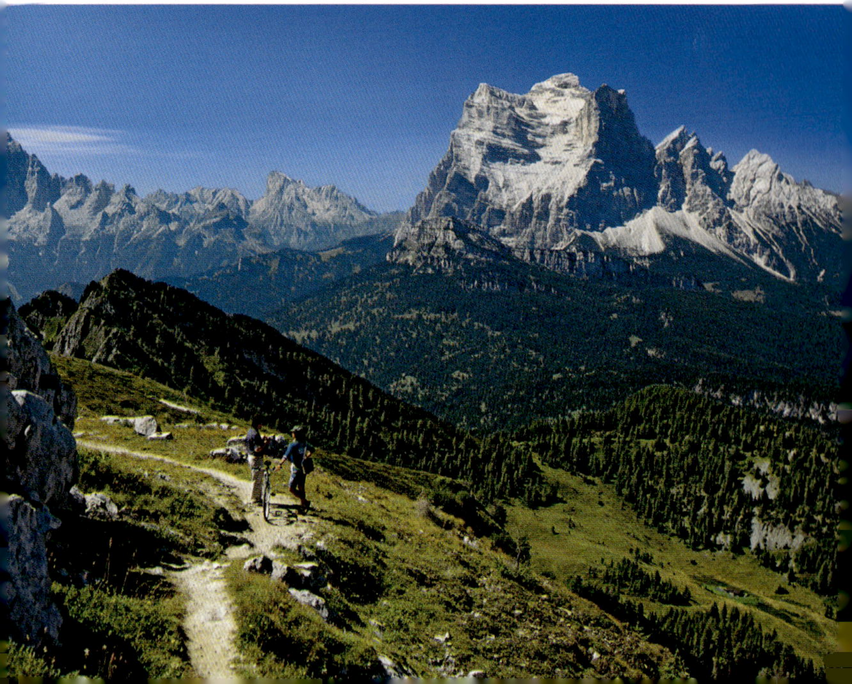

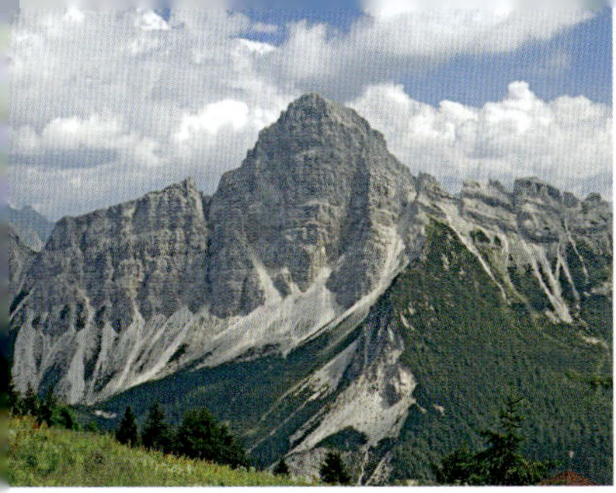

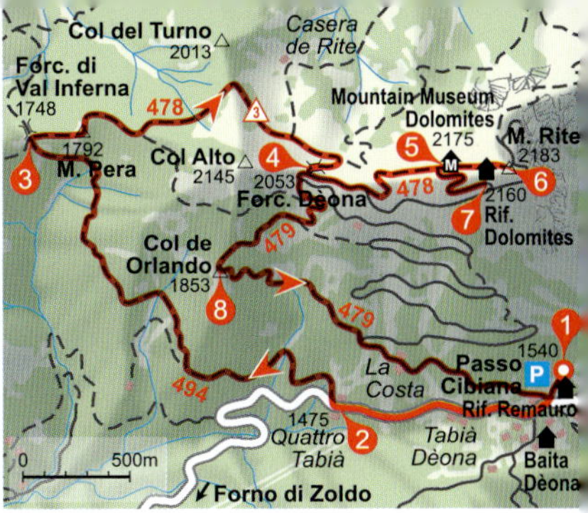

Der Sassolungo di Cibiana vom M. Rite.

Hinweise: Man kann die Runde auch an der Örtlichkeit »Quattro Tabià« (zwei kleine Parkplätze ober- und unterhalb der Wegabzweigung) starten und sich so die Parkgebühr am Cibianapass sparen. Der M. Rite ist vom 1. Juni bis 30. Sept. tägl. zwischen 9 und 18 Uhr vom Passo Cibiana über eine für den öffentl. Verkehr gesperrte Schotterstraße per Shuttlebus (Tel. +39 335 5473971) zu erreichen, 7 km. Im Sperrfort des M. Rite untergebracht ist das 2002 eröffnete, von Reinhold Messner konzipierte »Mountain Museum Dolomites«/»Museum in den Wolken«, das vom 1. Juni bis 30. Sept. geöffnet ist (im Juni und ab 15. Sept. 10–13/14–17 Uhr, sonst 10–13/14–18 Uhr, Tel. +39 388 1568007). Es dokumentiert die Geschichte und Erschließung der Dolomiten in zwanzig Räumen.

Vom **Passo Cibiana** (1) wie bei Tour 9 in die **Forc. di Val Inferna**, 1748 m (3, Verzweigung), zwischen Col Alto rechts und Col Duro links. Weiter wie bei Tour 6 zum Gipfel des **M. Rite**, 2183 m (6), und zu dem südseitig etwas tiefer gelegenen **Rif. Dolomites**, 2160 m (7).
Zurück in die **Forc. Dèona**, 2053 m (4). An der Straßenkehre rechts ab und auf Weg Nr. 479 (»Sentiero Col de Orlando«) über steile Wiesen in Windungen und Kehren nach Süden (!) hinunter, dann in langer Hangquerung durch schönen Bergwald, einige Gräben und Rinnen ausgehend, südwestwärts bergab zur Wiesenschulter **Col de Orlando**, 1853 m (8). Nach links in den Wald und dort an den steilen Hängen in Serpentinen nach Südosten hinunter zur Rite-Bergstraße, die an der untersten Kehre erreicht wird. Die Asphaltstraße an den Waldhängen weiter bergab zum **Passo Cibiana**.

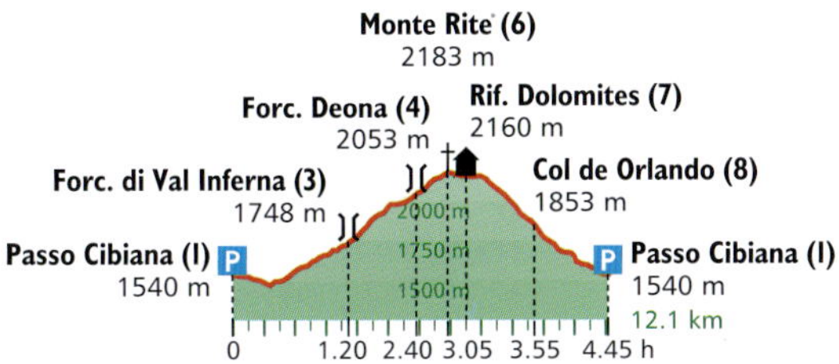

8 Monte Rite, 2183 m, Sentiero Naturalistico

2.45 Std.

Ein Höhen-Ringweg durch gottvolle Landschaft

Für Begeher des »Sentiero Naturalistico« am Monte Rite bringt der Shuttlebus vom Cibianapass her eindeutig Vorteile. Denn mit ihm kommt man ausgeruht auf den Berg, kann das grandiose Rundum-Panorama früh am Morgen bewundern. Schwierigkeiten gibt es keine, Verpflegung und Übernachtung bietet das im alten Fort am Gipfel untergebrachte Rifugio Dolomites, wo auch das von Reinhold Messner konzipierte »Museum in den Wolken« zum Besuch einlädt.

Talorte, Ausgangspunkt: Siehe Tour 9.
Auffahrt: Vom Passo Cibiana Auffahrt per Shuttlebus (1. Juni bis 30. Sept. tägl. 9–18 Uhr; Tel. +39 335 5473971) über die 7 km lange, für den öffentl. Verkehr gesperrte Schotterstraße zum Rif. Dolomites, 2160 m, im Sperrfort am Gipfel des M. Rite.
Anforderungen: Kurze Tour auf großteils unbez., aber guten Wegen. Trittsicherheit und Schwindelfreiheit nötig!
Höhenunterschied: 400 m im Auf- und Abstieg.
Einkehr: Rif. Remauro, Baita Dèona und Rif. Dolomites (siehe S. 34/35).
Variante: Das Rif. Dolomites kann abseits der Straße auf Weg Nr. 479 (»Sentiero Col de Orlando«) auch zu Fuß erreicht werden. Ohne Bergfahrt mit dem Shuttlebus 2¼ Std., ohne Talfahrt 1½ Std., ohne Berg- und Talfahrt 3¾ Std. Zusatzzeit.

Das im alten Sperrfort untergebrachte Rif. Dolomites südlich unterm Gipfel des M. Rite.

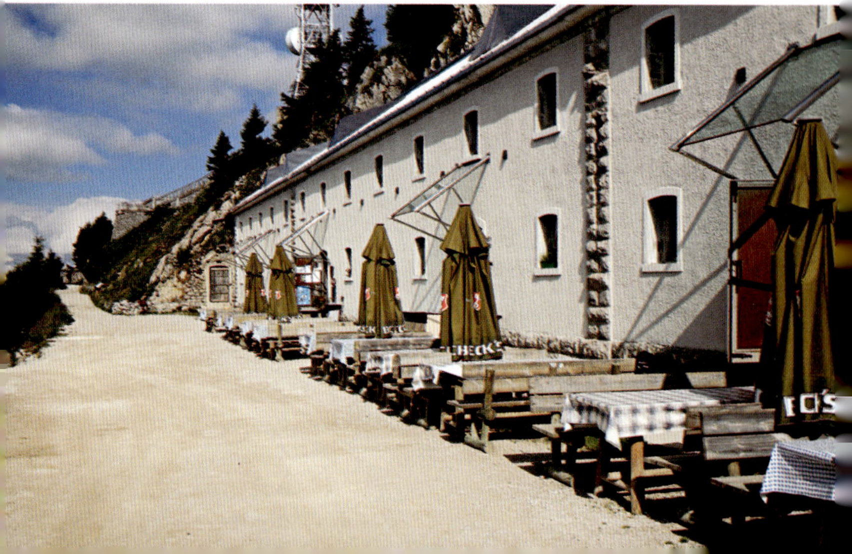

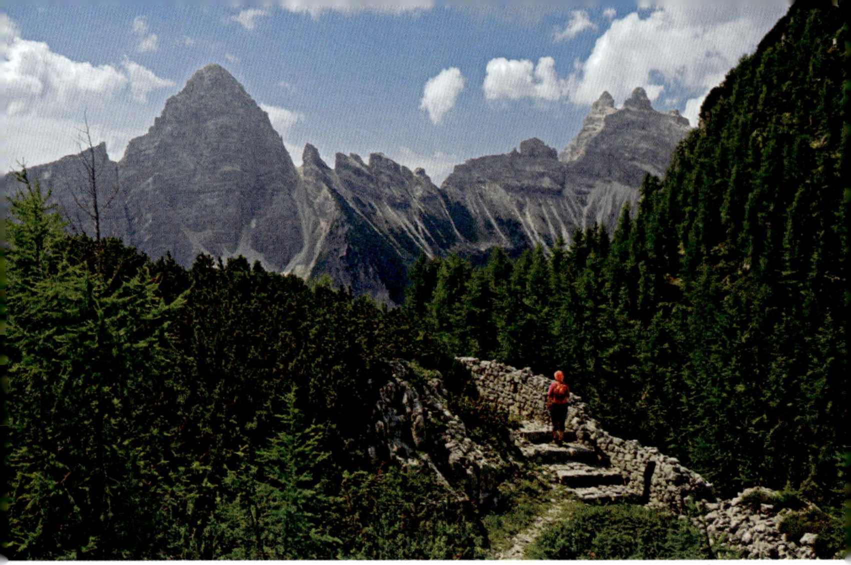

Sassolungo di Cibiana und Sfornoi (Bosconerogruppe) vom Croce di Monte Rite.

Hinweis: Im Sperrfort des M. Rite untergebracht ist das 2002 eröffnete, von Reinhold Messner konzipierte »Mountain Museum Dolomites«/»Museum in den Wolken«, das vom 1. Juni bis 30. Sept. geöffnet ist (im Juni und ab 15. Sept. 10–13/14–17 Uhr, sonst 10–13/14–18 Uhr, Tel. +39 388 1568007). Es dokumentiert die Geschichte und Erschließung der Dolomiten in zwanzig Räumen.

Vom **Rif. Dolomites** (2) auf Fahrweg nordwärts in zwei Kehren hinauf an den Rite-Höhenrücken mit dem »**Mountain Museum Dolomites**«, 2175 m (3), und dort den Weg Nr. 478 über das Dach des Forts nach rechts zum Gipfel des **M. Rite**, 2183 m (4).
Auf unbez. Weg nach Norden hinab in den Sattel vor dem Nordgipfel (Sendemast) und in seine linke Seite (Westseite). Dort durch Buschwerk bergab,

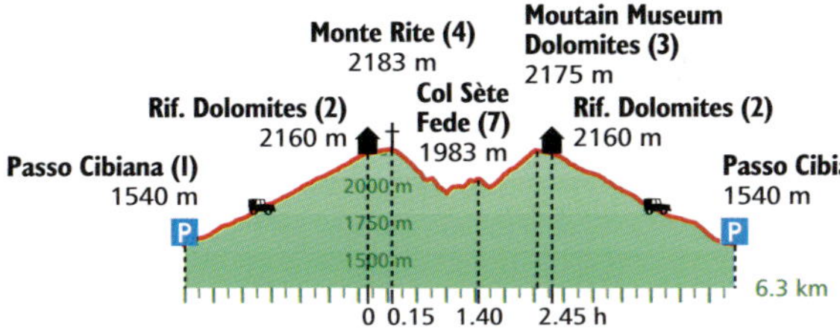

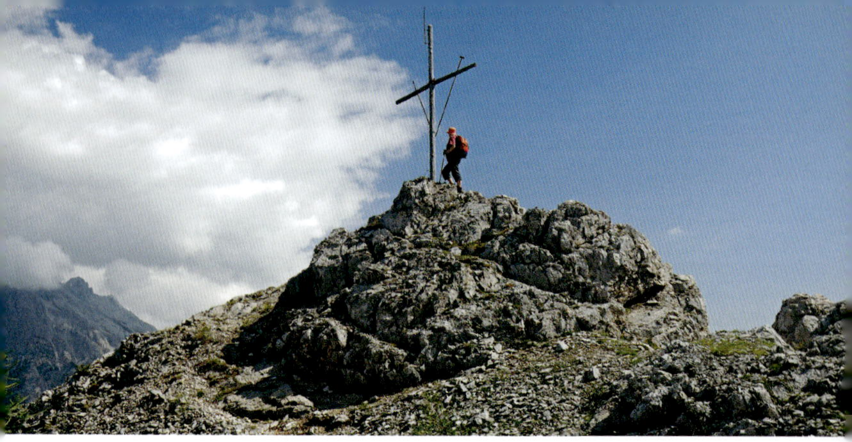

Die Rückfallkuppe beim Croce di Monte Rite bietet einen tollen Rundblick.

dann nach rechts in die steile Nordflanke hinein, die auf künstlichem Felsband (Drahtseil) fallend gequert wird. Nun an der Latschenflanke des M. Roan abwärts und über einen Felsspalt (Eisenbrücke) an den Nordostrücken des Berges. Über ihn hinab in einen Sattel, 1953 m, (Verzweigung) und jenseits zu dem auf einer Rückfallkuppe stehenden **Croce di Monte Rite**, 1977 m (5, Holzkreuz). Toller Tiefblick in das Bòitetal!

Zurück in den Sattel 1953 m und dort auf unbez. Weg nach rechts in die Nordflanke des M. Rite hinein. Durch Latschen und Wald westwärts hinab in eine Mulde, dann eben in den Wiesensattel, 1885 m (6), vor dem **Col de la Meda**. Einen steilen Waldrücken scharf nach links (Süden) hinauf, dann westwärts eben und aufwärts in einen Sattel, 1966 m. Rechts ab und auf Steig einen Waldrücken nach Norden empor zum **Col Sète Fede**, 1983 m (7), mit tiefer gelegener Aussichtskanzel, 1977 m (Bank). Von dem zuletzt erwähnten Sattel nach rechts (Westen) hinab in eine Senke und dort nach links unter die Gipfelflanke des Rite. Über diese nach Südwesten aufwärts zum Querweg Nr. 478 (Dolomiten-Höhenroute Nr. 3). Auf ihm gerade fort in die **Forc. Dèona**, 2053 m (8), mit der Schotterstraße vom Passo Cibiana her. Weiter wie bei Tour 6 zum **Rif. Dolomites**.

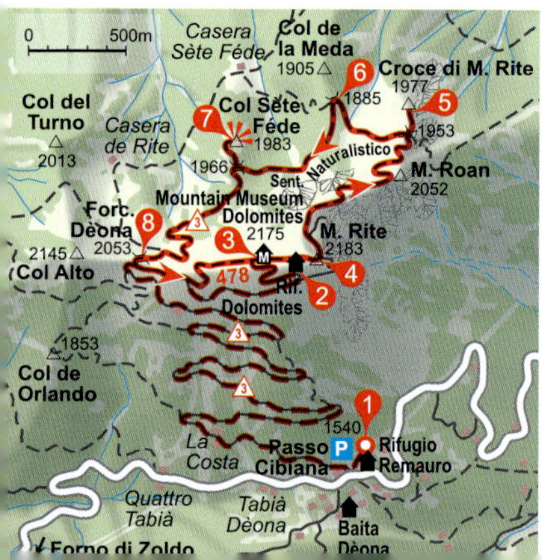

4.30 Std.

Col Duro, 2033 m

9

Verschwiegenes Gipfelziel am Rande

Die Nordseite des Zoldotales prunkt mit exzellenten Panoramabergen, Spiz de Zuèl, Monte Punta, Monte Penna, Col Duro, Monte Rite, um nur einige zu nennen. Vom Passo Cibiana ohne größere Strapazen über eine verfallene Straße aus dem Dolomitenkrieg zu erreichen, gewährt der Col Duro prächtige Einblicke in die Talschaften des Zoldano und Ampezzo, deren Bergkranz man in heiliger Ruhe stundenlang und alleine bewundern kann.

Talorte: Forno di Zoldo, 858 m, Hauptort des Zoldin. Cibiana di Cadore, 1034 m, an der Nordostrampe der Cibianastraße.
Ausgangspunkt: Passo Cibiana (1530 m; zwei Gastbetriebe). Wenig frequentierter Dolomitenpass zwischen Pelmo-Rite-Gebiet und Bosconerogruppe mit Straße aus dem Bòite- in das Zoldotal (kein Busverkehr!), 6 km von Cibiana di Cadore, 11 km von Forno di Zoldo. Eigentlicher Ausgangspunkt ist der kostenpflichtige Großparkplatz, 1540 m, nördlich oberhalb der Passhöhe beim Rif. Remauro.
Anforderungen: Einfache Bergtour. Bis zur Forc. di Val Inferna bez. alte Kriegsstraße, danach unbez. Pfade oder Steigspuren. Orientierungsvermögen nötig!
Höhenunterschied: 620 m auf und ab.
Einkehr: Rif. Remauro und Baita Dèona (siehe S. 34/35).
Variante: Die Forc. di Val Inferna kann auch vom Parkplatz »Ponte de la Palanca« an der Cibianastraße, am verfallenenen Ort Arsiera und an einem aufgelassenen Silberbergwerk (s.S. 19) vorbei, erreicht werden. Gehzeit: 2 Std.
Hinweis: Bei Start an der Örtlichkeit »Quattro Tabià« (zwei kleine Parkplätze) insgesamt ½ St. Zeitersparnis.

Die Talschaft des Zoldin vom Gipfel des Col Duro. Darüber von links Prampèrgruppe, Val Prampèr, Tàmergruppe und Passo Duran mit dem Monte Agnèr (Pala) dahinter.

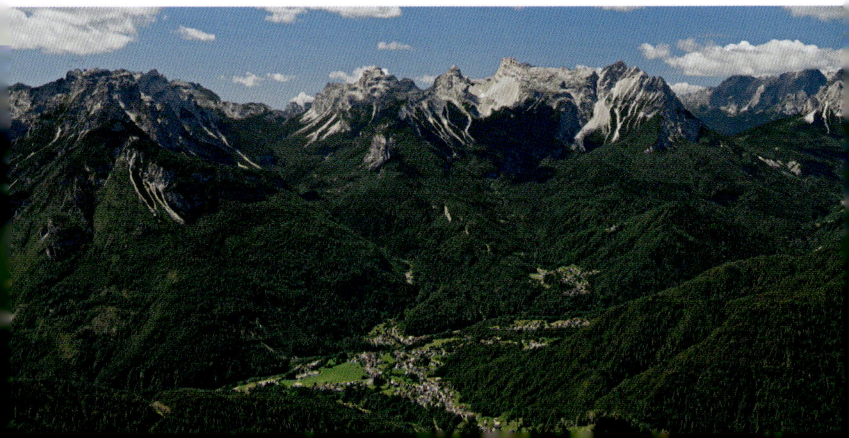

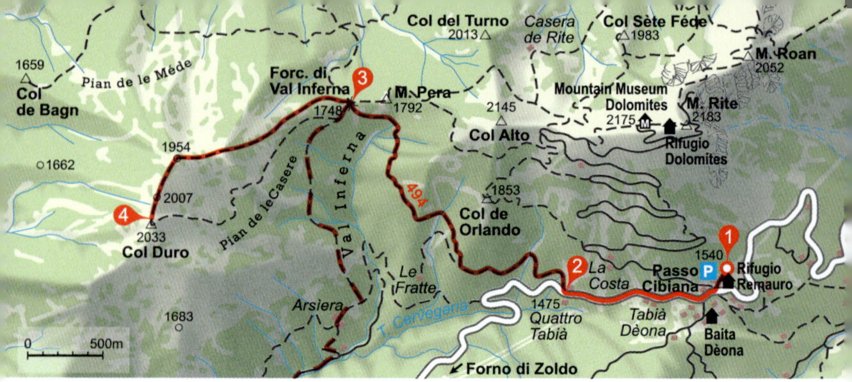

Vom **Großparkplatz Passo Cibiana** (1) hinab zur Passstraße und diese rechts haltend 1,5 km gegen Forno di Zoldo abwärts zur Rechtsabzweigung der verfallenen alten Kriegsstraße Nr. 494 bei der Örtlichkeit »**Quattro Tabià**«, 1475 m (2). Den Fahrweg, mehrere Gräben und Mulden ausgehend, an den Waldhängen des Col Alto sanft nach Westen aufwärts, später nach rechts in das **Val Inferna** und an seiner rechten Seite teils unter niedrigen Felswänden, ein schönes Felsband passierend, in Nordwestrichtung bergauf zu einer Verzweigung (links zu den »Miniere di Val Inferna«). Geradeaus kurz steiler bergan in die bewaldete **Forc. di Val Inferna**, 1748 m (3, Verzweigung, Bank), zwischen Col Alto und Col Duro.
Links ab und auf rot bez. Pfad (keine Nummer!) den Nordostrücken des Col Duro durch Buschwerk und Wald in Windungen empor auf eine Kammerhebung (P. 1926). Auf unbez. Steigspuren, durch lichten Baumbestand, Gesträuch und Latschen auf die nächste Erhebung (P. 1954). Nun über den Gipfelrücken in Südrichtung hoch, später in der Westseite des Kammes auf den **Nordgipfel** (P. 2007), danach in einen Sattel (Steinmann). Jenseits über steile Wiesen und durch Latschen empor auf den grasigen Hauptgipfel des **Col Duro**, 2033 m (4). Grandioses 360-Grad-Panorama über Ostdolomiten und Südliche Karnische Alpen von der österreichischen Grenze bis zum Col Visentin.
Abstieg entlang der Aufstiegsroute.

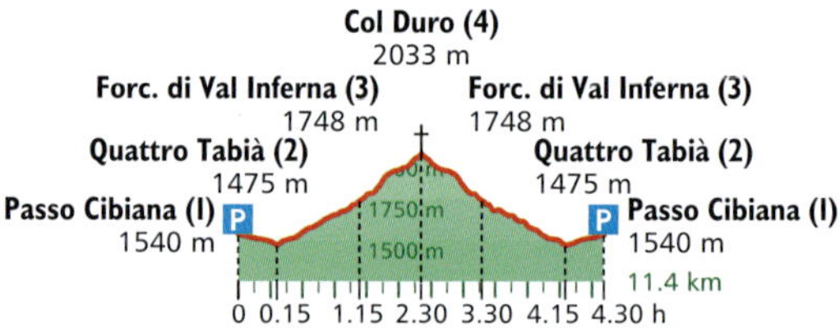

5.00 Std.

Sfornioi Nord, 2410 m

10

Aussichtsposten vor den Felsgewalten der zentralen Bosconerogruppe

Sicher lassen sich die Kolosse der Bosconerogruppe auch bequem von dem per Shuttlebus erreichbaren Monte Rite (Tour 6–8) begutachten. Doch an der Forcella Ciavazòle sind sie zum Greifen nahe. Und wer anschließend den Sfornioi Nord besteigt, wird mit Ausblicken verwöhnt, die sonst nur Hochalpinisten vorbehalten bleiben.

Talorte, Ausgangspunkt: Siehe Tour 9.
Anforderungen: Anspruchsvolle Bergtour für geübte Geher. Bis zur Forc. de le Ciavazòle bez. Steig, danach Steigspuren bis unter den Gipfelturm, im Schlussanstieg Kletterei im Schwierigkeitsgrad I (Seilsicherung für weniger Geübte zu empfehlen!).
Höhenunterschied: 900 m im Auf- und Abstieg.
Einkehr: Rif. Remauro und Baita Dèona (siehe S. 34/35). Unterwegs keine Einkehr!
Hinweis: Weniger Geübte mögen auf den Gipfelanstieg verzichten und sich mit dem Besuch der Sfornioi-Westschulter begnügen, die bereits imponierende Ausblicke zulässt. (1¼ Std. Zeitersparnis).

Auf der Westschulter des Sfornioi Nord mit dem Bosconero-Zentralbezirk: Sasso di Bosconero, Sasso di Toanella und Rocchetta Alta.

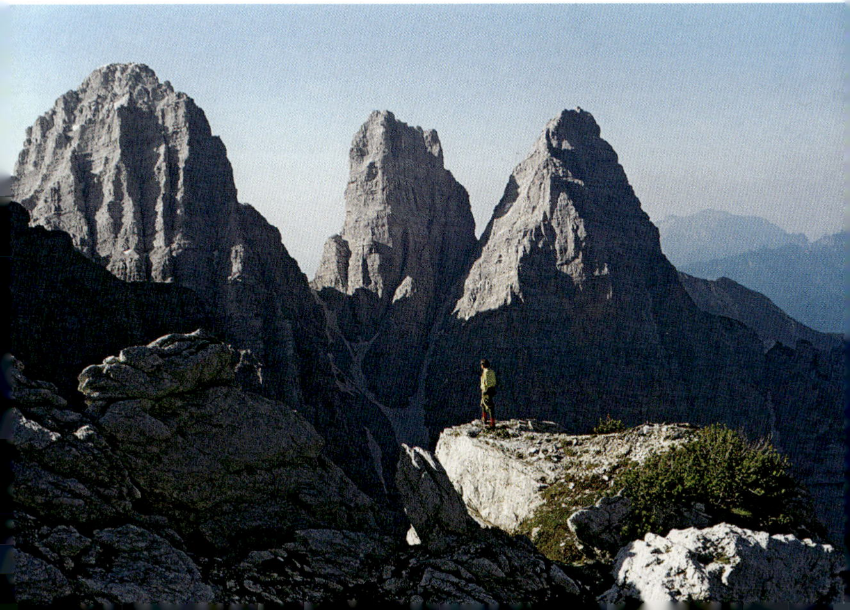

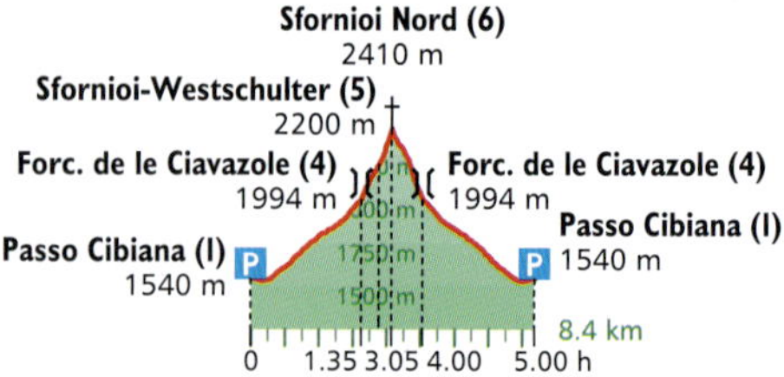

Vom **Großparkplatz Passo Cibiana** (1) hinab zur Passstraße und auf ihr 50 m nach rechts zur Linksabzweigung einer Naturstraße (Bildstock). Auf dieser südwärts, an der **Baita Dèona** vorbei, zu einem Parkplatz, danach durch Lärchenwiesen im Rechtsbogen zur Straßenteilung **Tabià Dèona**, 1528 m (2). Links auf Naturfahrweg (Nr. 483) einen Waldrücken nach Süden aufwärts zu neuerlicher Verzweigung. Rechts auf Fußweg an felsdurchsetzten Waldhängen bergauf, später in einigen Kehren zum Sattel, 1671 m, vor dem Spiz de Copada. Gegen diesen ein Stück hinan, dann an seiner Ostseite im schönen Bergwald nach Süden aufwärts und nach rechts zu dreifacher Verzweigung, 1873 m (3). Geradeaus (südwärts) führt Weg Nr. 483 zum Biv. Campestrin, halb rechts jener zur Forc. de le Ciavazòle, nach rechts Weg Nr. 485 zur Forc. Le Calades.

Den mittleren Weg (Nr. 482 und 485) über eine Lärchenwiese kurz nach Südwesten, dann links, südostwärts, einen Latschenhang in steilen Kehren hoch in ein angegrüntes gerölliges Hochtal. Durch dieses bei abnehmender Steilheit empor in die **Forc. de le Ciavazòle**, 1994 m (4), zwischen C. Pala Anziana rechts und Sforniói Nord links. Rückblick gegen den Felsgigant des M. Pelmo. Die Scharte fällt nach Süden in einer von Wänden flankierten steilen Geröllrinne gegen das Val Bosconero ab. Über diesem Ausschnitt präsentieren sich Sasso di Toanella und Rocchetta Alta in beispielloser Großartigkeit – ein kaum bekannter Glanzpunkt der Dolomiten!

Die Forc. de le Ciavazòle gibt den Blick nach Süden frei auf Sasso di Bosconero, Sasso di Toanella und Rocchetta Alta.

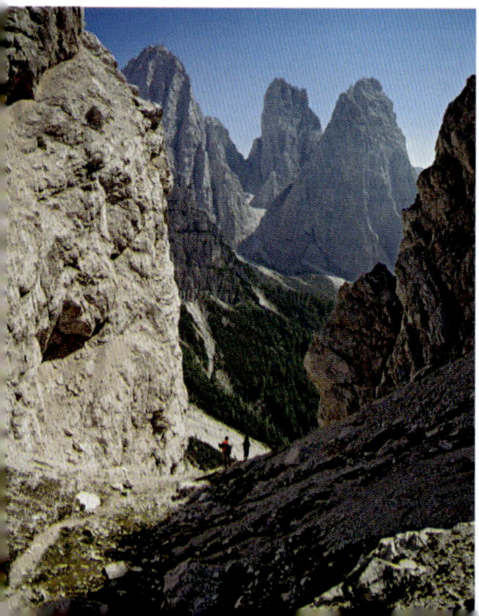

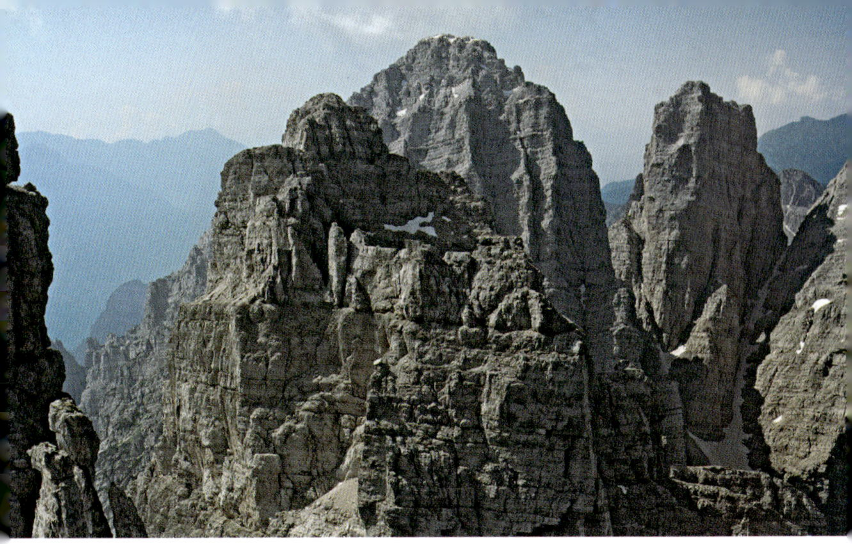

Sasso di Bosconero (davor der Sfornioi Sud) und Sasso di Toanella vom Sfornioi Nord.

Auf Steigspuren den begrünten Westrücken des Sfornioi Nord steil nach links bergan, später nach rechts hinauf zur Westschulter, 2200 m (5), und an den Westgrat des Berges. Am Beginn der Felsaufschwünge auf Bändern nach links in die Nordseite. Etwa in der Gipfelfalllinie über Schrofen (nicht den orangen Markierungszeichen folgen!) nach rechts hoch auf ein schönes breites Band. Dieses nach links und um eine Kante nach rechts herum in die Ostseite. Nicht weiter zur **Forc. dei due Gendarmi** (mit zwei originellen Felszacken), sondern rechts empor unter die Gipfelwand. Über Schrofen in leichter Kletterei (I) auf ein breites Geröllband, das nach links gegen den Südostgrat verfolgt wird. Noch vor diesem rechts durch eine Rinne und den anschließenden Kamin (I) auf den Gipfel des **Sfornioi Nord**, 2410 m (6).

Abstieg entlang der Aufstiegsroute.

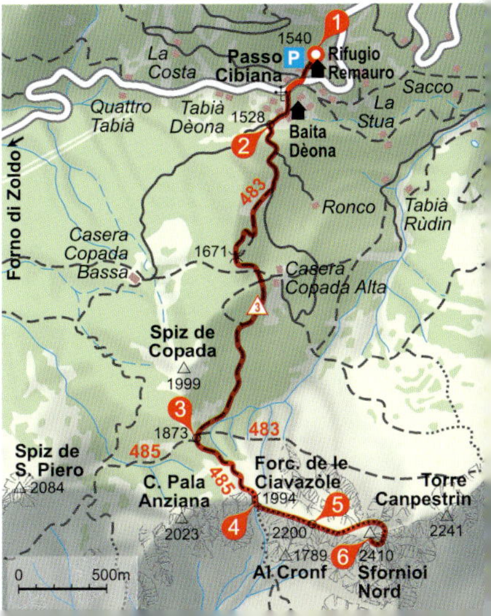

11 Sassolungo di Cibiana, 2413 m

6.30 Std.

Steilkantiger Felskoloss im Süden des Cibianapasses

Mit seinen pfeilergestützten Wänden über der Passhöhe von Cibiana ist der Sassolungo (=Langkofel) ein Wahrzeichen der Boscoнerogruppe. Seine Besteigung erfordert auch auf der leichtesten Route trittsichere, erfahrene Geher. Als wunderbarer Aussichtsberg vermittelt er eine herrliche Schau zu den Norddolomiten und auf die großartigen Felshäupter der Bosconero-Zentralgruppe. Trotz seiner Nähe zum Cibianapass wird der Berg des langen, umständlichen Zugangs wegen nur selten bestiegen.

Talorte, Ausgangspunkt: Siehe Tour 9. **Anforderungen:** Anspruchsvolle, nicht ungefährliche Tour mit Kletterpassagen im Schwierigkeitsgrad I. Schwindelfreiheit und Orientierungsvermögen (keine Markierung!) nötig. Vorsicht an den geröllbedeckten Platten und brüchigen Steilschrofen im Mittelteil des Anstiegs. **Höhenunterschied:** 1230 m im Auf- und Abstieg.

Einkehr: Rif. Remauro und Baita Dèona am Cibianapass (siehe S. 34/35). Biv. Casera di Campestrin (12 L., immer offen) im Kar südl. unterm Sassolungo di Cibiana.
Hinweis: Wer zwei Tage zur Verfügung hat, geht am ersten Tag bis zum Biv. Campestrin (3 Std.), besteigt anderntags den Gipfel (2 Std.) und kehrt zum Cibianapass zurück (2 Std.).

Vom **Passo Cibiana** (1) wie bei Tour 10 zur **»dreifachen Verzweigung«**, 1873 m (3). Auf Weg Nr. 483 geradeaus fort, bald aber nach links in die steilen begrünten Nordhänge des Sfornioi-Massivs hinein und dort ostwärts empor in eine Scharte, 2078 m. In der Nordseite verbleibend unter den Felsen weiter aufwärts zur **Forc. Bella di Sfornioi**, 2112 m (4), mit prächtiger Schau nach Westen und Norden auf Civetta, Marmolada, Pelmo, Tofanen, Fanes, Sorapiss und Antelao.

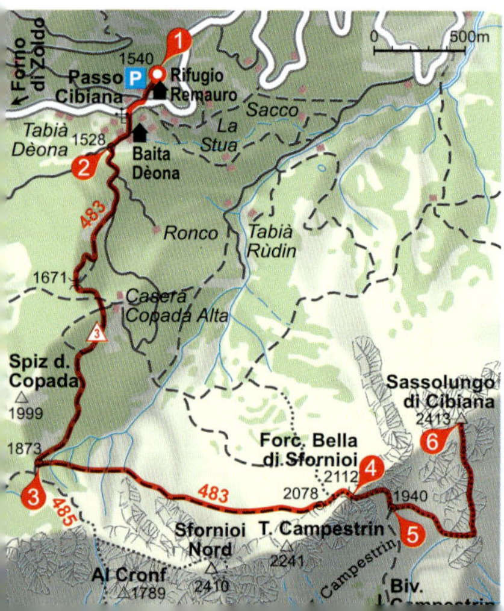

Jenseits der Scharte eine begrünte Rinne in Kehren gegen das **Val Campestrin** abwärts, bis man bei 1940 m (5; gerade weiter in ½ Std. zum Biv. Campestrin, 1649 m) weglos nach links in das Kar zwischen Denti del Sassolungo und Sassolungo di Cibiana queren kann. Gegen die Westabstürze des Sassolungo hinauf zu einem auffallenden

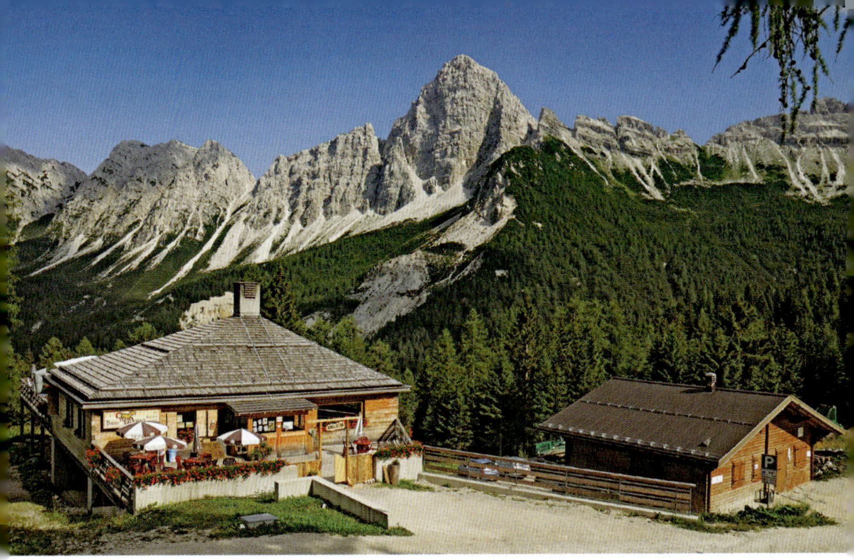

Die Baita Dèona am Cibianapass, dahinter der Sassolungo di Cibiana. Rechts von ihm über dem Rauchfang der Holzhütte die Forc. Bella di Sfornioi.

Geröllkegel und über diesen in eine schräg nach rechts ansteigende Rinne. Durch sie unschwierig hinauf in eine Scharte an sekundärem Grat. Über diesen, dann im steilen, brüchigen Schrofengelände (I) nach links empor auf ein breites Band. Auf ihm in langer Querung nach rechts abwärts zu einer Schulter am Südrücken des Berges. Das Band schwenkt nach links gegen die Plattenfluchten der Ostseite ein. Nach 40 m erreicht man eine nach links (Westen) emporziehende steile und sehr brüchige Rinne. Durch sie (I) an den oberen Südrücken und über ihn problemlos zum Gipfel des **Sassolungo di Cibiana**, 2413 m (6, Kruzifix).
Abstieg entlang der Aufstiegsroute.

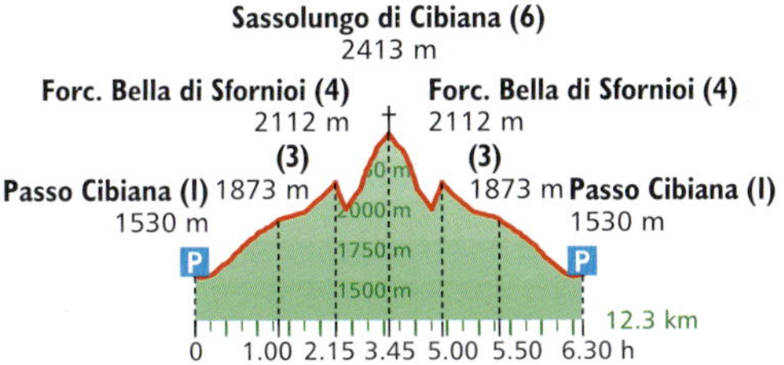

12 Um den Spiz de San Piero

4.30 Std.

Spektakuläre Höhenrunde über dem Zoldotal

Der Spiz de San Piero ist kein »Landschafts-Verschönerer«, kein Berg, der aufgrund seiner Form Eindruck erwecken könnte. Eine Randerhebung im Norden der Bosconerogruppe, die wir auf vorliegender Tour umrunden. Dabei wird man mit einer Schau auf den Bosconero-Zentralbereich, auf Pelmo und Civetta beschenkt, die auch Verwöhnte zum Staunen bringt, von den schwindelerregenden Tiefblicken in das Zoldotal ganz zu schweigen.

Talorte: Siehe Tour 9.
Ausgangspunkt: Bar-Ristorante »La Gnaga«, 1250 m, auf Cornigian, an der Cibianastraße-Westrampe, 4,5 km von Forno, 12,5 km von Cibiana. Begrenzter Parkraum, kein Busverkehr!
Anforderungen: Im teils weglosen und unbez. Anstieg zum Cibianapass Orientierungssinn nötig, sonst einfache Tour auf bez. Wegen. Trittsicherheit erforderlich!
Höhenunterschied: 680 m im Auf- und Abstieg.
Einkehrmöglichkeiten: Rif. Remauro und Baita Dèona am Passo Cibiana (siehe S. 34/35). Bar-Ristorante »La Gnaga« (keine Nächtigung, ganzj. offen, außer Juli, August, Sept. Mi. Ruhetag), Agriturismo Malga Pian de Levina (Milchprodukte, Sommerbewirtschaftung), beide auf Cornigian.
Hinweis: Bei Start am Cibianapass und Rückkehr von Cornigian per Taxi zum Ausgangspunkt 1½ Std. Zeitersparnis (Taxi: Zoldobus, Raffaella Curci, Via Belvedere 24a, Forno di Zoldo, Tel. +39 348 6700786, www.zoldobus.it).

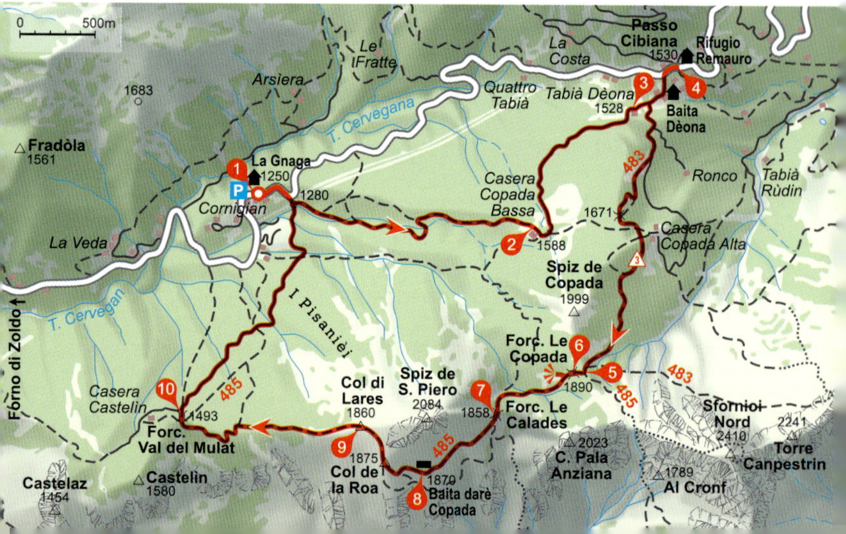

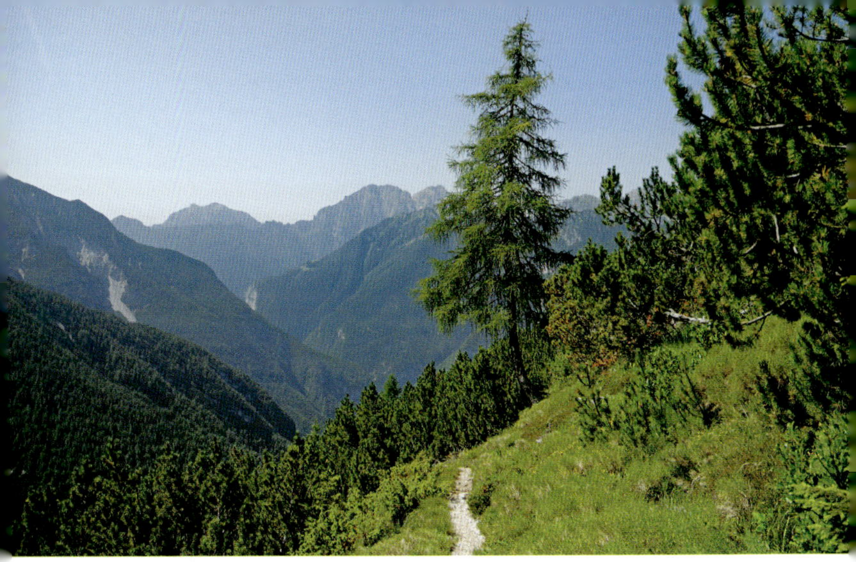

Die lange Querung unterm Spiz de San Piero mit Blick nach Süden zur Schiaragruppe.

Von **Cornigian** (1) die Passstraße 300 m aufwärts zur ersten Linkskehre, 1280 m. Rechts ab und auf Naturstraße (Schranke) nach 30 m zu einer Teilung. Links auf rot bez. Weg einen Waldgraben nach Osten hinauf, später rechts von ihm auf sehr schlecht erkennbarem, nur sporadisch bez. Pfad weiter, schließlich an die linke Grabenseite und dort über Aufschwünge hinweg zu den krautig verwachsenen Wiesen um die **Cas. Copada Bassa**, 1588 m (2, Kinder-Ferienlager). Auf Naturstraße, anfangs unterhalb einer Bergsturzzone vorbei, nordwärts durch Wald ab und auf, dann im Rechtsbogen zu den Wiesen und Hütten der **Tabià Dèona**, 1528 m (3), mit Verzweigung. Die Straße geradeaus, an der **Baita Dèona** vorbei, zur Cibianastraße und diese nach rechts zum **Passo Cibiana**, 1530 m (4).
Zurück zur Straßenteilung **Tabià Dèona**, 1528 m, und wie bei Tour 10 auf Weg Nr. 483 zur »dreifachen Verzweigung«, 1873 m (5). Rechts auf Weg Nr. 485 eine Mulde im Lärchenwald nach Westen empor zur **Forc. Le Copada**, 1890 m (6), und jenseits (rechts zu einem Aussichtspunkt!) hinab in die von Lärchen eingefasste Grasmulde (Doline) des **Pian d'Angias**, 1870 m. Über die Wiesenfläche, dann durch Lärchenwald in Westrichtung bergab und nach links in die vor dem Spiz de San Piero eingelagerte **Forc. Le Calades**, 1858 m (7), mit erstem Einblick in die großartige Bergumrahmung des Val Bosconero. Jenseits in die Südseite des Berges hinein auf die geneigte Terrasse unter den Gipfelwänden durch Latschengassen westwärts bergauf zur

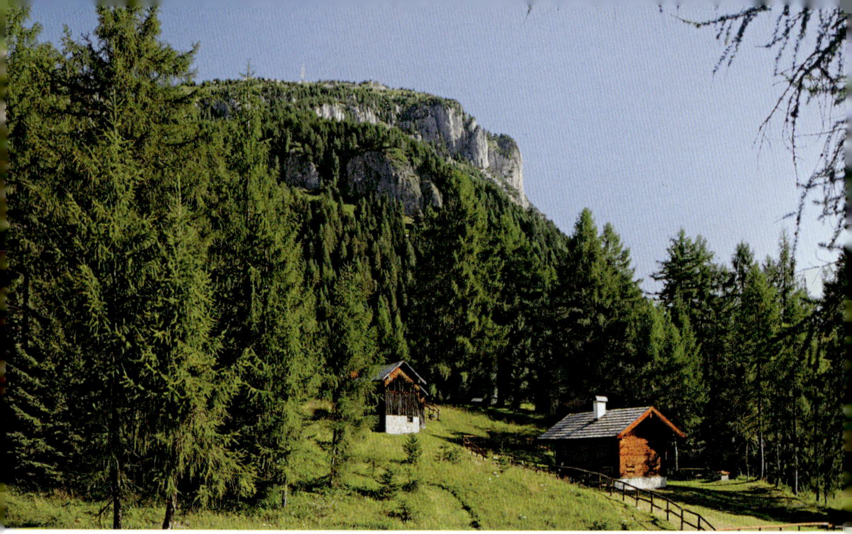

Die Hütten der Tabià Dèona am Cibianapass mit Aufblick gegen den Monte Rite (Tour 7).

Biwakhütte **Baita darè Copada**, 1870 m (8; immer offen, aber nicht bew.; Tisch, Bänke, Geschirr, im Dachgeschoss Schlafgelegenheit für 10 Personen, jedoch keine Matratzen und Decken) und weiter zur Bergecke **Col de la Roa**, 1875 m, ein erlesener Panoramapunkt über Bosconero- und Zoldotal.
Nach rechts in die Südwestflanke des Spiz de San Piero und dort an steilen Grashängen (Vorsicht!) eben hinüber zur Schulter **Col di Lares**, 1860 m (9), am Westrücken des Berges. Den steilen Kamm entlang der Gratkante durch Latschen und lichten Baumbestand bergab, später über Waldhänge hinunter in die **Forc. Val del Mulat**, 1493 m (10, Verzweigung). Auf Weg Nr. 485 einen Graben nach rechts hinab zu querender Forststraße. Diese an den Waldhängen (Quellen!) nach Nordosten abwärts zur Cibianastraße und auf ihr links haltend nach **Cornigian** (1).

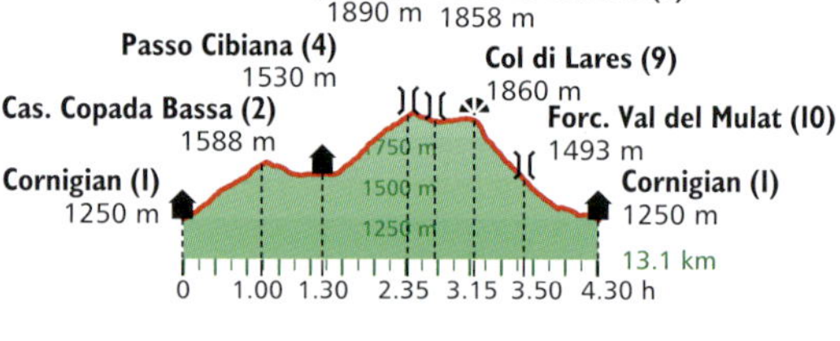

3.30 Std.

Rifugio Casera di Bosconero, 1457 m

13

Bergsteigernest im Banne der Wände

Trotz zunehmenden Besuchs von Gästen, denen die Schönheiten des Gebiets zu Ohren gekommen sind, ist die Bosconerogruppe das geblieben, was sie immer war, eine faszinierend unberührte, wilde Felsregion fern von jeglicher alpiner Übererschließung. Das Rifugio Bosconero im Zentrum kann aus dem Zoldotal bei Pontesèi ohne großen Aufwand besucht werden. Mögen die unmittelbar über der Hütte aufragenden Massive der Rocchetta Alta, des Sasso Bosconero und der Sfornioi auch für schmerzhafte Halsverrenkungen sorgen, das Szenario ist fraglos unvergleichlich, grandios!

Talort: Forno di Zoldo, 858 m, Hauptort des Zoldin.
Ausgangspunkt: Großparkplatz Pontesèi (825 m; eigentlicher Startpunkt am Ostende des Platzes) im Val Zoldana nördl. oberhalb des heute funktionslosen Lago di Pontesèi (Stausee), 4 km von Forno.

Anforderungen: Unschwierige Wanderung auf bez. steilen Fußwegen.
Höhenunterschied: 680 m auf und ab.
Einkehr: Rif. Casera di Bosconero (siehe S. 34).
Hinweis: Bei Rückkehr entlang der Aufstiegsroute ½ Std. Zeitersparnis.

Vom **Parkplatz Pontesèi** (1) über die Staatsstraße Nr. 251 und jenseits den Weg Nr. 490 an der linken Seite des Val de Bosconero durch Buschwald nach Nordosten aufwärts zur Rechtsabzweigung von Weg Nr. 485 und gerade fort zur Verzweigung am **Pian del Mugòn**, 1024 m (2, auch »Fòs del Mugòn«). Rechts den Weg Nr. 490 unter der Südflanke des Col de San Piero nach Osten aufwärts zur Abzweigung 1 gegen den Cascata dei Zot (3). Auf dem Hauptweg, am **Pian**

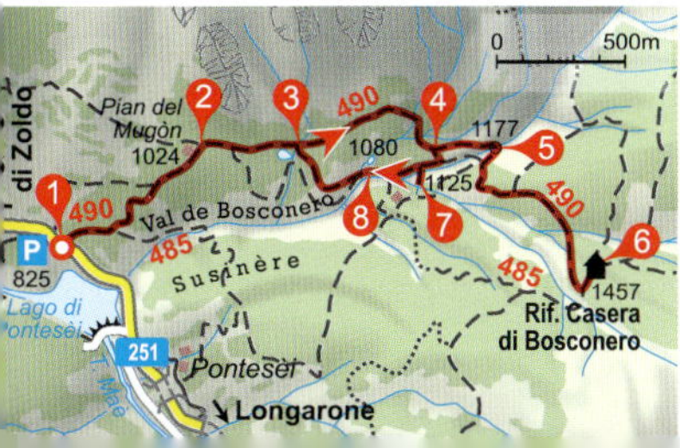

Der Zot-Wasserfall im Val de Bosconero, darüber die Rocchetta Alta.

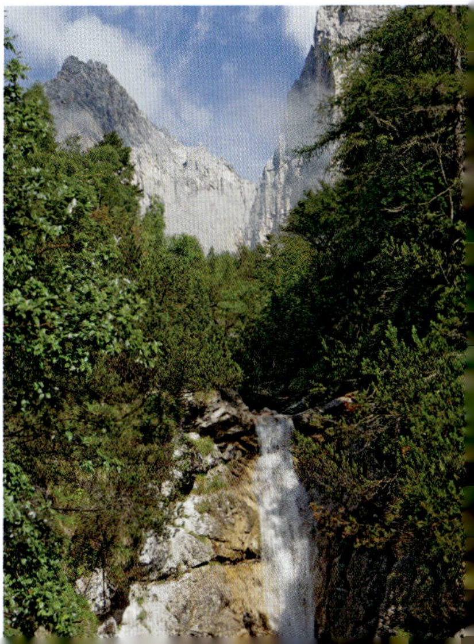

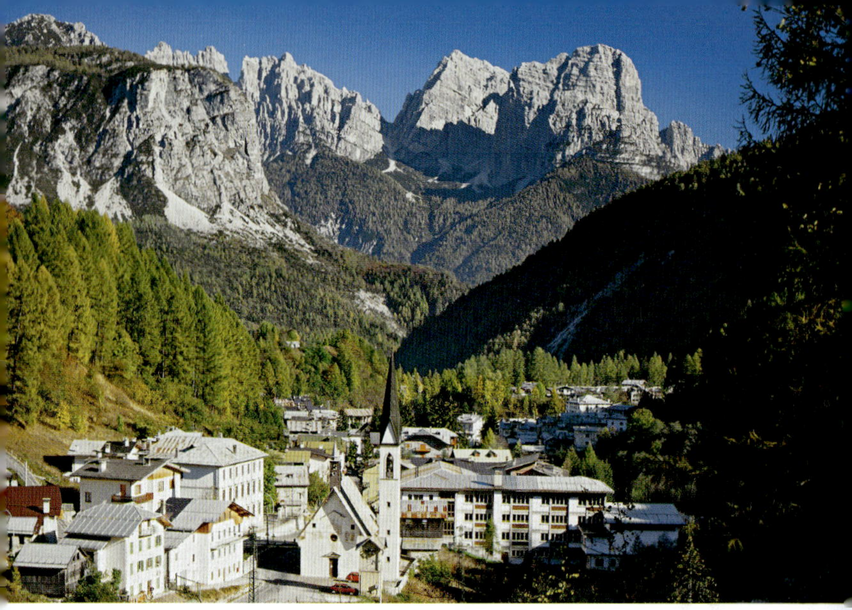

Die Bosconerogruppe aus dem Ortsgebiet von Forno di Zoldo.

d'Angias vorbei, weiter bergauf, dann leicht fallend und über eine Blockrinne (Holzsteg) zur Abzweigung 2 gegen den Cascata dei Zot (4). Geradeaus über die nächste Wasserrinne, danach steil aufwärts und eben in die breite zentrale Schuttreise des **Val de Bosconero**, 1177 m (5), die traversiert wird. Nach Süden hoch an die Bergrippe vor der nächsten Rinne und über diese durch Wald und Latschen in Kehren steil nach Osten hinauf zur Verflachung **Aiàl di Vise**. Die Rippe weiter bergauf, später über die erwähnte Rinne (Bach mit Brunnentrog) nach rechts und empor zur Rechtseinmündung von Weg Nr. 485. Mit ihm nach links zu dem auf idyllischer Waldblöße unter himmelhoch aufragenden Wänden gelegenen **Rif. Casera di Bosconero**, 1457 m (6).
Abstieg: Zurück zur Abzweigung 2 gegen den Cascata dei Zot. Links ab und

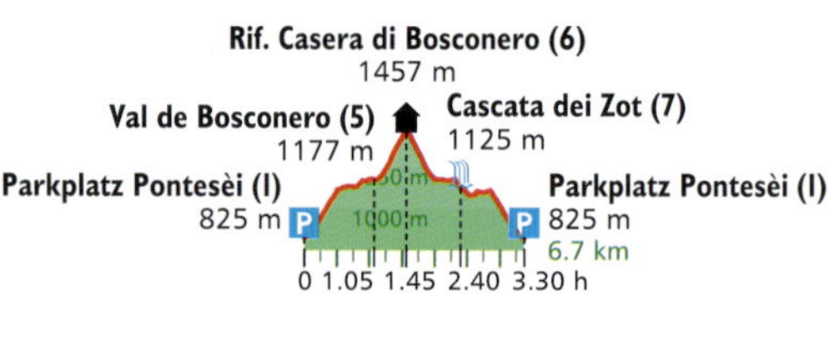

auf rot bez. Pfad vorerst eben, dann steil nach Südosten hinunter zur Schuttreise des Val de Bosconero, die traversiert wird. Jenseits am linken Rand der Halde hinab zu einer Teilung und kurz nach links unter den 5 m hohen **Cascata dei Zot**, 1125 m (7), überragt von Sasso di Bosconero und Rocchetta Alta. An der zuletzt erwähnten Teilung über die Halde weiter abwärts, später rechts haltend zum tiefgrünen Weiher **Laghetto dei Zot**, 1080 m (8). Im Buschwald westwärts eben fort, dann steil empor auf eine Hangschulter (Felsblock, 1110 m) und jenseits an Waldhängen zu einer Quelle, danach zum Hauptweg Nr. 490 (Abzweigung 1) und diesen zurück zum **Parkplatz Pontesèi** (1).

Das Rif. Casera di Bosconero samt Schlafhaus, überragt von der gewaltigen Rocchetta Alta.

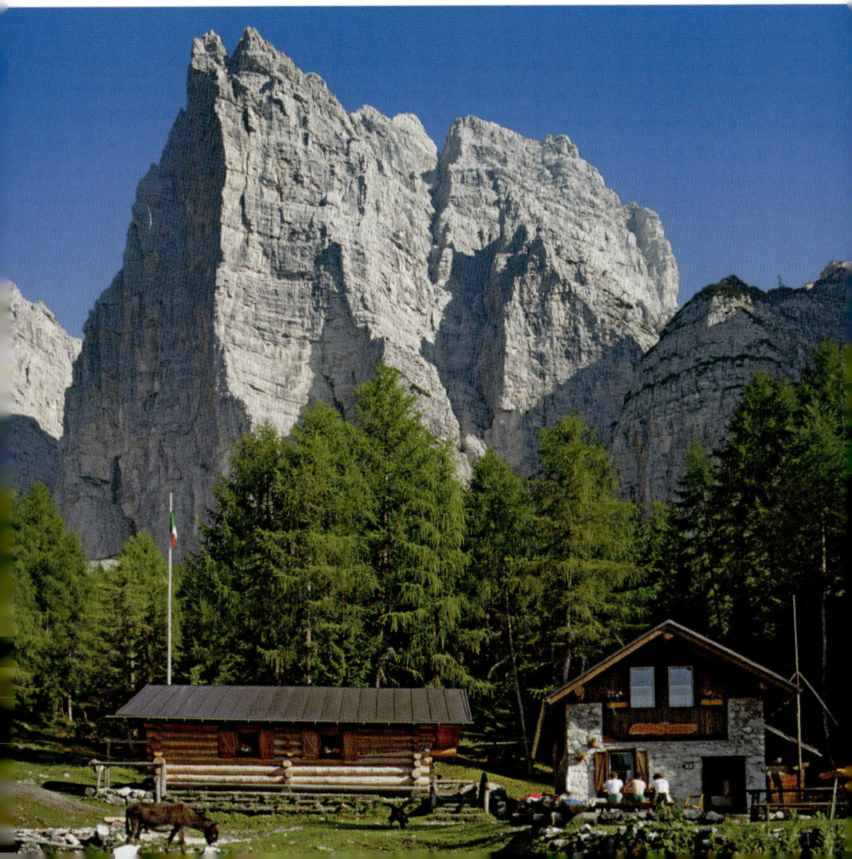

14 Um das Sfornioi-Massiv

3 Tage

Der Dreischartenweg durch das Zentrum der Bosconerogruppe

Wem die Hochgipfel der Bosconerogruppe zu abweisend erscheinen, wer als versierter Wanderer nach adäquaten Zielen sucht, kann das Massiv der Sfornioispitzen auf markierten Steigen umkreisen ohne wirklich klettern zu müssen. Drei hohe Scharten – Ciavazòle, Bella di Sfornioi und Matt – müssen überschritten, an zwei Schutzhütten (eine unbewirtschaftet) genächtigt werden. Die Anstiege durch die berührten Steilrinnen sind anstrengend und erfordern sicheres Gehen. Im Frühsommer ist dort auf Schneeresten Vorsicht geboten!

Talort, Ausgangspunkt: Siehe Tour 13.
Anforderungen: Anspruchsvolles mehrtägiges Unternehmen für geübte Geher. Trittsicherheit und Schwindelfreiheit nötig. Besondere Vorsicht im Frühsommer auf Schneeresten in den Steilrinnen (Pickel ratsam!).
Höhenunterschied: 1830 m im Auf- und Abstieg.
Einkehr: Rif. Casera di Bosconero (siehe S. 34), Biv. Casera di Campestrin (CAI, 12 L. stets geöffnet, aber nicht bew.).

Vom **Parkplatz Ponteséi** (1) wie bei Tour 13 zum **Rif. Casera di Bosconero**, 1457 m (6). Auf Weg Nr. 485 (Dolomiten Höhenroute Nr. 3) durch Wald nach Norden aufwärts zu einer Quelle und an den Hängen weiter in einen Graben. Diesen kurz nach links hinab auf eine große Geröllhalde und über sie, später durch Latschen nach rechts (Nordosten) empor unter einen Felssporn. Links unter ihm durch und steil bergauf in die von Wänden flankierte steile Geröllschlucht »**Giaròn de la Grava**«. Durch sie mühsam empor in die **Forc. de le Ciavazòle**, 1994 m (7), zwischen C. Pala Anziana und Sfornioi Nord. Rückblick auf Rocchetta Alta und Sasso di Toanella, ein unbekannter dolomitischer Glanzpunkt!
Jenseits durch ein Tälchen nach Nordwesten hinunter in eine Wiesenmulde und über sie nach rechts zu wichtiger Verzweigung (8). Auf Weg Nr. 483

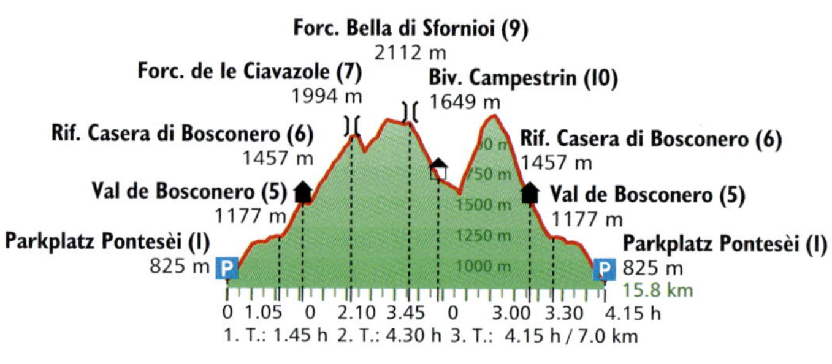

scharf nach rechts in die begrünten Nordhänge des Sfornioi Massivs hinein. Über diese in langer Querung nach Osten empor zu einer Scharte, 2078 m. In der Nordseite verbleibend unter den Felsen weiter bergauf in die **Forc. Bella di Sfornioi**, 2112 m (9). Jenseits durch eine begrünte Rinne in Kehren gegen das **Val Campestrin** hinunter, später durch Latschen und lichten Baumbestand nach Süden abwärts zu dem unter den Ostabstürzen der Sfornioigruppe gelegenen **Biv. Campestrin**, 1649 m (10).

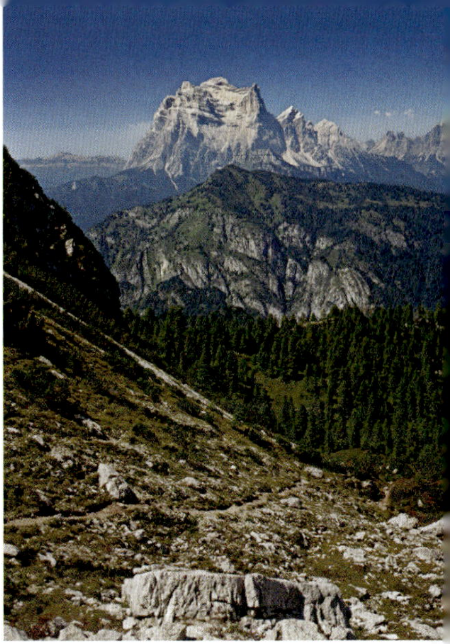

Im Abstieg von der Forc. de le Ciavazòle: Im Nordwesten der Monte Pelmo mit dem Col Duro (Tour 9) davor.

Auf Weg Nr. 490 durch Wiesen und Latschen nach Süden hinab bis auf etwa 1580 m, dann an steilen Waldhängen aufwärts und um den Col Alto nach rechts herum in das zur Forc. del Matt ansteigende Hochtal. Links hinaus zu den angegrünten Schutthalden des Tales. Dort mühsam und steil nach Westen empor zu einer Gabelung. Im linken Ast eine Geröllrinne hinauf, weiter oben an ihre rechte Seite und dort über begrünte Steilschrofen (Drahtseil) in Kehren empor zur **Forc. del Matt,** 2063 m (11), zwischen Sasso di Bosconero und Sfornioi Sud. Jenseits durch die steile Blockrinne des **Val del Matt** zu den Latschenhängen des inneren **Val de Bosconero** hinab und dort nach links zu bez. Querweg. Auf ihm über Geröll und durch Lärchenwald abwärts zum **Rif. Casera di Bosconero**, 1457 m (6). Weiter auf bekanntem Weg zum **Parkplatz Ponteséi** (1).

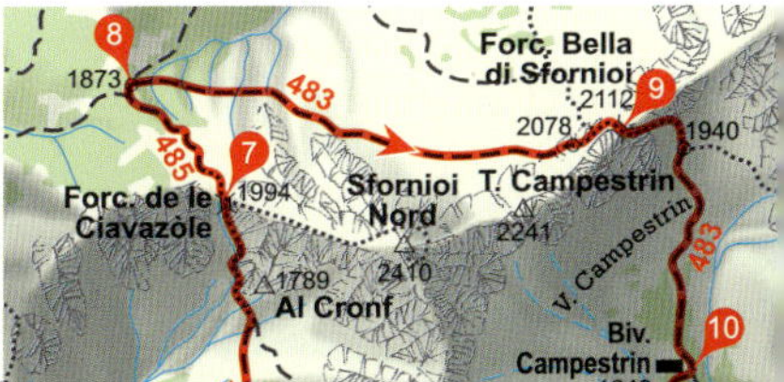

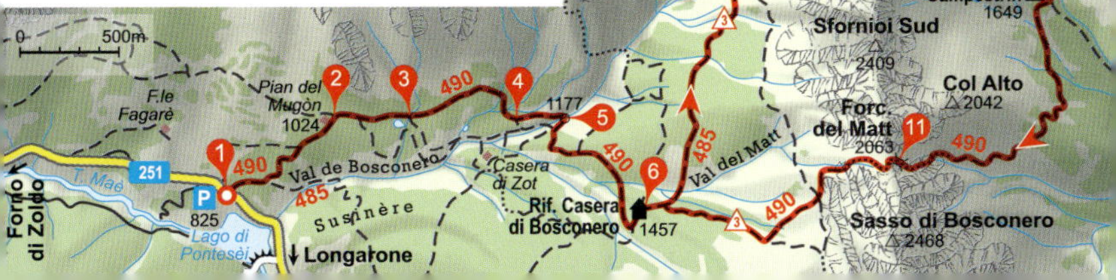

15 Sasso di Bosconero, 2468 m

2 Tage

Hauptberg mit unschwieriger Normalroute

Wer von Westen her das Zoldotal betritt, schaut geradewegs hinein in das »Herz« der Bosconerogruppe, in den von gewaltigen Bergmajestäten flankierten Kessel des Val Bosconero. Neben der imposanten Wandflucht der Rocchetta Alta beeindruckt als höchste Erhebung dort die Felspyramide des Sasso di Bosconero. Nur seine schmale, geröllige Südwestflanke ermöglicht einen leichten Anstieg – und im Spätwinter ein berauschendes Schiabenteuer.

Talort, Ausgangspunkt: Siehe Tour 13.
Anforderungen: Hochalpine, wegen des zu bewältigenden Höhenunterschiedes anstrengende, aber unschwierige Tour. Bis zur Forc. de la Toanella bez. Steig, danach weglos (Steinmänner). Für den Aufstieg durch die steile Toanellarinne und im Gipfelbereich sind im Frühsommer (Schneereste!) Pickel und Steigeisen empfehlenswert.

Höhenunterschied: 1650 m im Auf- und Abstieg.
Einkehr: Rif. Casera di Bosconero (siehe S. 34).
Hinweis: Die Gipfelbesteigung ist nur bei absolut sicherem Wetter ungefährlich und lohnend. Eine Übernachtung am Rif. Casera di Bosconero ist unbedingt zu empfehlen.

Vom **Parkplatz Pontesèi** (1) wie bei Tour 13 zum **Rif. Casera di Bosconero**, 1457 m (6). Vom Verzweigungspunkt nordöstlich des Schlafhauses den bez. Weg Nr. 490 Richtung Rocchetta Alta zuerst im Lärchenwald, dann durch Latschen aufwärts zur Baumgrenze. An den Geröllhängen direkt unter der Nordwand der Rocchetta ostwärts (in Richtung Sasso di Bosconero) hinauf, später im weiten Rechtsbogen über einen Moränenrücken in die Geröllrinne zwischen Rocchetta Alta und Sasso di Bosconero und dort zum Querweg Nr. 482 (7). Auf bez. Steigspuren (Weg Nr. 482) die steile Rinne nach Süden empor zur Gabelung durch den wuchtigen Felsturm des Sasso di Toanella. Im linken Ast mühsam weiter aufwärts in die **Forc. de la Toanella**, 2150 m (8), zwischen Sasso di Toanella rechts und Sasso di Bosconero links.
Am linken Rand der gerölligen Südwestflanke des Bosconero auf Steigspuren (Steinmänner, keine Farbmarkierung) zu begrünter Schulter empor. Ei-

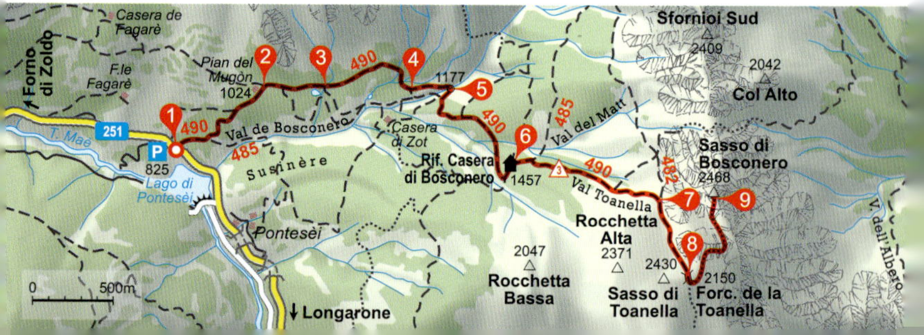

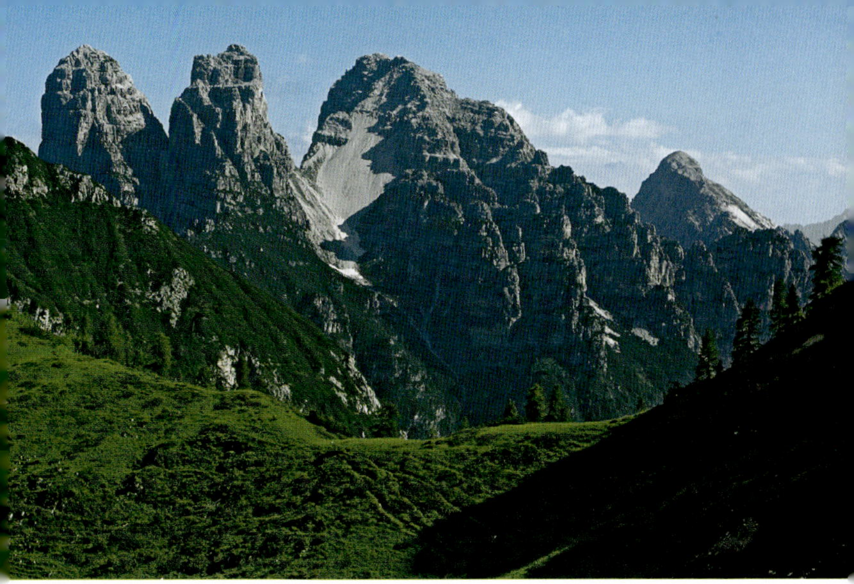

Die zentrale Bosconerogruppe von Süden, von der Cima dell'Albero (Tour 17). Rechts der markanten Forc. de la Toanella die geröllige Südwestflanke des Sasso di Boscone-ro, über die der Normalanstieg erfolgt.

nen Schrofengrat nach rechts, dann links haltend in die Westseite des Gipfelaufbaues. Dort auf Steig über ein breites Schuttband, später über Blöcke nach rechts empor zum Gipfel des **Sasso di Bosconero**, 2468 m (9), mit informativem Überblick über das Gipfelheer der Ost- und der Friulaner Dolomiten. **Abstieg** entlang der Aufstiegsroute.

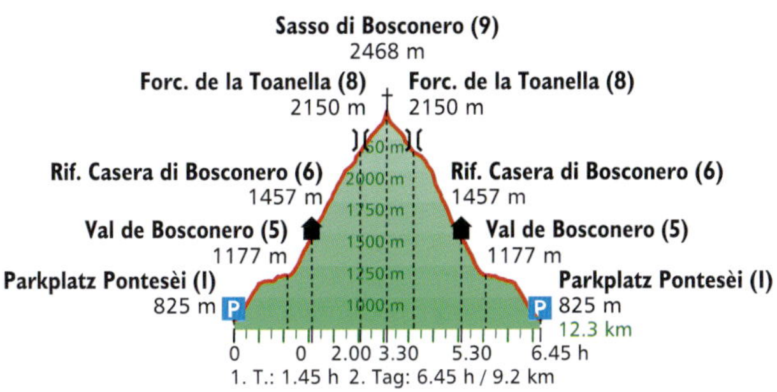

16 Durch die südliche Bosconerogruppe

2 Tage

Hochalpine Gebirgsdurchquerung für Experten

Mit einer der spektakulärsten Etappen aller Dolomiten-Höhenwege prunkt Route 3 am Ende der zehntägigen Gehstrecke, mit der Durchquerung der südlichen Bosconerogruppe vom Rifugio Bosconero nach Longarone. Felskolosse aus nächster Nähe, fantastische Szenerien, atemberaubende Tiefblicke in Täler und Schluchten, sie begleiten uns auf dieser Strecke und vermitteln ein Schauvergnügen, das die Strapazen des Gewaltmarsches fast vergessen lässt.

Blick aus der Toanella-Ostflanke auf Torri dei Noni, Piavetal und Col Nudo.

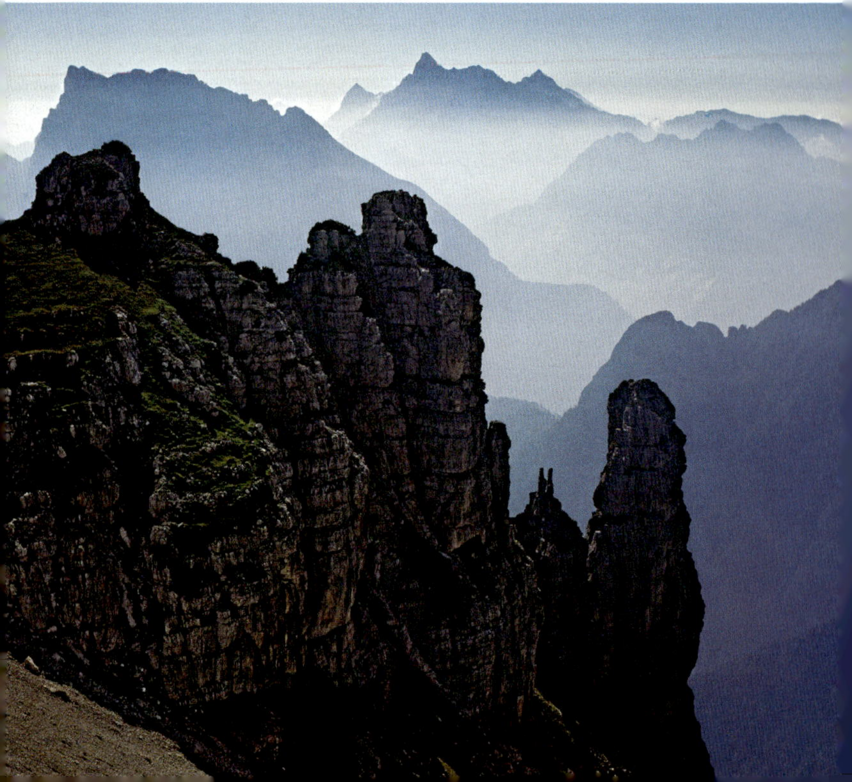

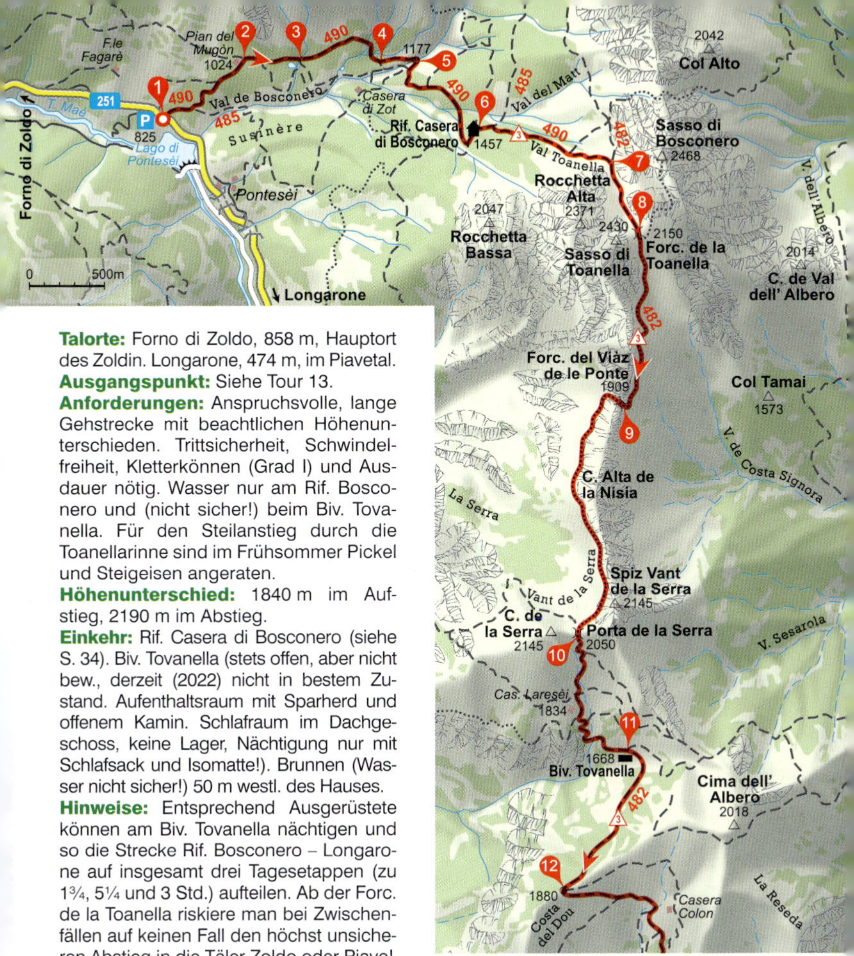

Talorte: Forno di Zoldo, 858 m, Hauptort des Zoldin. Longarone, 474 m, im Piavetal.
Ausgangspunkt: Siehe Tour 13.
Anforderungen: Anspruchsvolle, lange Gehstrecke mit beachtlichen Höhenunterschieden. Trittsicherheit, Schwindelfreiheit, Kletterkönnen (Grad I) und Ausdauer nötig. Wasser nur am Rif. Bosconero und (nicht sicher!) beim Biv. Tovanella. Für den Steilanstieg durch die Toanellarinne sind im Frühsommer Pickel und Steigeisen angeraten.
Höhenunterschied: 1840 m im Aufstieg, 2190 m im Abstieg.
Einkehr: Rif. Casera di Bosconero (siehe S. 34). Biv. Tovanella (stets offen, aber nicht bew., derzeit (2022) nicht in bestem Zustand. Aufenthaltsraum mit Sparherd und offenem Kamin. Schlafraum im Dachgeschoss, keine Lager, Nächtigung nur mit Schlafsack und Isomatte!). Brunnen (Wasser nicht sicher!) 50 m westl. des Hauses.
Hinweise: Entsprechend Ausgerüstete können am Biv. Tovanella nächtigen und so die Strecke Rif. Bosconero – Longarone auf insgesamt drei Tagesetappen (zu 1¾, 5¼ und 3 Std.) aufteilen. Ab der Forc. de la Toanella riskiere man bei Zwischenfällen auf keinen Fall den höchst unsicheren Abstieg in die Täler Zoldo oder Piave!

Vom **Pontesèi-Parkplatz** (1) wie bei Tour 15 zur **Forc. de la Toanella**, 2150 m (8). Jenseits zur Rechten der gegen Val Tovanella abfallenden Geröllhänge einen steilen begrünten Hang auf bez. Steigspuren (Weg Nr. 482) 150 Höhenmeter abwärts unter die Wände des Dito di Toanella. Eine Schrofenrinne 50 m nach rechts empor (!) auf ein abschüssiges Grasband unter schwarzgelber Wand. Auf diesem (Abrutschgefahr!) in eindrucksvoller Querung der Ostflanke des Dito di Toanella nach links (Süden), dann durch Lat-

schengassen und über Felsabsätze hinab zur engen **Forc. del Viàz de le Ponte**, 1909 m (9), vor der C. Alta de la Nisia.
Durch die nach rechts (Westen) abfallende Steilrinne über Schrofen und Geröll hinunter zu einem Abbruch (Vorsicht!). Über eine 5 m hohe Wand (Drahtseil) und durch einen 10 m hohen Kamin (Kette) hinab zur Fortsetzung der

Unterwegs von der Forc. de la Toanella zur Forc. del Viàz de le Ponte mit Aufblick gegen die Cima Alta de la Nisia.

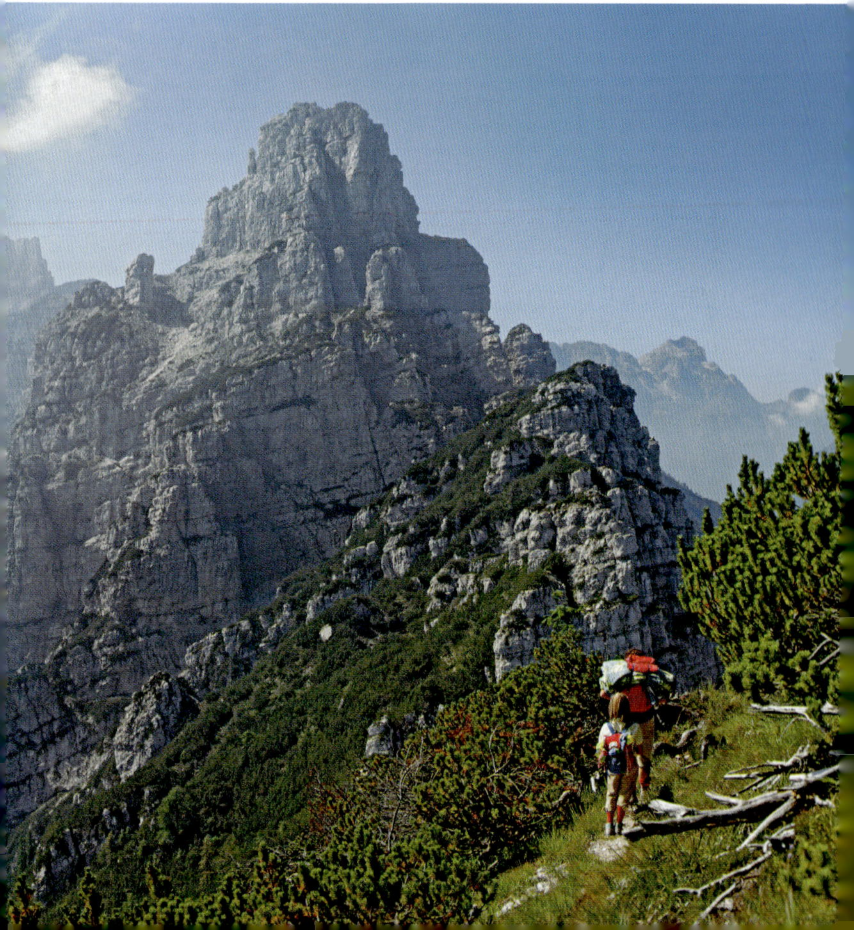

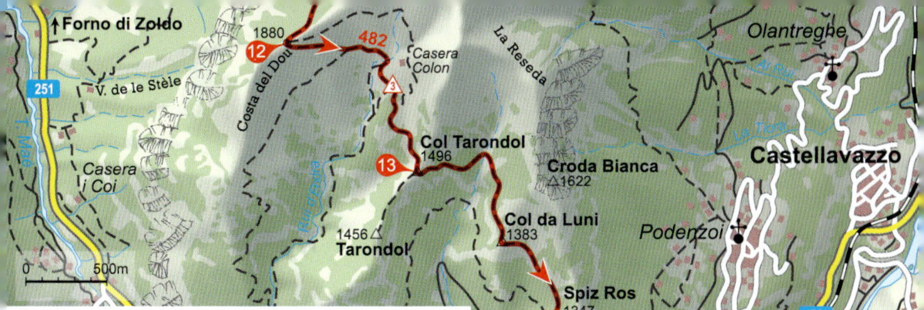

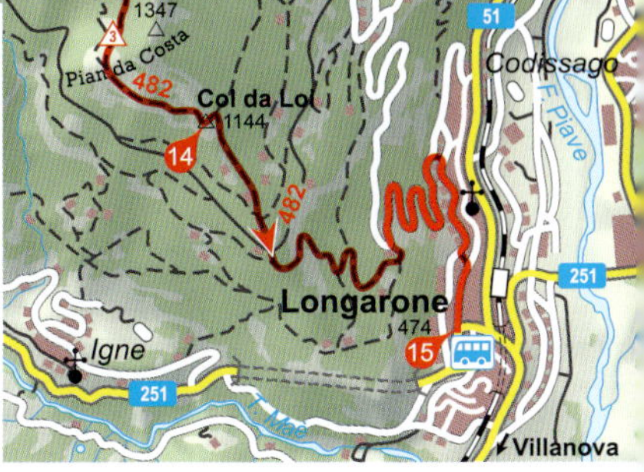

wieder gut gangbaren Rinne. Unter der linken Begrenzungswand abwärts zu ihrem Ende (1800 m), wo sich der Steig nach links in die Westseite der Rocchette de la Serra wendet. Unter den Wänden der C. Alta de la Nisia südwärts zu einer Felsrinne, deren Steilkante am Beginn auf überdachtem gesichertem Band (Rucksack hinderlich!) bewältigt wird. In kurzem Anstieg gelangt man zu einer zweiten plattigen Rinne, die in leichter Kletterei (I) traversiert wird. Nach Querung einer weiteren Schlucht steil nach links empor zu einer Schulter. Unter den Wänden der Rocchette durch Latschen und Geröll vorerst eben, dann steil und mühsam empor in eine kleine Scharte. Rückblick gegen die grandiosen Felstürme der zentralen Bosconerogruppe!

Den bez. Steig im Rechtsbogen unterm Spiz Vant de la Serra quer über angegrünte Geröllhänge nach Süden aufwärts in eine Felsrinne und diese nach links hoch zur **Porta de la Serra**, 2050 m (10), zwischen Spiz Vant und

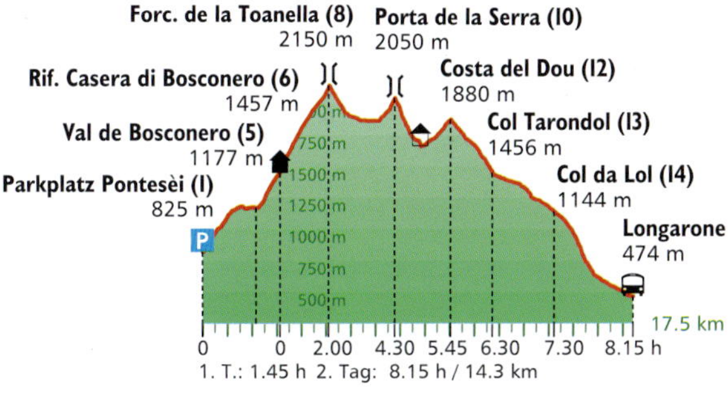

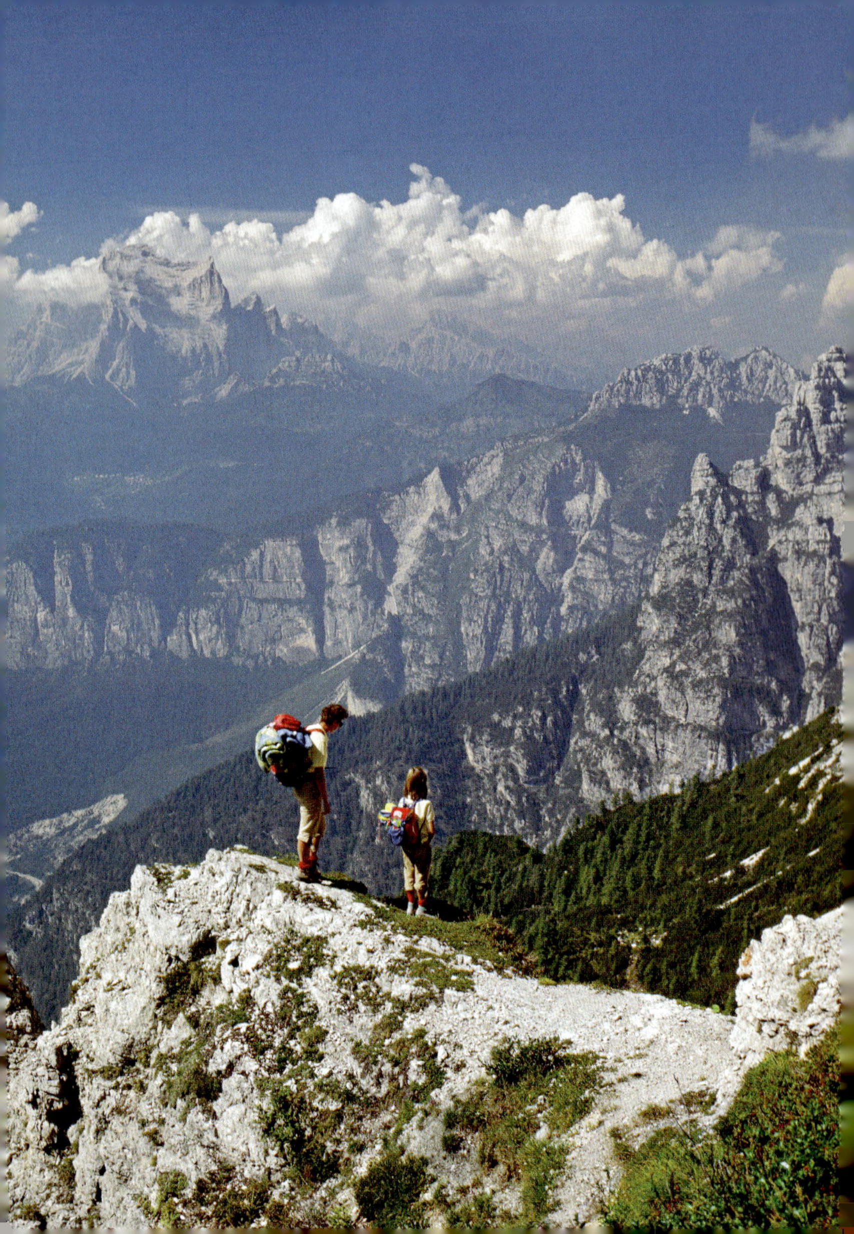

C. de la Serra. Jenseits (bez. Steigspuren) unter den Felsen nach links queren, dann durch Latschengassen steil nach Süden hinab zu einer Wegtrasse und auf ihr rechts zu den verfallenen Hütten der **Cas. Laresèi**, 1834 m. Südwärts, an der rechten Seite eines Tälchens über eine Wiese abwärts, dann über das Tälchen und um eine Bergkante herum nach links in die Mulde um die **Cas. Pezzèi** mit dem **Biv. Tovanella**, 1668 m (11).

Auf Weg Nr. 482 in weiter Rechtsschleife eben nach Süden an die jenseitige Begrenzungsflanke der Pezzèi-Mulde, dort durch Wiesen und Lärchenwald nach rechts empor zur Wiesenschulter der **Costa del Dou**, 1880 m(12). Jenseits nach links (Osten) hinab in ein Tälchen (Felsformationen), das im Rechtsbogen ausgegangen wird. An steilen Grashängen weiter, dann durch Buschwald hinab zur Wiesenschulter des **Col Tarondol**, 1496 m (13). Eine Mulde ausgehend, an den Waldhängen abwärts, später eben zur Schulter **Col da Luni**, 1383 m. Durch Wiesen und Buschwerk, unterhalb der würfelförmigen Croda Bianca einen Graben querend, zur Schulter **Pian da Costa**, zuletzt, unterm Spiz Ros durch, an den Grasrücken des **Col da Lol**, 1144 m (14, Schmiedeeisenkreuz, Bildstock) mit Blick nach Osten zur Vajont-Staumauer jenseits des Piavetales. 50 m nach links in die Ostseite der C. del Albero hinein, dort rechts ab und auf bez. Weg den Rücken durch Buschwerk hinab zu einer Verzweigung (links Weg Nr. 482 nach Podenzoi). Geradeaus auf bez. Weg durch Gesträuch nach Osten hinunter, später über einen steilen Waldhang zu querender Asphaltstraße. Diese in Kehren hinab nach **Longarone**, 474 m (15).

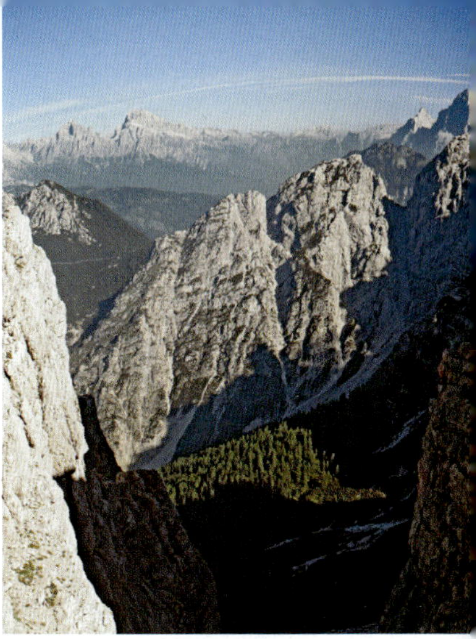

Oben: An der Forc. de la Toanella. Blick nach Norden zu den Ampezzaner Dolomiten.

Links: Im Anstieg zur Porta de la Serra mit Rückblick gegen den Monte Pelmo.

Rückfahrt per Taxi (Taxi-Vajont, L. Matraxi, Piazza IX Ottobre 1963 Nr. 13 Longarone, Tel. +39 339 2951161 bzw. Zoldobus, Raffaella Curci, Via Belvedere 24a, Forno di Zoldo, Tel. +39 348 6700786, www.zoldobus.it) oder mit dem mehrmals täglich verkehrenden DolomitiBus (Fahrt bis Fornesighe-Hotel Corinna, dann zu Fuß entlang der Straße 2,5 km in Gegenrichtung zum Parkplatz Pontesèi).

17 Cima dell' Albero, 2018 m

8.30 Std.

Müh und Plag ohne Reue!

In der Bosconerogruppe werden einem mehr als anderswo die gewaltigen relativen Höhenunterschiede der Süddolomiten bewusst, handelt es sich bei der Cima dell' Albero doch nur um eine unbedeutende Randerhebung nahe der 2000-Meter-Marke. Aber gerade die gilt es von Longarone aus, Bergschulter für Bergschulter, im zähen 1400-Meter-Anstieg früh am Morgen zu bewältigen, will man in den Genuss der bei wolkenfreiem Wetter wahrlich unvergleichlichen Rundsicht kommen.

Talort: Longarone, 474 m, durch die Vajont-Katastrophe (1963) weltbekannt gewordener Ort im Piavetal.
Ausgangspunkt: Podenzoi-Ortszentrum (809 m, Parkmöglichkeit), Bergdorf nördlich über Longarone. Zufahrt von dort auf staubfreier Straße, 7 km.
Anforderungen: Einfache, aber lange, anstrengende Tour. Im Gipfelbereich nicht markiert. Trittsicherheit und Orientierungssinn nötig. An heißen Tagen abzuraten!
Höhenunterschied: 1400 m im Auf- und Abstieg.
Einkehr: Biv. Tovanella (stets offen, aber nicht bew., derzeit (2022) nicht in bestem Zustand. Aufenthaltsraum mit Sparherd und offenem Kamin. Schlafraum im Dachgeschoss, jedoch keine Lager, Nächtigung nur mit Schlafsack und Isomatte!); Brunnen (Wasser nicht sicher!) 50 m westl. des Hauses.
Variante: Von der Forc. Pezzèi kann man auf Weg Nr. 484 über die Forcella und die Cas. Busnich etwas kürzer ebenfalls nach Podenzoi gelangen.
Hinweis: Eine Aufteilung der Tour auf zwei Tagesetappen (Übernachtung am Biv. Tovanella mit entsprechender Ausrüstung) wird empfohlen.

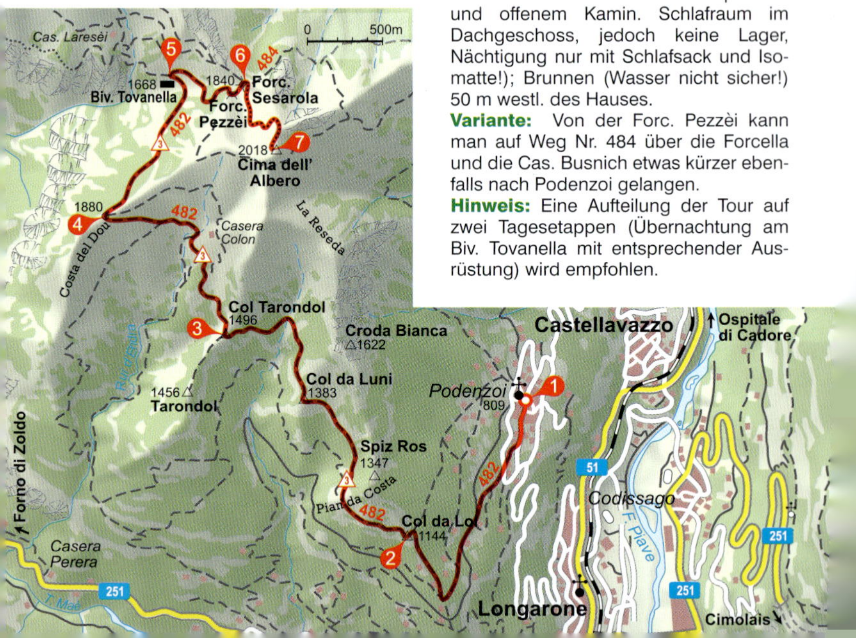

Von **Podenzoi** (1) den Fahrweg Nr. 482 südwärts zu einer Teilung. Rechts durch Wiesen und Buschwerk an den Abhängen der C. dell' Albero an den Südostrücken des Berges empor. Dort auf breitem Weg (Nr. 482, Dolomiten-Höhenroute Nr. 3) zur Schulter **Col da Lol**, 1144 m (2, Schmiedeeisenkreuz, Bildstock). Nach links in die Südwestflanke des Spiz Ros und dort zur Schulter **Pian da Costa**. Unter der würfelförmigen Croda Bianca in langer Hangquerung nach Nordwesten empor zur Schulter **Col da Luni**, 1383 m. Eine Mulde querend, an Waldhängen zur Wiesenschulter des **Col Tarondol**, 1496 m (3). Durch Laubwald, dann an steilen Grashängen in ein Tälchen mit Felsformationen, das im Linksbogen ausgegangen wird, danach über Wiesen zur aussichtsreichen Schulter **Costa del Dou**, 1880 m (4). Jenseits nach rechts hinab in die Pezzèi-Wiesenmulde und dort eben zur **Casera Pezzèi** mit dem **Biv. Tovanella**, 1688 m (5). Auf Weg Nr. 484 die Pezzèi-Mulde im Rechtsbogen nach Osten hoch, später in Kehren in die Dolinenmulde nördlich der C. dell' Albero empor. Aus ihr ostwärts hinauf in den Doppelsattel **Forc. Pezzèi**/ **Forc. Sesaròla**, 1840 m (6) zwischen C. dell' Albero und Spiz Vant de la Serra. Ohne den Sattel zu überschreiten auf unbez. Steigspuren durch die Mulde nach rechts (Süden) an den Bergfuß und dort links haltend in eine Scharte am schmalen Nordgrat mit atemberaubendem Tiefblick in das Piavetal. Über diesen (Steig) zum Gipfel der **C. dell' Albero**, 2018 m (7, Kruzifix).
Abstieg entlang der Aufstiegsroute.

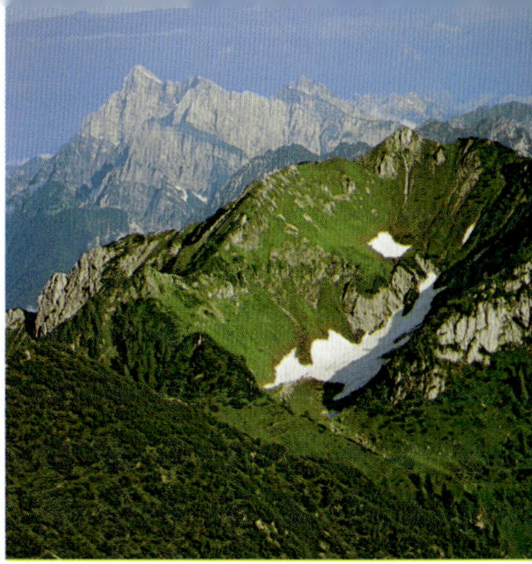

Die begrünte Cima dell´Albero von Nordwesten mit dem Col Nudo links dahinter.

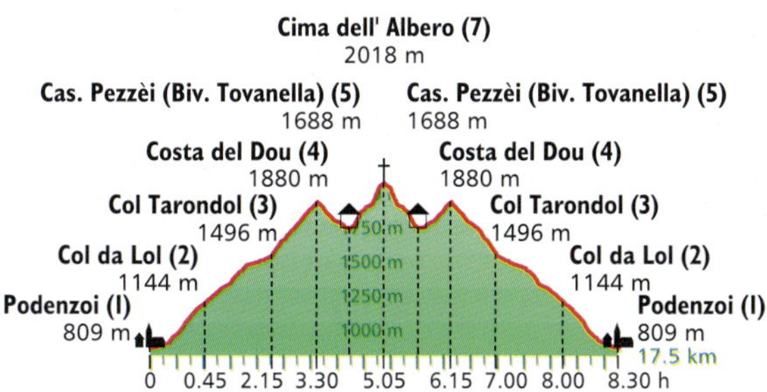

18 Monte Crot, 2169 m

2.00 Std.

Trotz bescheidener Höhe ein Muss für jeden Bergfreund

Der Staulanzapass trennt ihn von der Allgewalt des Monte Pelmo, in dessen unmittelbarer Nähe er ein Schattendasein fristet. Wer sich aber, davon unbeeindruckt, dem Berg über die markierte Normalroute nähert, wird nicht enttäuscht! Tatsächlich gibt es für die Augen mehr zu tun als anderswo, wenn einem am Gipfel die Talschaft des Obercordevole zu Füßen liegt und man der Felsmasse des Monte Pelmo unmittelbar gegenüber steht.

Talorte: Pescul, 1415 m, Urlaubsort im Val Fiorentina. Pecol, 1382 m, Winter- und Sommersportort im Oberzoldo.
Ausgangspunkt: Passo Staulanza (1766 m, Großparkplatz, Bushalt), 7 km von Pescul, 8 km von Pecol.
Anforderungen: Rege frequentierte, kurze, einfache Tour. Bez. Steig, im oberen Abschnitt steil mit einigen exponierten Felspassagen, jedoch keine Kletterei. Nur für trittfeste Geher bei trockenem Wetter.
Höhenunterschied: 410 m im Auf- und Abstieg.
Einkehr: Rif. Alpino Passo Staulanza (siehe S. 35). Unterwegs keine Einkehr.
Hinweis: Fotografen haben das beste Licht am Berg frühmorgens oder abends.

Vom **Parkplatz Passo Staulanza** (1) die Zufahrtsstraße zum Rif. Passo Staulanza 20 m aufwärts zur Linksabzweigung des rot bez. Monte-Crot-Steiges (keine Nummer!). Auf ihm kurz steil hinauf zu querender breiter Wegtrasse. Diese links haltend an Waldhängen unter den Südwänden des Berges nach Westen aufwärts, später nach rechts in die Südwestseite. Dort vorerst im Wald, dann an Grashängen teils in Kehren bergauf, zuletzt schräg nach links empor in den **Wiesensattel**, 2011 m (2, Verzweigung) zwischen Col di Agusciei links und M. Crot rechts. Durch Wiesen und lichten Baumbestand in Kehren steil nach rechts hinauf zu einer Schulter am Monte-Crot-Westrücken. Über diesen hoch, dann nach links (eine exponierte Passage) in die Nordseite und dort unter einer Wand, an einem Höhlenüberhang vorbei, später an Grashängen empor in den Sattel, 2092 m (3), zwischen den beiden Gipfeln.

Nach links unter den steil aufschwingenden Nordgipfel und dort auf bez. Steig im grasigen Gelände hinauf, später durch eine Schrofenzone, zuletzt durch Latschen auf den **Nord- oder Hauptgipfel des M. Crot**, 2169 m (4; Metallkreuz mit Gipfelbuch, Kriegsreste, Liegewiese). Faszinierende Schau auf den nahen M. Pelmo, rechts dahinter Prampèr-Dolomiten, Duranpass, Moiazza- und Civettagruppe. Im Westen die pultför-

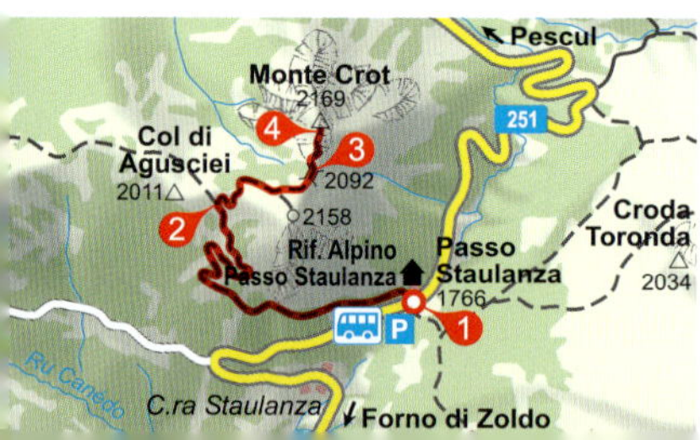

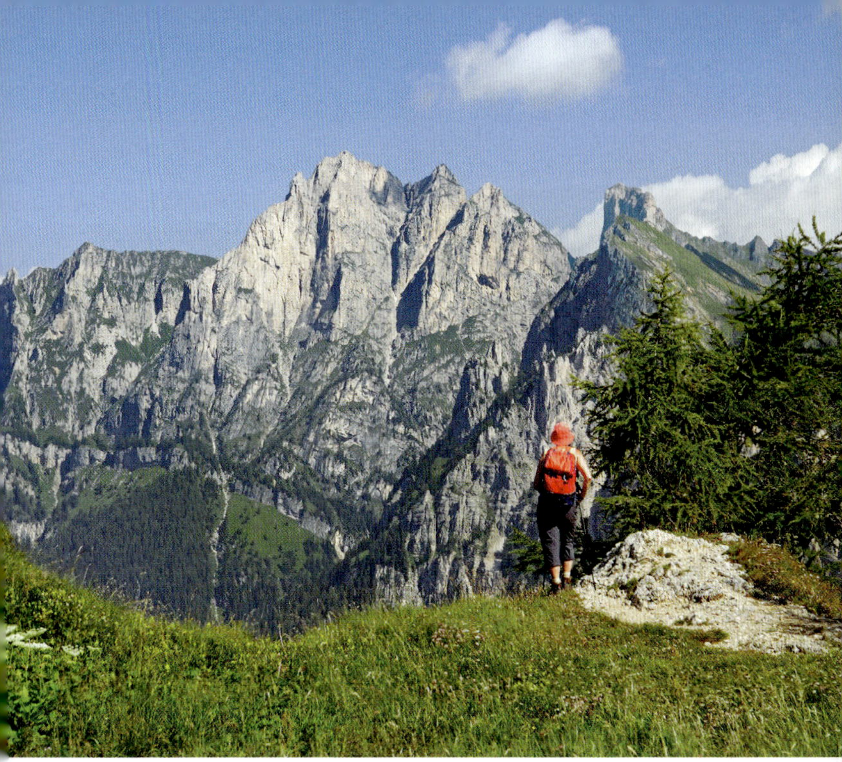

Am Wiesensattel zwischen Col di Agusciei und Monte Crot. Blick in die Südwände des Cernera-Massivs.

mige Marmolada, im Nordwesten über dem Val Forentina die Sellagruppe mit Col di Lana, M. Pore, Nuvolau-, Cernerna- und Croda-da-Lago-Gruppe. Im Nordosten, jenseits des Bòitetales, Sorapiss, Marmarole und Antelao. **Abstieg** entlang der Aufstiegsroute.

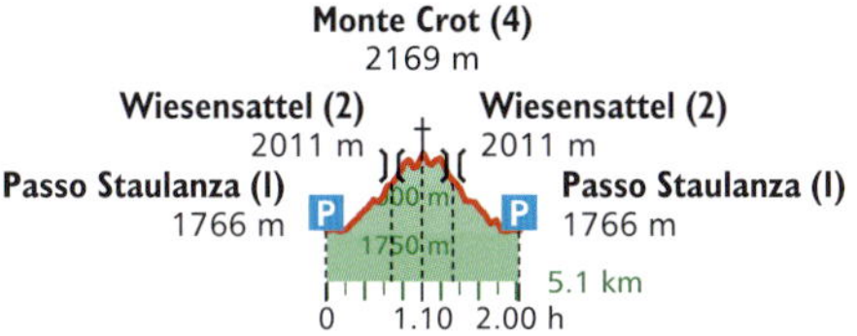

19 Monte Fernazza (Cima dei Viai), 2101 m, Ostanstieg

4.45 Std.

Im Mittelgebirge zwischen Pelmo und Civetta

Die unmittelbare Nähe der Dolomitkolosse, den kühlen Atem der Wände zu spüren, ist nicht jedermanns Sache. Mancher wandert lieber in »sicherer Distanz« und bestaunt die ungeschlachten Felsriesen von Blumenwiesen aus. Für ihn ist dann eine Besteigung des Monte Fernazza im Mittelgebirge zwischen Pelmo und Civetta von Palafavera (Oberzoldo) aus gerade das Richtige!

Talort: Pecol, 1382 m, Erholungsort im Val Zoldana alta (Oberzoldo).
Ausgangspunkt: Großparkplatz Palafavera (1514 m; zwei Gaststätten, Sessellift, Campingplatz) auf Oberzoldo, an der Staatsstraße Nr. 251, 3 km von Pecol.
Anforderungen: Einfache Wanderung auf teils schlecht bez. Fuß- und Fahrwegen.
Höhenunterschied: 630 m im Auf- und Abstieg.
Einkehr: Rif. Palafavera (25 B., bew. 15./20. Juni bis 20. Sept., Tel. +39 0437 789133, www.palafavera.com), Rif. Monte Pelmo (9 B., bew. 20. Juni bis 30. Sept., Tel. +39 0437 789359), Jst. Malga Pioda (keine Nächtigung, bew. 15. Juni bis 15. Sept.), Rist. Col dei Baldi (keine Nächtigung, mit dem Lift geöffnet), Rist. Belvedere und Rist. »La Ciasela« (keine Nächtigung, bew. 20./30. Juni bis 15./20. Sept., unabhängig vom Lift geöffnet).
Variante: Bei Auffahrt von Palafavera mit dem Doppelsessellift Pioda (Betrieb 5./10. Juli bis 5./10. Sept. tägl. 8.40–17.15 Uhr, www.funnyski.it) auf den Col della Traversa, 1887 m, und Fußmarsch in die Forc. d'Alleghe im Anstieg ¾ Std., im Abstieg ½ Std. Zeitersparnis.

Das Restaurant »La Ciasela« am Monte Fernazza. Blick über das innere Val Fiorentina hinweg auf Marmarole und Antelao.

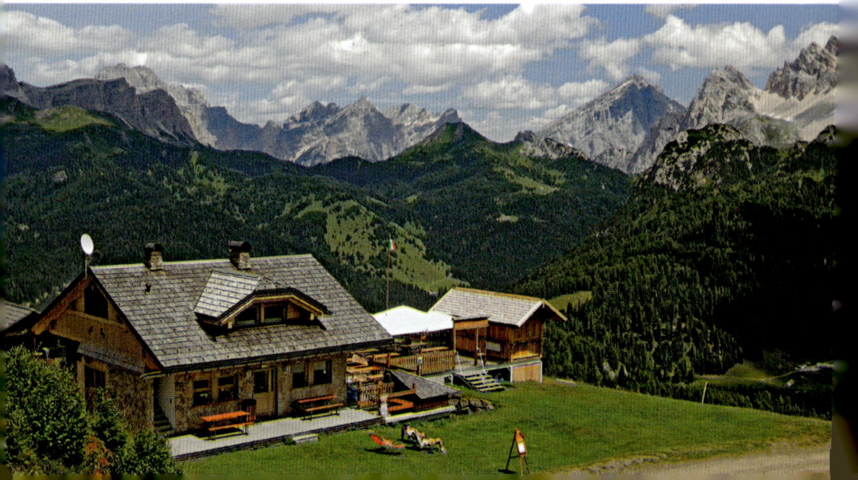

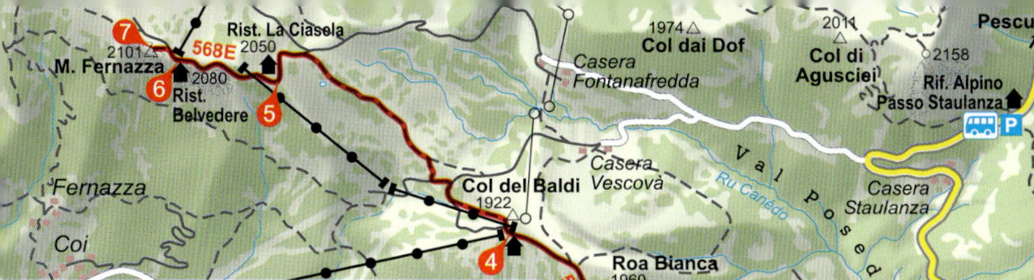
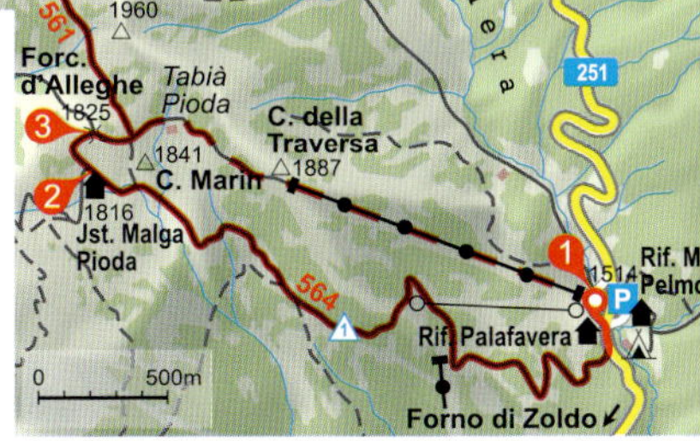

Vom **Parkplatz Palafavera** (1) die Naturstraße mit Weg Nr. 564 durch lichten Nadelwald und über Wiesen nach Westen aufwärts zur Bergstation eines Schlepplifts. Entlang einer Schitrasse, dann an den Südhängen des Col Marin weiter bergauf, zuletzt über einen Bach zur **Jst. Malga Pioda**, 1816 m (2). Die Straße im Rechtsbogen zur nahen **Forc. d'Alleghe**, 1825 m (3, Verzweigung), und dort rechts haltend, ostwärts, bald zur nächsten Teilung. Links den Fahrweg (Schitrasse) mit Nr. 561 am Westabhang der Roa Bianca durch Wiesen nach Nordwesten empor zur Rechtsabzweigung von Weg Nr. 561. Auf unbez. Fahrweg gerade fort zum Gipfel des **Col dei Baldi**, 1922 m (4, Pelmoblick!) mit Restaurant und Bergstation der Kabinen-Umlaufbahn von Alleghe her.

Auf unbez. Fahrweg (Schitrasse) über Wiesen nach Westen abwärts, dann im Rechtsbogen zu einer Teilung, dort 100 m nach links zur nächsten Verzweigung. Rechts auf Fahrweg einen Wiesenrücken nach Nordwesten hinauf, später eben oder leicht fallend in den Sattel vor dem M. Fernazza. Jenseits den Südostrücken des Berges über Wiesen zu einer Schulter empor, dann entlang der Schitrasse sehr steil bergauf zu dem am Col Fioret gelegenen **Rist. »La Ciasela«**, 2050 m (5). Über den Rücken (Schitrasse) weiter zum **Rist. Belvedere**, 2080 m (6), bald nach diesem links ab und auf Fußweg Nr. 568E empor zum Gipfel des **M. Fernazza** (C. dei Viai), 2101 m (7), mit Kruzifix, Gipfelbuch und Sendemast.

Abstieg entlang der Aufstiegsroute.

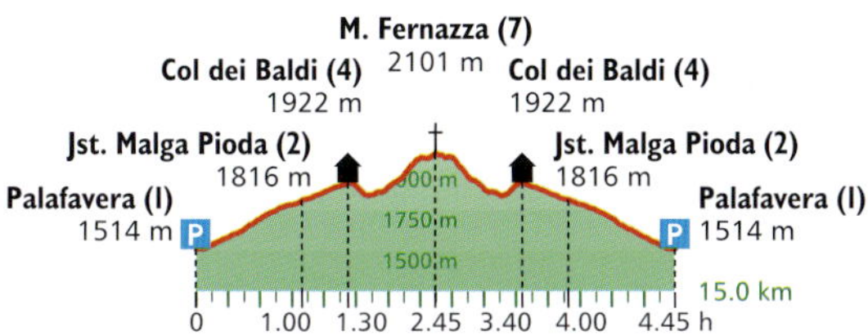

20 Monte Fernazza (Cima dei Viai), 2101 m, Nordanstieg

5.00 Std.

Ein Sinnenfest wie noch nie!

Die sanften Mittelgebirge zwischen den Felskolossen, sie sind etwas Besonderes in den Dolomiten, gestatten ein Innehalten, ein Betrachten und Schauen ohne Gefahr und Beschwer. Der Monte Fernazza zwischen Cordevole- und Fiorentinatal ist solch ein Paradies, dessen Qualität als Panorama- und Schiberg von Liftmanagern längst erkannt und vermarktet wurde. Von Pescul oder Alleghe nähert man sich ihm per Seilbahn, schöner ist allemal seine Besteigung und Überschreitung entlang der hier gewürdigten Runde. Sie verspricht ein Sinnenfest mit lukullischen Genüssen an den berührten Almschenken.

Talort: Pescul, 1415 m, Urlaubsort im inneren Val Fiorentina.
Ausgangspunkt: Parkplatz, 1410 m, an der Talstation der Sektion I des Fernazza-Vierersessellifts in Pescul, südlich des Fiorentinabaches.
Anforderungen: Unschwierige Wanderung auf meist bez. Fuß- und Fahrwegen.
Höhenunterschied: 810 m auf und ab.
Einkehr: Rist. Sabe an der Talstation und Rist. Fertazza auf Tabiè Fertazza (keine Nächtigung, bei Liftbetrieb geöffnet). Rist. Belvedere und Rist. »La Ciasela« (keine Nächtigung, bew. 20./30. Juni bis 15./20. September unabhängig vom Lift). Rist. »Sa Lander« (meist nur Winterbetrieb).
Variante: Bei Auffahrt mit dem Fernazzalift nach Tabiè Fertazza (Betrieb 15./20. Juli bis 25./31. Aug., 9.30–13.15 und 14.30–16.30 Uhr, www.valfiorentina.it) 1½ Std. Zeitersparnis.

Im Wiesenparadies der Tabiè Fertazza. Jenseits des Fiorentinatales die Südwände des Cernera-Massivs.

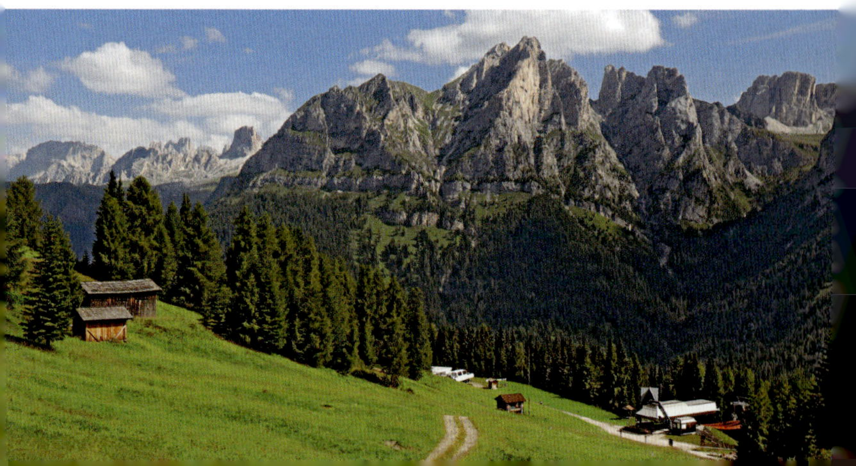

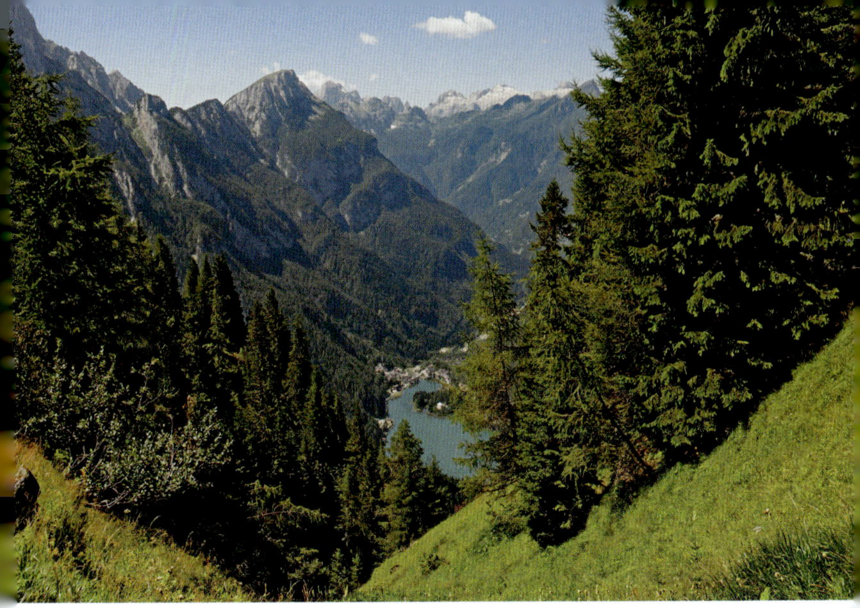

Tiefblick aus dem Val di Sfessa gegen den Alleghesee.

Von **Pescul (Fernazzalift-Parkplatz)** (1) die Forststraße mit Weg Nr. 569 über eine Waldflanke in weiten Kehren nach Westen empor zur aussichtsreichen Wiesenschulter **Tabiè Fertazza**, 1839 m (2), mit Restaurant und Bergstation von Sektion I des Fernazzaliftes. Den Fahrweg Nr. 569 kurz nach Nordwesten hinab zur Talstation von Sektion II, danach in den Wald. Dort eben nach Westen in den Sattel beim **Col della Montagna**, 1820 m. Jenseits, das steile **Val di Federa** querend, an den Waldrücken des **Col de la Chizza**, 1745 m, (Verzweigung). Links den Rücken nach Süden hinauf, später rechts von ihm an steiler Flanke und einen Graben empor zum Sattel **Tabiai Forcella**, 1840 m (3, Holzhütten, Verzweigung). Auf Weg Nr. 566 geradeaus in die gegen das Val Cordevole gerichtete Westflanke des M. Fernaz-

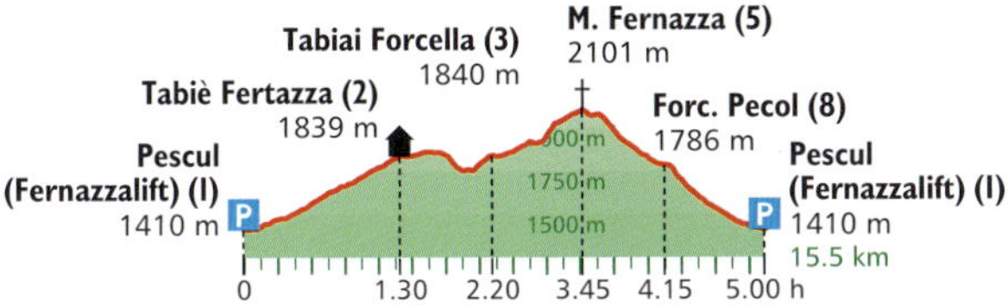

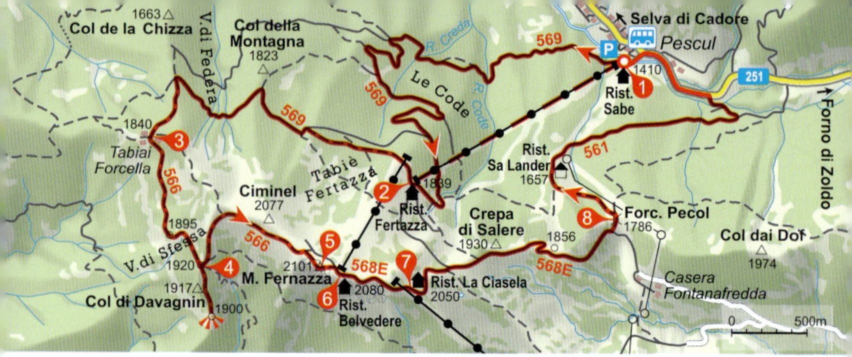

za hinein. Dort eben nach Süden, dann bergauf zur Schulter, 1895 m, vor dem **Val di Sfessa** und an steilen Grashängen weiter zur Schulter **Col di Davagnin**, 1920 m (4, Bildstock, Verzweigung). Halb rechts ab und auf unbez. Weg eben hinaus zur Abbruchkante der Schulter, 1900 m, ein toller Luginsland über dem Alleghesee gegenüber der Civetta-Nordwestwand.
Zurück zum Verzweigungspunkt Col di Davagnin. Geradeaus auf Weg Nr. 566 die steile, licht bewaldete Bergrippe in Nordrichtung bergan an den grasigen Nordwestrücken des M. Fernazza. An seiner Südseite in einmalig schöner Wanderung (Marmolada- und Civettablick) in den Sattel, 2070 m, nach dem **Ciminel**, jenseits kurz in die Nordseite, dann steil nach rechts empor zum Gipfel des **M. Fernazza** (C. dei Viai), 2101 m (5; Kruzifix mit Buch, Sendemast).
Vom Gipfel auf Weg Nr. 568E über den Südostrücken des Berges hinab zu einer Naturstraße und diese rechts haltend zum nahen **Rist. Belvedere**, 2080 m (6). Entlang der Straße (Schitrasse) weiter abwärts zum **Rist. »La Ciasela«**, 2050 m (7, Pelmo- und Civettablick!) am Col Fioret. Steil hinunter zu einer Schulter mit Verzweigung. Geradeaus auf Fahrweg Nr. 568E über Wiesen bergab, dann unter den Wänden der Crepa di Salere in einen Sattel (1856 m, wird nicht überschritten!) und gerade fort in die weite Senke der **Forc. Pecol**, 1786 m (8). Links ab und auf Fahrweg Nr. 561 eine Grasmulde nach Nordwesten hinunter zum **Rist. »Sa Lander«**, 1657 m. Auf Naturstraße in langer Hangquerung durch Wald nach rechts (Osten) abwärts in das Val Fiorentina, dort zur Staatsstraße 251 und diese links haltend nach **Pescul** (1).

An der Abbruchkante des Col di Davagnin mit Blick zur Marmolada.

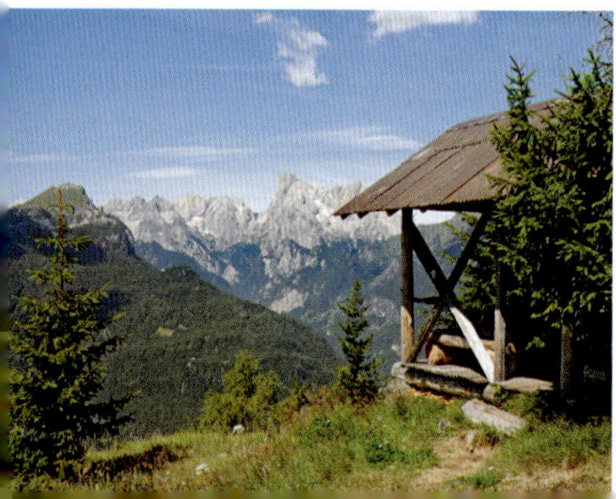

2.30 Std.

Monte Fernazza (Cima dei Viai), 2101 m, Südanstieg

21

Auf einen Panoramaberg erster Klasse

Als Urlaubsgast in Alleghe besteigt zunächst wohl ein jeder die Seilbahn auf den Col dei Baldi. Dort allerdings scheiden sich die Wege: Möchte man die Dolomiten hautnah erleben, folgt man rechts jenen ins Reich der Civetta, zur Coldai-, Tissi- und Vazzolèrhütte. Wer aber nur schauen und genüsslich wandern will, geht, an diversen Gastbetrieben vorbei, in Richtung Monte Fernazza. Er beschert neben atemberaubenden Tiefblicken in das Cordevoletal die Heroen Pelmo und Civetta im klassischen Profil!

Talort: Alleghe, 983 m, renommierter Urlaubsort im mittleren Cordevoletal.
Ausgangspunkt: Großparkplatz an der Talstation, 978 m, der zweiteiligen Kabinen-Umlaufbahn auf den Col dei Baldi (1. Sektion: 6erLift Alleghe – Piani di Pezzè, 1465 m; 2. Sektion: 8erLift Piani di Pezzè, 1452 m – Col dei Baldi, 1922 m) von 15./20. Juni bis 15./20. Sept. tägl. 8.30–17.30 Uhr in Betrieb, www.alleghefunivie.com. Auf den Piani di Pezzè 5 Min. Fußmarsch (Straße) von der Bergstation des einen zur Talstation des anderen Lifts.
Anforderungen: Kurze Tour mit etwas beschwerlichem Abstieg. Nicht immer optimal bez. Fuß- und Fahrwege. Trittsicherheit nötig!
Höhenunterschied: 180 m im Aufstieg, 645 m im Abstieg.
Einkehr: Rist. Col dei Baldi (keine Nächtigung, mit dem Lift geöffnet), Rist. Belvedere und Rist. »La Ciasela« (keine Nächtigung, 20./30. Juni bis 15./20. Sept. unabh. vom Lift geöffnet). Rist. Fontanabo-

Der wuchtige Monte Pelmo von der Schulter Col di Davagnin.

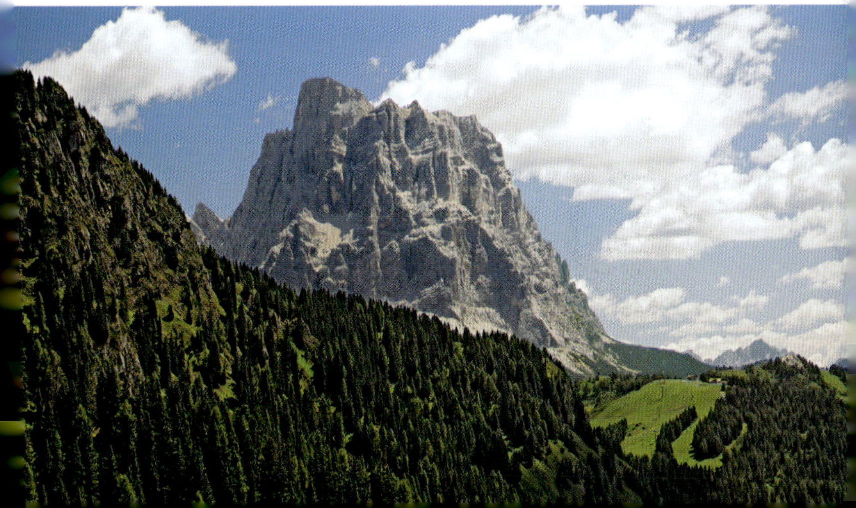

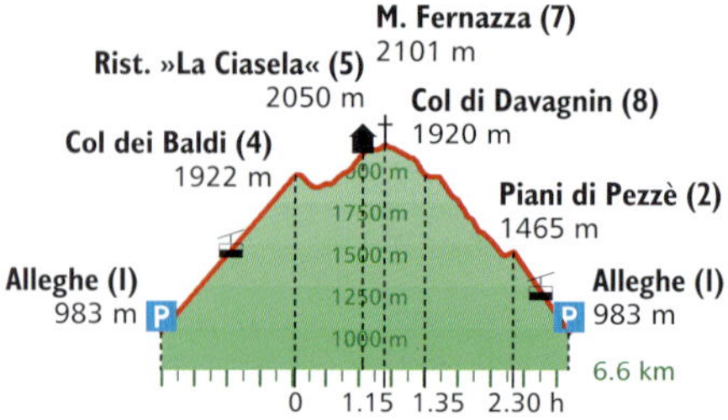

na (keine Nächtigung, 20. Juni/1. Juli bis 15. Sept. tägl. offen), Rist. Baita Scoiattolo (keine Nächtigung, vom 1. Sonntag im Juni bis 2. Sonntag im Sept. tägl. offen), beide auf den Piani di Pezzè.

Variante: Die Piani di Pezzè (kostenpflichtiger Parkplatz) sind ab Alleghe auch mit dem Auto (Asphaltstraße) zu erreichen, 5 km.

Hinweis: Auf den Piani di Pezzè besuchenswerter Hochseilklettergarten »Civetta Adventure Park« (4 Parcours).

Von **Alleghe** (1) Liftfahrt auf den **Col dei Baldi**, 1922 m (4), und wie bei Tour 19 auf den **M. Fernazza** (C. dei Viai), 2101 m (7, Kruzifix mit Buch, Sendemast). Auf Weg Nr. 566 über den grasigen Nordwestrücken des Berges abwärts, dann nach links in den Sattel, 2070 m, vor dem **Ciminel**. Jenseits nun in der Südseite des Rückens durch Wiesen und lichten Baumbestand hinab zu einer Schulter mit Verzweigung. Links auf Weg Nr. 566 weiter bergab zu

Unterwegs vom Col dei Baldi zum M. Fernazza. Im Südwesten die C. di Col Rean (Civetta).

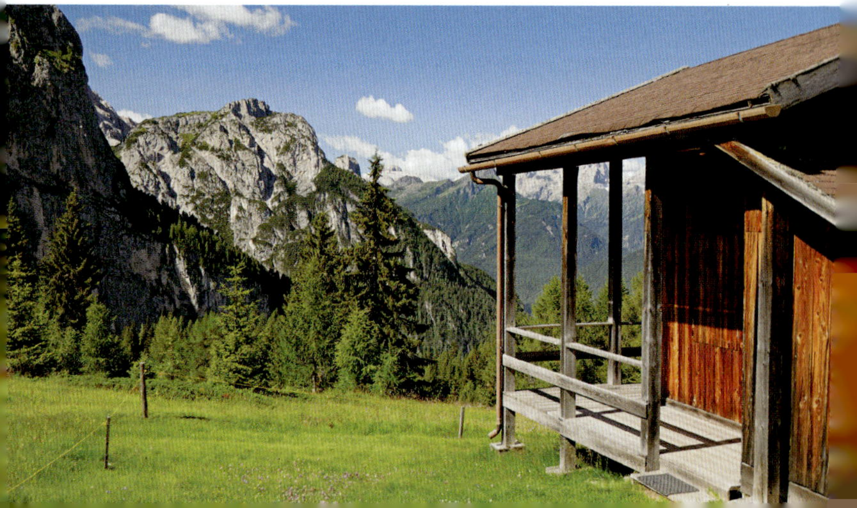

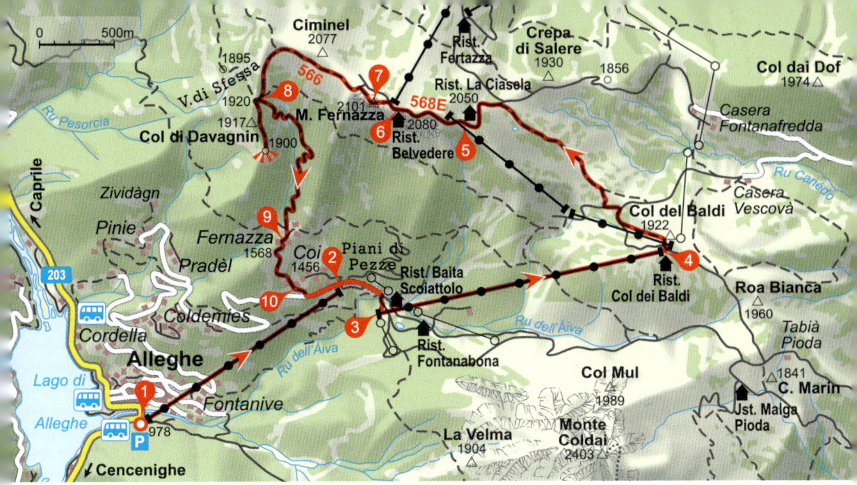

einem Aussichtspunkt (Tiefblick auf Alleghe wie aus einem Flugzeug!). Kurz davor links ab und über eine steile, licht bewaldete Bergrippe nach Süden hinunter zur Wiesenschulter **Col di Davagnin**, 1920 m (8, Bildstock), mit Querweg. Geradeaus auf unbez. Weg eben vor zur Abbruchkante der Schulter, 1900 m, ein Luginsland über dem Alleghesee gegenüber der grandiosen Civetta-Nordwestwand. Zurück zum Querweg am **Col di Davagnin**. Auf ihm rechts haltend sogleich zur nächsten Teilung und nochmals rechts auf rot bez. Pfad (keine Nummer!) durch ein steiles Waldtal nach Süden hinunter zu einer Teilung. Rechts in Kehren weiter bergab zur Verzweigung bei einem Brunnen und gerade fort in den großteils verfallenen Weiler **Fernazza**, 1568 m (9, keine Auto-Zufahrt, Jugendlager, Civettablick!). Rechts am Ort vorbei, dann auf Wiesenfahrweg nach Süden hinunter in den Weiler **Coi**, 1456 m (10). Nun auf Asphaltstraße aufwärts zu den **Piani di Pezzè**, 1465 m, und per Kabinenbahn nach **Alleghe** (1).

Die Civetta-Nordwestwand vom Col di Davagnin.

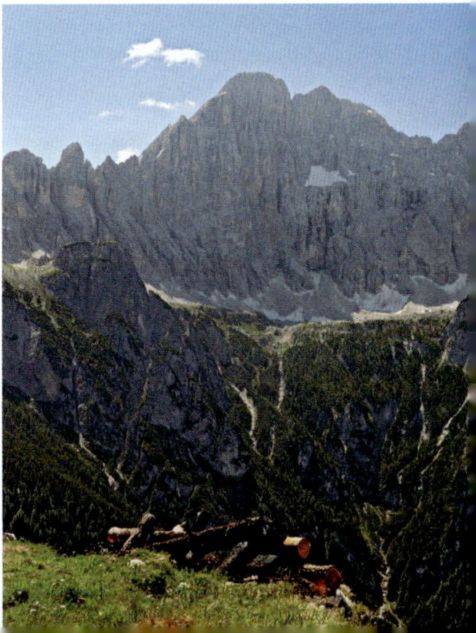

22 Monte Coldai, 2403 m

6.00 Std.

Tribüne vor der Civetta

Wer sich als Civetta-Neuling einen ersten Überblick über das Gebiet verschaffen möchte, dem empfehle ich die Besteigung des Monte Coldai im Norden der Gruppe. Er bietet Einblicke in die berühmte Civetta-Nordwestwand und eine faszinierende Schau auf Pelmo, Sorapiss und zu den Norddolomiten. Die unterwegs berührte Coldaihütte gibt Gelegenheit, sich vor und nach getaner »Arbeit« zu stärken. Zur Pflicht gehört natürlich auch ein Besuch des Coldaisees. Auf breiter Höhenrampe unter der himmelhoch aufragenden Civettamauer gelegen, können dort Abgehärtete einen Sprung ins kühle Nass versuchen …

Talort, Ausgangspunkt: Siehe Tour 19.
Anforderungen: Anspruchsvolle Bergtour auf teils bez. Wegen und Steigen. Trittsicherheit und etwas Kletterkönnen (Passagen im Grad I) nötig.
Höhenunterschied: 950 m im Auf- und Abstieg.
Einkehr: Rif. Palafavera (25 B., bew. 15./20. Juni bis 20. Sept., Tel. +39 0437 789133, www.palafavera.com), Rif. Monte Pelmo (9 B., bew. 20. Juni bis 30. Sept., Tel. +39 0437 789359), Jst. Malga Pioda (keine Nächtigung, bew. 15. Juni bis 15. Sept.). Rif. Coldai (siehe S. 34).

Varianten: Bei Auffahrt von Palafavera mit dem Doppelsessellift Pioda (Betrieb 5./10. Juli bis 5./10. Sept. tägl. 8.40–17.15 Uhr, www.funnyski.it) auf den Col della Traversa, 1887 m, und Fußmarsch zur Forc. d'Alleghe im Abstieg ½ Std., im Anstieg ¾ Std. Zeitersparnis. Wie bei Tour 24 ist die Jst. Malga Pioda per Seilbahnhilfe auch von Alleghe (½ Std. Zeitersparnis) zu erreichen; retour lohnt ab Forc. d'Alleghe der Abstieg (Weg Nr. 564) zu den Piani di Pezzè, 45 Min.
Hinweis: Eine Zwischennächtigung am Rif. Coldai ist zu empfehlen.

Vom **Großparkplatz Palafavera** (1) wie bei Tour 19 zur **Jst. Malga Pioda**, 1816 m (2). Den Karrenweg Nr. 556 die begrünte Ostflanke des M. Coldai in weiten Kehren hoch, dann nach links an die Ostrippe des Berges und dort eine steile Mulde in Kehren bergauf, zuletzt eben zum **Rif. Coldai**, 2132 m (3). Den Weg Nr. 560 durch das geröllige obere **Val Ziolere** westwärts hinauf in die **Forc. di Col-**

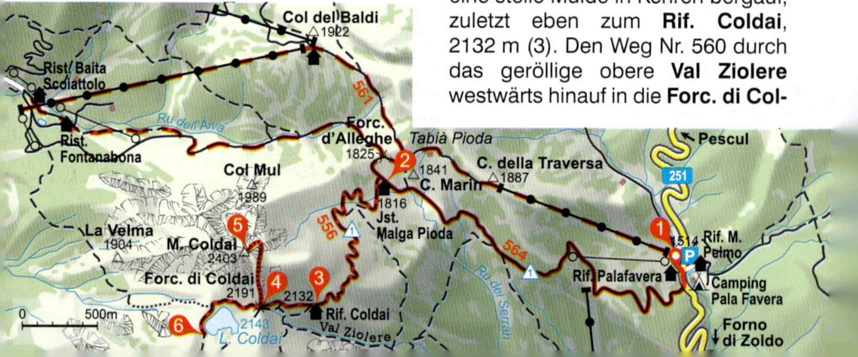

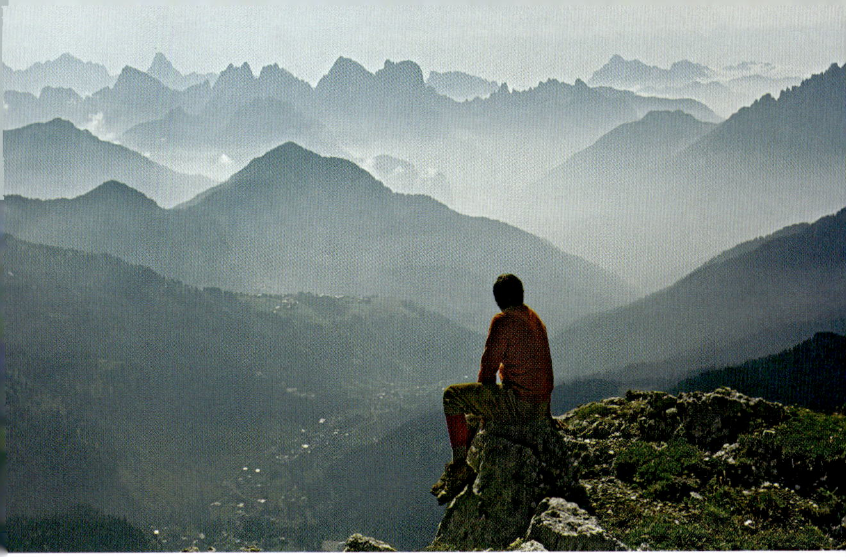

Abendstimmung über dem Zoldin. Blick von der Coldaihütte über den Monte Punta und die Bosconerogruppe hinweg zu den Friulaner Dolomiten.

dai, 2191 m (4), zwischen Torre Coldai und M. Coldai. Rechts ab und auf unbez. Steig eine Geröllrinne in Kehren nach Norden empor zu einer Schulter. Quer durch die Ostflanke des Berges an den Nordostrücken und über ihn hoch zu den Felsen. Über ein Band in leichter Kletterei (I) durch die Nordseite nach rechts hinauf zum Ost- oder Hauptgipfel des **M. Coldai**, 2403 m (5). Wieder hinab in die Forc. di Coldai und dort auf dem Weg 560 über begrünte, blockübersäte Hänge nach rechts (Westen) hinunter zu dem auf breiter Terrasse unter der grandiosen Civetta-Nordwestwand gelegenen **Lago Coldai**, 2143 m (6).
Rückweg: Auf bekanntem Weg zurück zum Ausgangspunkt.

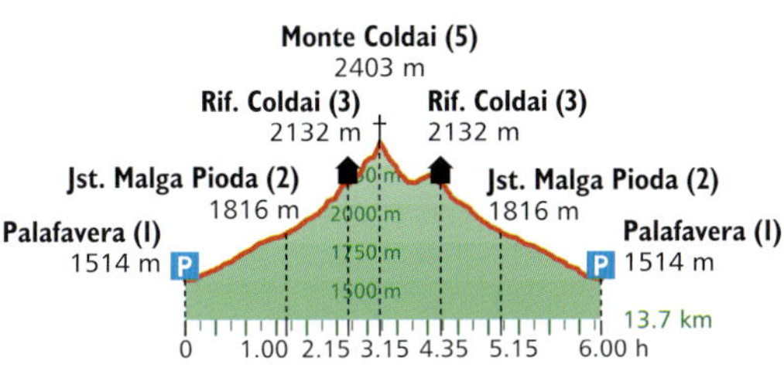

23 Civetta, 3220 m, Normalroute

3 Tage

Auf das »Lockziel« der Zoldiner Dolomiten

Aus der Ferne kennen sie wohl viele, die zweitausend Meter über dem Cordevoletal und dem Alleghesee aufsteigende Civetta. Wer als Klettersteigfreak den verlockend schönen Gipfel besteigen möchte, wählt natürlich die glanzvolle »Via ferrata degli Alleghesi« über den Nordgrat. Für Normalverbraucher bleibt als einzig empfehlenswerte Route der teilweise durch Drahtseile gesicherte Weg der Erstbesteiger über die Ostseite, der jedoch bei Schneelage und Vereisung achtsames Gehen erfordert.

Talort, Ausgangspunkt: Siehe Tour 22.
Anforderungen: Anspruchsvolle Tour mit gesicherten Passagen. Trittsicherheit, Schwindelfreiheit und Klettererfahrung (Schwierigkeitsgrad I) nötig.
Höhenunterschied: 1710 m auf und ab.
Einkehr: Rif. Palafavera (25 B., bew. 15./20. Juni bis 20. Sept., Tel. +39 0437 789133, www.palafavera.com), Rif. Monte Pelmo (9 B., bew. 20. Juni bis 30. Sept., Tel. +39 0437 789359), Jst. Malga Pioda (keine Nächtigung, bew. 15. Juni bis 15. Sept.). Rif. Coldai (siehe S. 34). Rif. Torrani (18 L., 4 Notlager; bew. vom 1. Juli bis 15. Sept., Tel. +39 0437 789150 und +39 338 6411763).
Varianten: Ab Palafavera kann auch der Pioda-Sessellift benutzt werden (siehe Tour 19). Man kann die Civetta-Besteigung wie bei Tour 24 auch in Alleghe starten (Seilbahn auf den Col dei Baldi).
Hinweise: Vorsicht an Altschneeresten im Frühsommer (Pickel ratsam!) bzw. bei Vereisung der Gipfelfelsen. Telefon. Voranmeldung an Rif. Torrani angeraten!

Die Ostseite der Civetta. Der hellen Rampe im Mittelteil folgt die Normalroute.

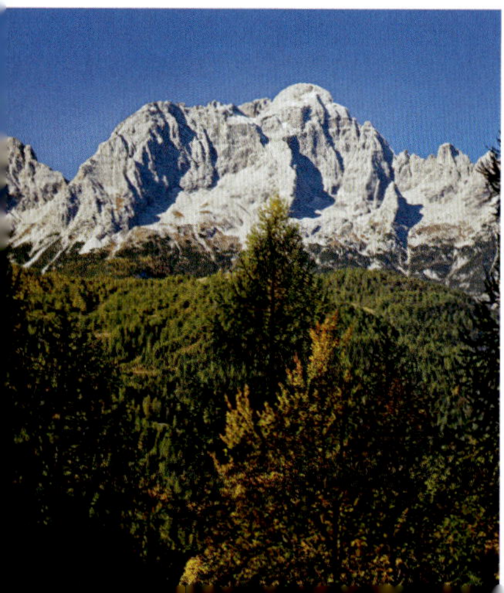

Vom **Parkplatz Palafavera** (1) die Naturstraße mit Weg Nr. 564 durch Nadelwald und über Wiesen westwärts bergauf zur Bergstation eines Schlepplifts. Entlang einer Schitrasse, dann an den Südhängen des Col Marin weiter, zuletzt über einen Bach zur **Jst. Malga Pioda**, 1816 m (2), und wie bei Tour 22 zum **Rif. Coldai**, 2132 m (3).
Auf Weg Nr. 557 (**»Sentiero Tivan«**) über Wiesen westwärts bergauf, dann eine Schuttrinne nach links hinunter in das Geröllkar nordöstlich des Torre di Coldai. Das Kar im Linksbogen hinauf zu einer Schulter (2184 m) am Nordostrücken des Berges. An der Ostseite des Turmes weiter zur nächsten Schulter, da-

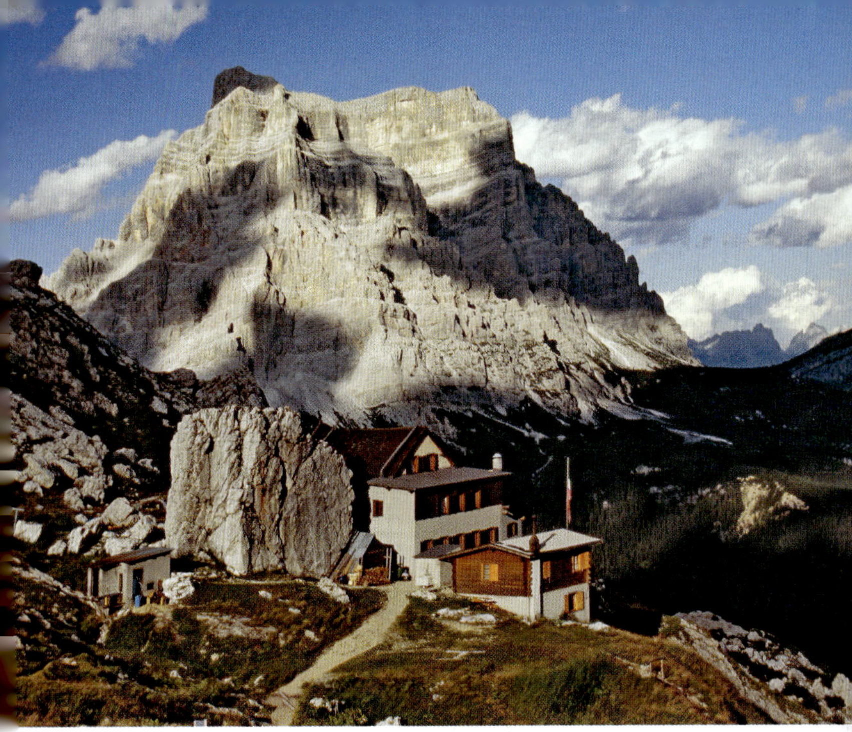

Die Coldaihütte mit dem Monte Pelmo im Nordosten.

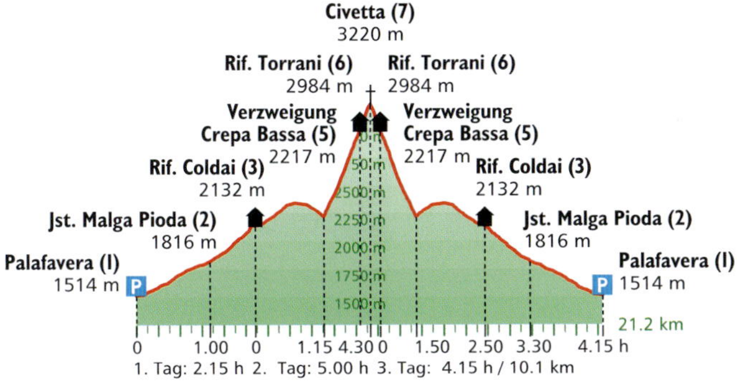

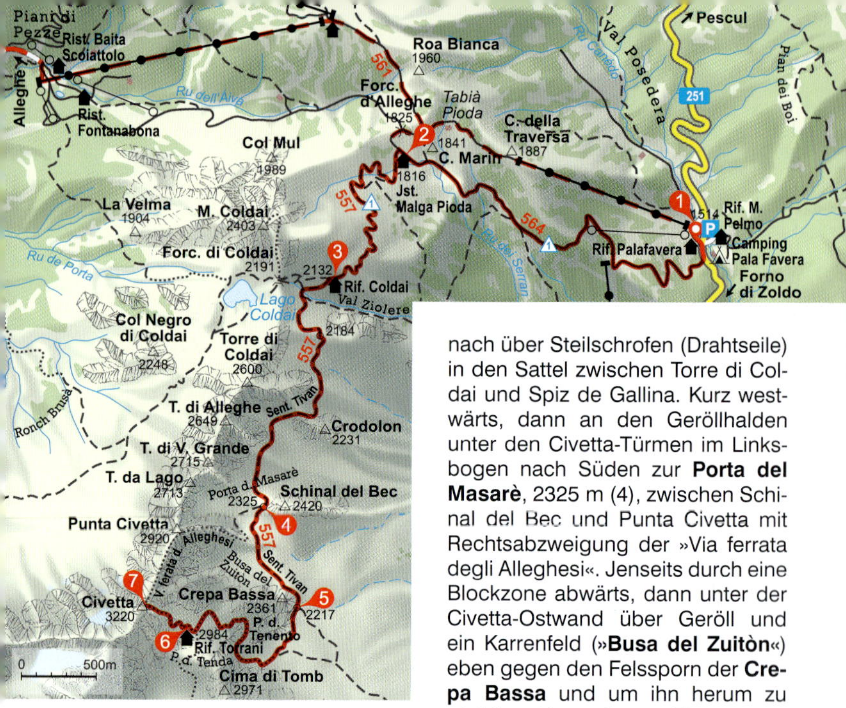

nach über Steilschrofen (Drahtseile) in den Sattel zwischen Torre di Coldai und Spiz de Gallina. Kurz westwärts, dann an den Geröllhalden unter den Civetta-Türmen im Linksbogen nach Süden zur **Porta del Masarè**, 2325 m (4), zwischen Schinal del Bec und Punta Civetta mit Rechtsabzweigung der »Via ferrata degli Alleghesi«. Jenseits durch eine Blockzone abwärts, dann unter der Civetta-Ostwand über Geröll und ein Karrenfeld (**»Busa del Zuitòn«**) eben gegen den Felssporn der **Crepa Bassa** und um ihn herum zu wichtiger Verzweigung (5).

Rechts auf dem bez. Civetta-Normalweg (keine Nummer!) die steile Geröllhalde unter den Ostwänden der Crepa Bassa nach Südwesten hinauf zum höchsten Punkt der Halde, danach über geröllbedeckte Platten nach rechts zum Einstieg in die Felsen. Einen breiten Kamin (I) 25 m hoch, dann über eine geneigte Platte (Drahtseil) schräg nach rechts auf ein Band und dieses zur plattigen, drahtseilgesicherten Unterbrechungsstelle **Passo del Tenento**. Auf dem wieder breiten Band, später über Geröll nach links hinauf in einen Kamin. Durch diesen (I) in anregender Kletterei 40 m empor, dann über Felsstufen nach rechts gegen eine senkrechte Wand. Über eine Rampe nach links empor zu einem Band und auf ihm nach rechts, schließlich durch einen Kamin in eine breite, meist schneegefüllte Rinne. An ihrer linken Seite im Zickzack vorerst über gestufte Felsen, dann über Geröll nach Westen hoch in den Sattel **Pian della Tenda** (unkotiert) zwischen Civetta Bassa und Civetta-Hauptgipfel. Nun über Geröll oder Schneereste hinauf zum **Rif. Torrani**, 2984 m (6). Auf bez. Steig (Vorsicht bei Schneelage und Vereisung!) die steile, schrofig-geröllige Südostflanke in Kehren empor zum Gipfel der **Civetta**, 3220 m (7, Kruzifix). **Abstieg** entlang der Aufstiegsroute.

2 Tage

Civetta-Höhenweg: Von Coldai nach Vazzolèr

24

Wander-Superlativ zu Füßen der Civetta-Nordwestwand

Die gewaltigen Dimensionen des sechs Kilometer breiten und zweitausend Meter hohen, durch ein Terrassenband in halber Höhe zweigeteilten Nordwestabbruchs der Civetta werden einem erst vor Ort bewusst. Ihr oberer Bereich, die eigentliche Nordwestwand, hat als »Wand aller Wände« unter Kletterern einen klingenden Namen. Die Begehung dieser Terrasse unter der »Riesenorgel« entlang, ist ein Wander-Highlight, ein Unternehmen, das schon vor 50 Jahren ein Mentor des Genusswanderns, Walter Pause, in seinen Büchern begeistert gewürdigt hat.

Talorte: Alleghe, 983 m, Urlaubsort im Cordevoletal. Listolade, 680 m, kleiner Ort an der Mündung des Val Corpassa in das Val Cordevole, 5 km von Agordo.
Ausgangspunkt: Siehe Tour 21.
Anforderungen: Einfache Wanderung auf bez. Wegen. Viel begangen!
Höhenunterschied: 730 m im Aufstieg, 1970 m im Abstieg.
Einkehr: Rist. Col dei Baldi (keine Nächtigung, mit dem Lift geöffnet), Jst. Malga Pioda (keine Nächtigung, bew. 15. Juni bis 15. Sept.). Rif. Coldai, Rif. Tissi, Rif. Vazzolèr (siehe S. 34/35). Rif. Capanna Trieste (18 B., bew. 1. April bis 30. Okt., Tel. +39 0437 660122 und +39 340 5028699, www.rifugiocapannatrieste.it).
Hinweis: Schon vor der Tour Infos über die Bus-Fahrzeiten ab Listolade einholen!

Auf der C. di Col Rean nahe dem Rifugio Tissi. Im Südwesten jenseits des Cordevoletales die Palagruppe mit der dunkelfelsigen Cima di Pape (Eruptivgestein) davor.

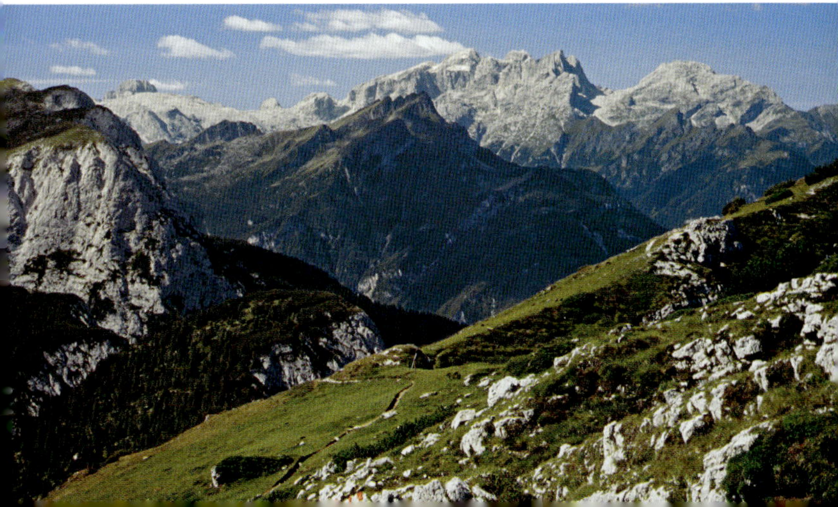

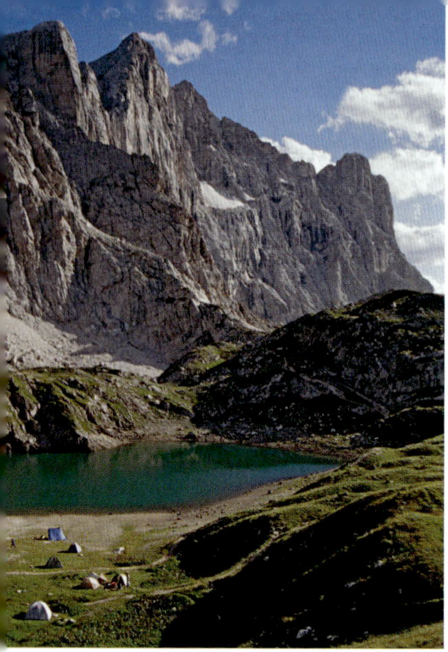

Der Coldaisee auf einer Terrasse zu Füßen der Civetta-Nordwestwand.

Von **Alleghe** (1) Liftfahrt auf den **Col dei Baldi**, 1922 m (4). Auf unbez. Fahrweg (Schitrasse) den Südostrücken des Berges über Wiesen hinab zur Linkseinmündung von Weg Nr. 561 (Dolomiten-Höhenweg Nr. 1) und mit ihm durch die Westseite der Roa Bianca nach Süden hinab zu querendem Fahrweg. Diesen nach rechts in die **Forc. d'Alleghe**, 1825 m (Verzweigung), und, ohne den Sattel zu überschreiten, im Linksbogen hinab zur **Jst. Malga Pioda**, 1816 m (5).
Rechts den Karrenweg Nr. 557 die begrünte Ostflanke des M. Coldai in weiten Kehren aufwärts, dann nach links an die Ostrippe des Berges und dort eine steile Mulde bergauf, zuletzt eben zum **Rif. Coldai**, 2132 m (6). Den Weg Nr. 560 durch das geröllige obere **Val Ziolere** westwärts hinauf in die **Forc. di Coldai**, 2191 m (7). Jenseits über blockübersäte Hänge nach Westen hinunter zu dem auf breiter Terrasse unter der Civetta-Nordwestwand ruhenden **Lago Coldai**, 2143 m (8). Am Nordufer des Sees entlang, dann steil nach links empor in einen Sattel. Einen Schutthang westwärts queren und hinauf zur **Forc. di Col Negro**, 2203 m (9). Jenseits in Kehren ziemlich tief gegen das **Val Civetta** hinunter, dann flache Querung, schließlich auf Ser-

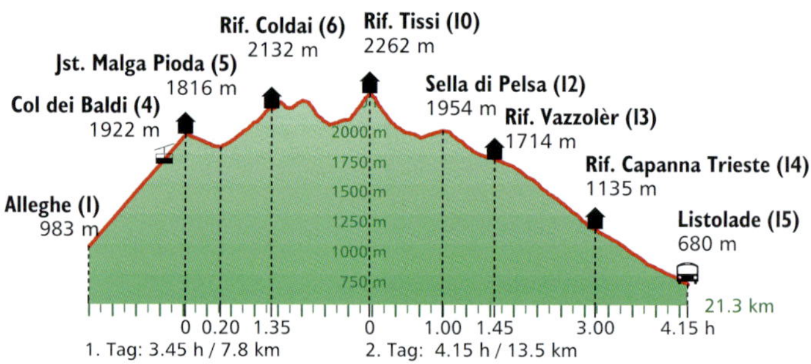

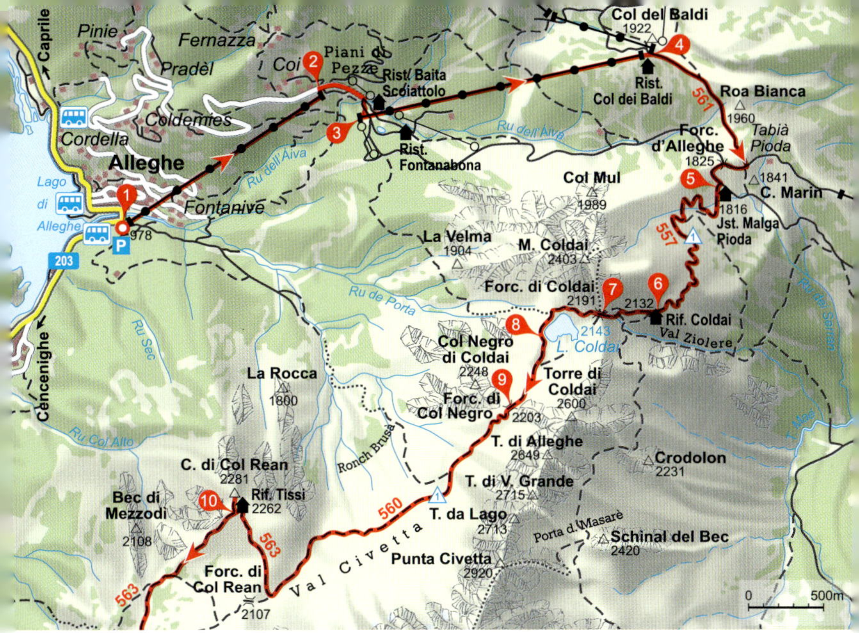

pentinensteig über Grashänge empor zur Wegteilung noch vor der Forc. di Col Rean. Rechts den bez. Steig Nr. 563 nach Norden hinauf zum **Rif. Tissi**, 2262 m (10), mit Einblick in die Civetta-Nordwestwand. Von der nahen C. di Col Rean (2281 m) atemberaubender Tiefblick auf den Alleghesee!

Auf Weg Nr. 563, an den grasigen Südhängen der C. di Col Rean eben nach Südwesten, später über die Südwestflanke des Berges durch Latschen und Almrosen steiler bergab in einen Sattel (2022 m, Verzweigung). Nicht geradeaus in Richtung Cas. Casamatta, sondern ein begrüntes Tälchen halb links nach Südwesten abwärts in das **Val Civetta** und dort zum Querweg Nr. 560. Auf ihm durch das Hochtal, an Dolinenmulden vorbei, abwärts zu den verfallenen Almhütten des **Cason di Col Rean**, 1895 m (11). Eine seichte Wiesenmulde (Bach) nach Südwesten aufsteigen und, an haus-

Die Tissihütte vor Pelmo und Torre Coldai.

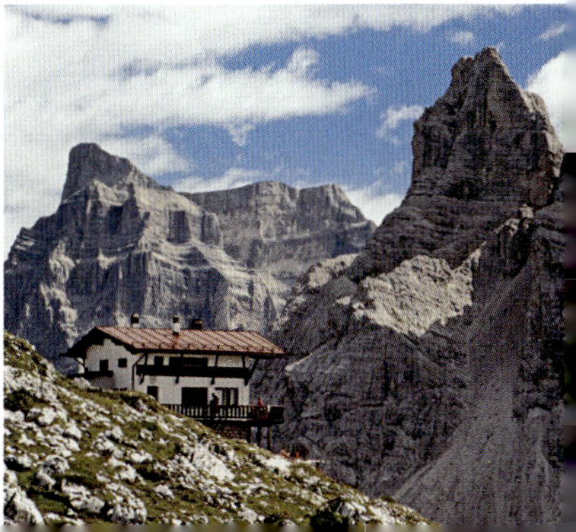

großen Felsblöcken vorbei, in die **Sella di Pelsa**, 1954 m (12), zwischen Pelsakamm und M. Alto di Pelsa. Jenseits vorerst über Wiesen, dann durch Latschen und lichten Baumbestand nach Süden abwärts zu querendem Fahrweg. Auf ihm steil hinab zur **Cas. Favretti**, 1827 m (bleibt rechts), danach in Kehren nach links (Osten) hinunter zu einer Verzweigung. Links auf Naturstraße an den Blockhalden unterm Torre Venezia nach Osten hinab in den Wald, dort südostwärts zu einer Teilung und rechts zu dem auf dem **Col Negro di Pelsa** inmitten eines gewaltigen Felsenrunds gelegenen **Rif. Vazzolèr**, 1714 m (13).

Auf Naturstraße (Weg Nr. 555) im lichten Nadelwald, mehrere Gräben ausgehend, nach Osten abwärts, später im Rechtsbogen, unter dem imposanten Torre Trieste vorbei, nach Süden hinab zu einer Verzweigung. Geradeaus die Straße in zahlreichen Kehren hinunter in das innere **Val Corpassa** und dort zum **Rif. Capanna Trieste**, 1135 m (14). Die asphaltierte Zufahrtsstraße durch das Tal auswärts nach **Listolade**, 680 m (15), an der Staatstraße Nr. 203 im Val Cordevole.

Rückfahrt per Bus nach **Alleghe** (1).

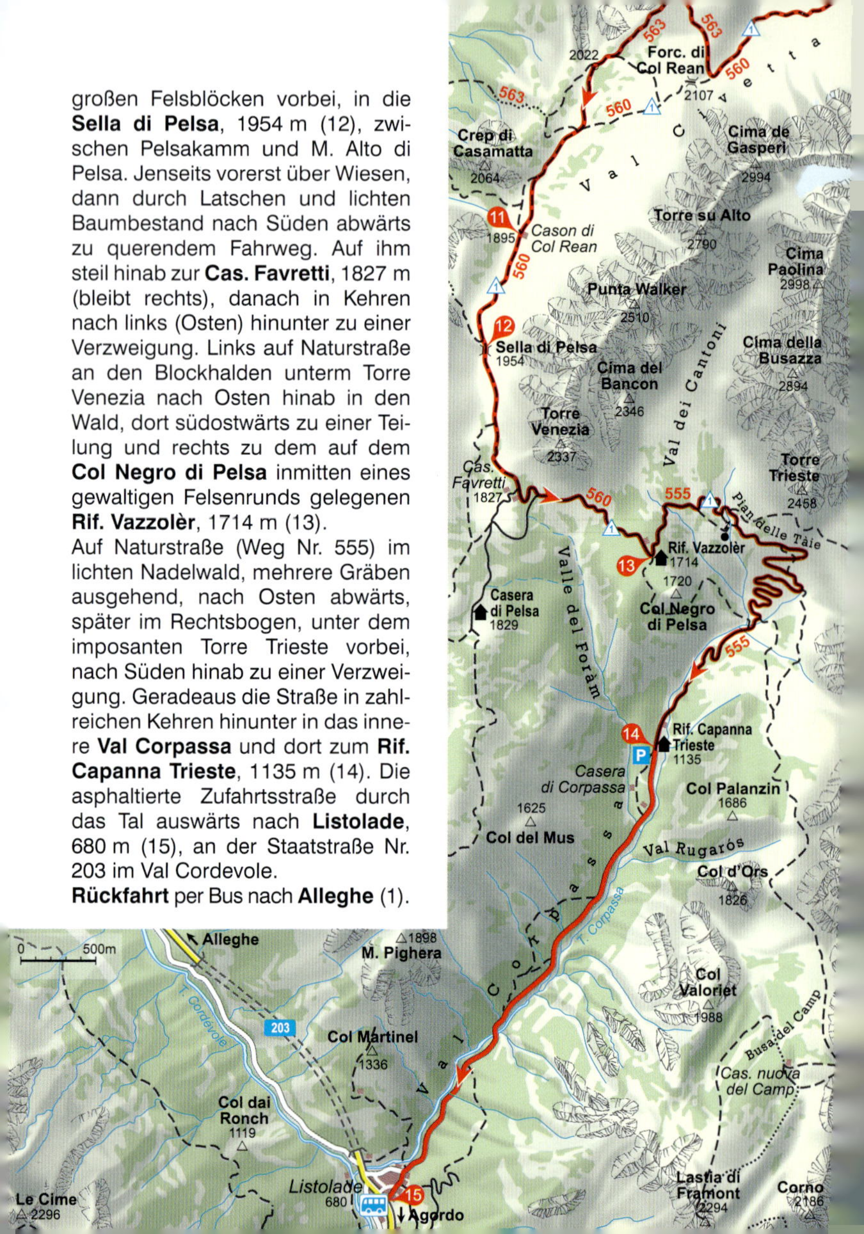

6.45 Std.

Monte Alto di Pelsa, 2417 m

Walkürenfels überm Abgrund

Aus der Umgebung der Vazzolèrhütte erscheint die Randerhebung des Monte Alto di Pelsa mit ihren Gras- und Schrofenhängen eher als »Kuhberg« denn als ein attraktives Gipfelziel. Doch welch eine Enthüllung, wenn am Gipfel der Blick in einen schaurigen 1700-Meter-Abgrund (Val Cordevole) frei wird, während, umgedreht, die Wände und Türme der Civetta und des Pelsakammes wie Stein gewordene Zyklopen vor einem stehen.

Talort: Listolade, 680 m, kleiner Ort an der Mündung des Val Corpassa in das Cordevoletal, 5 km von Agordo.
Ausgangspunkt: Rif. Capanna Trieste (1135 m, Parkplatz) im Val Corpassa mit asphaltierter Zufahrtsstraße, 4,5 km von Listolade.
Anforderungen: Einfache Wanderung auf großteils markierten Fahr- und Fußwegen. Im Gipfelanstieg unbez. Steigspuren (Vorsicht bei Nebel!).
Höhenunterschied: 1290 m im Auf- und Abstieg.
Einkehr: Rif. Vazzolèr (siehe S. 35). Rif. Capanna Trieste (18 B., bew. 1. April bis 30. Okt., Tel. +39 0437 660122 und +39 340 5028699, www.rifugiocapannattrieste.it), Cas. di Pelsa (Sommerbewirtschaftung, keine Nächtigung).
Hinweis: Vor der Gipfelbesteigung wird eine Übernachtung am Rif. Vazzolèr empfohlen.

Blick von der Cas. di Pelsa auf C. della Busazza, Torre Trieste und C. delle Sasse.

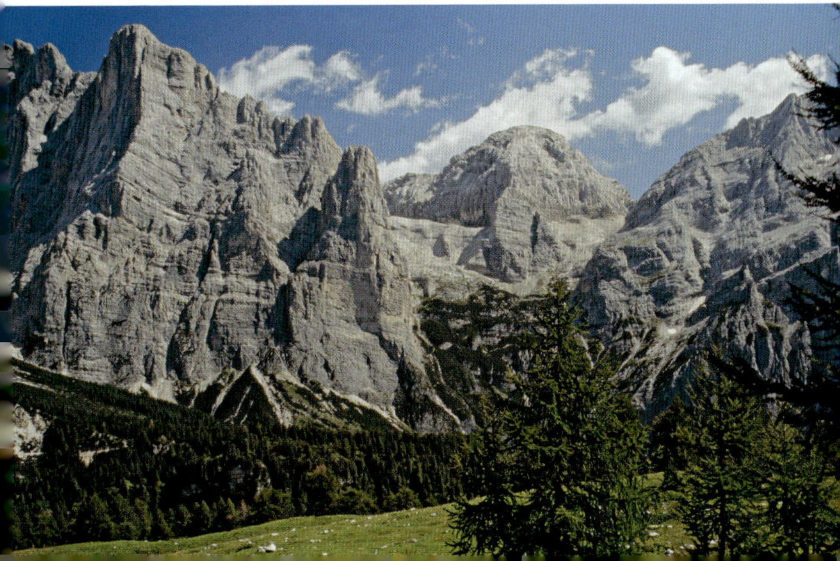

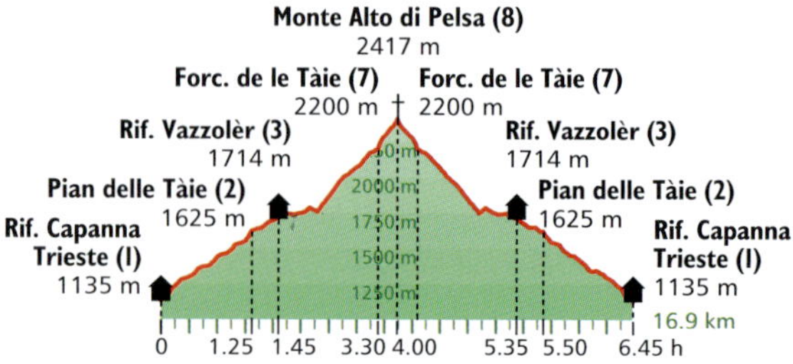

Vom **Rif. Capanna Trieste** (1) die Naturstraße mit Weg Nr. 555 (Fahrverbot) durch das **Val Corpassa** nach Nordosten aufwärts, später in Kehren gegen den Torre Trieste hinan zur Rechtsabzweigung von Weg Nr. 554 (Dolomiten-Höhenweg Nr. 1) an der vorletzten Linkskehre, 1430 m. Die Straße weiter bergauf, dann an den steilen Wiesenhängen unterm Torre Trieste gegen das **Val dei Cantoni** nach links (Nordwesten) empor zum **Pian delle Tàie**, 1625 m (2), mit Rechtsabzweigung von Weg Nr. 558. Weiterhin entlang der

Die sanften Almböden um die Cas. di Pelsa vor den großartigen Westwänden der Moiazza.

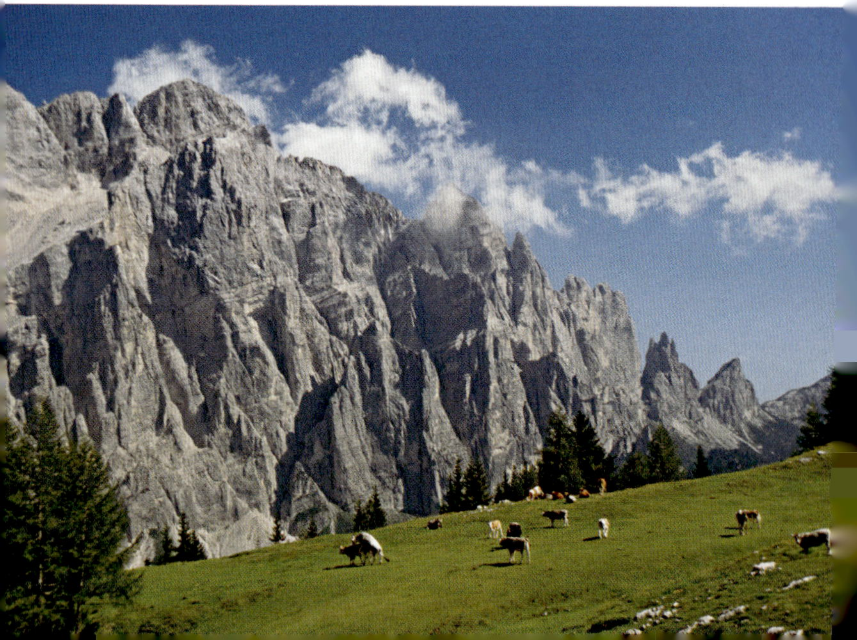

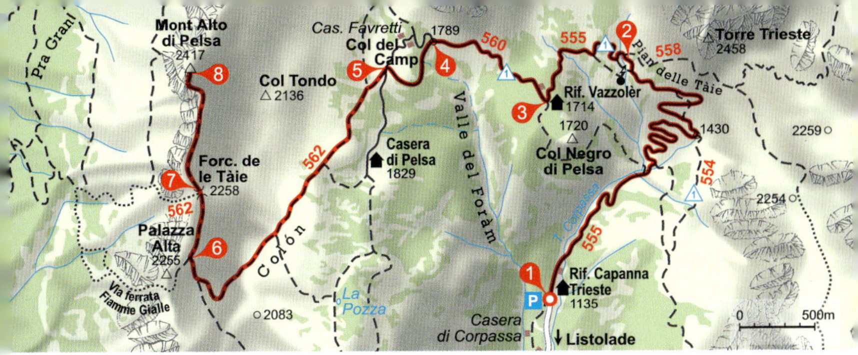

Straße durch Wald nach Westen empor zu einer Teilung und links haltend zu dem auf dem **Col Negro di Pelsa** gelegenen **Rif. Vazzolèr**, 1714 m (3). Die Naturstraße mit Weg Nr. 560 im Wald sanft nach Nordwesten aufwärts, dann an den Blockhalden zu Füßen des imposanten Torre Venezia westwärts zur Verzweigung, 1789 m, unterhalb der **Cas. Favretti** (4). Links ab und auf Fahrweg, den Col del Camp in weitem Bogen umgehend, zur Verzweigung (5) bei Linkskurve des Fahrwegs (führt zur nahen **Cas. di Pelsa**, 1829 m). Halb rechts ab und auf Fußweg Nr. 562 durch Buschwerk und Wiesen an den Hängen des Monte Alto di Pelsa nach Südwesten aufwärts bis auf etwa 2100 Meter, dann nach rechts (Nordwesten) steil hinauf zur Linksabzweigung des Weges auf die Palazza Alta (6, »Via ferrata Fiamme Gialle«). Geradeaus den Südrücken des Monte Alto di Pelsa empor in die **Forc. de le Tàie**, 2200 m (7), wo der bez. Weg Nr. 562 den Kamm nach links verlässt. Wieder geradeaus und auf unbez. Steigspuren über die geneigten Grashänge (Edelweiß!) knapp rechts der Kammhöhe weiter zum Gipfel des **M. Alto di Pelsa**, 2417 m (8).

Abstieg entlang der Aufstiegsroute.

Welch eine Hüttenlage! Das Rif. Vazzolèr unter der Felssäule des Torre Venezia.

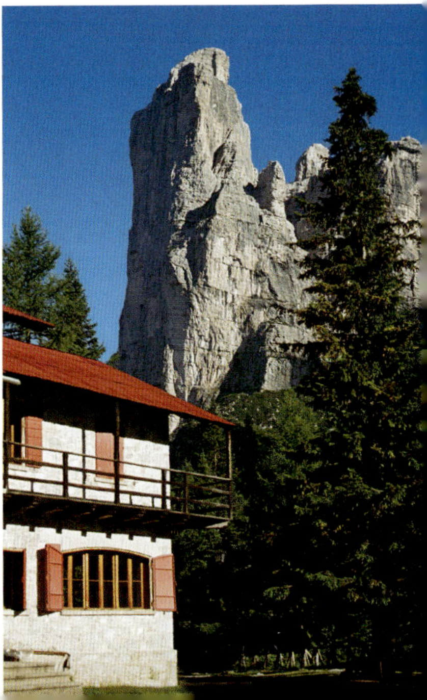

26 Bivacco Giuseppe Ghedini, 2601 m

2 Tage

Fantastische Felslandschaften im Süden der Civetta

Der Costantini Eisenweg durch die Wände der Cresta delle Masenade auf die Cima Moiazza Sud ist Insidern sicher ein Begriff. Für den, der als Wanderer in die Hochregion der Moiazza will, kommt ein Besuch des Bivacco Ghedini an der Forcella delle Nevere in Frage. Nahe, aber doch abseits des Klettersteig-Spektakels und ohne Gipfelziel ist das eine Tour für Landschaftsfreaks, denn es werden tolle Aus- und Einblicke zur Pala und in die Civetta-Südseite, auf die kühne Felssäule des Torre Trieste und der dahinter aufragenden Cima della Busazza geboten.

Talort, Ausgangspunkt: Siehe Tour 25.
Anforderungen: Einfacher, wegen des vielen Gerölls etwas beschwerlicher Steilanstieg für trittsichere Geher.
Höhenunterschied: 1560 m auf und ab.
Einkehr: Rif. Vazzolèr (siehe S. 35). Rif. Capanna Trieste (18 B., bew. 1. April bis 30. Okt., Tel. +39 0437 660122 und +39 340 5028699, www.rifugiocapannatrieste.it), Biv. Giuseppe Ghedini (6 L., stets geöffnet, aber nicht bewirtschaftet).
Hinweis: Für den Anstieg durch das Van delle Nevere wird im Frühsommer ein Pickel empfohlen.
Variante: Aus der Forc. delle Nevere können Geübte die C. Moiazza Sud, 2878 m, über die obere Via ferrata Costantini (nur mit Klettersteigset!) besteigen.

Die Civetta über dem Van delle Sasse von Süden, aus dem Van delle Nevere betrachtet.

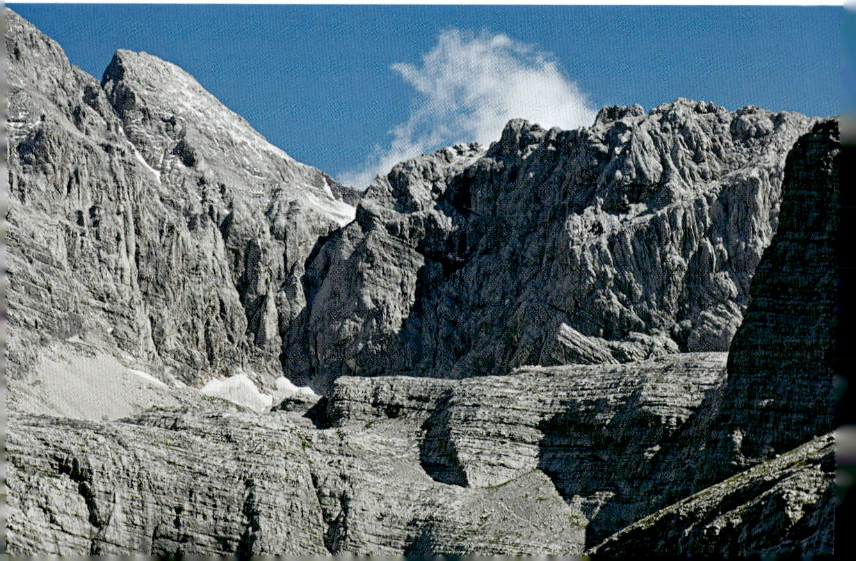

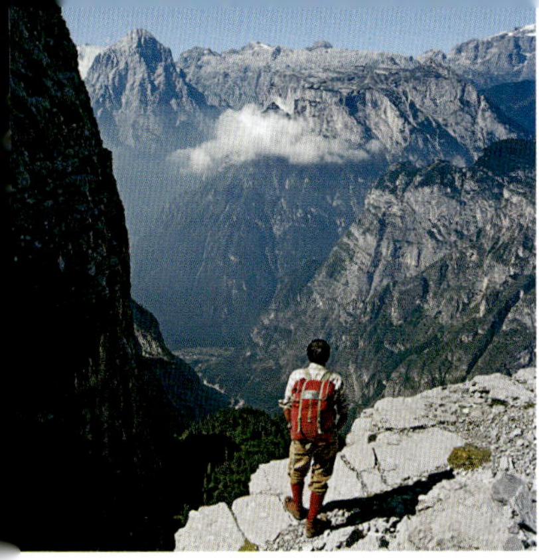

Die Palagruppe aus dem Nevere-Kar.

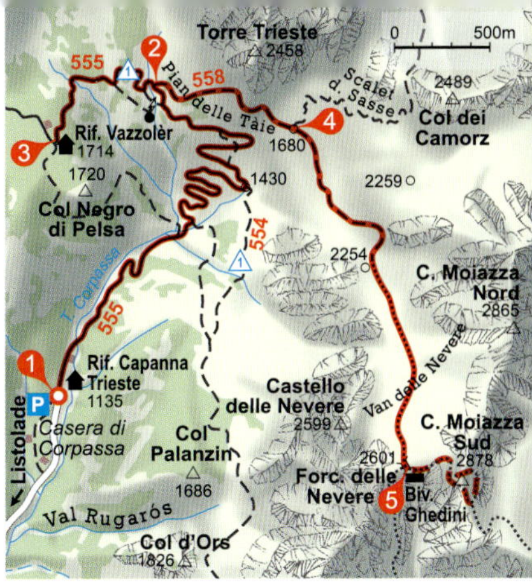

Vom **Rif. Capanna Trieste** (1) wie bei Tour 25 zum **Rif. Vazzolèr**, 1714 m (3). Die Straße zurück zum **Pian delle Tàie**, 1625 m (2), unter der Westwand des Torre Trieste. Links ab und den Weg Nr. 558 vorerst gegen den Torre Trieste hinauf, dann rechts zu einer Wiesenschulter, 1680 m (4, Verzweigung) unter der Südkante des Turmes. Rechts ab und auf bez. Steig (keine Nummer!) an den steilen latschenbewachsenen Hängen des **Scalet delle Sasse** südostwärts gegen die aus dem Van delle Nevere herabreichende Rinne. Vorerst über eine Rippe nach links gegen die Cima Moiazza Nord empor, später auf Geröllband nach rechts in die erwähnte, meist schneegefüllte Rinne. Durch sie steil bergauf und über ein Felsband nach rechts in das zwischen Moiazza-Hauptkamm links und Castello delle Nevere rechts eingelagerte **Van delle Nevere**. Durch das Block- und Geröllkar steil nach Süden empor in die **Forc. delle Nevere** mit dem **Biv. Ghedini**, 2601 m (5).
Abstieg entlang der Aufstiegsroute.

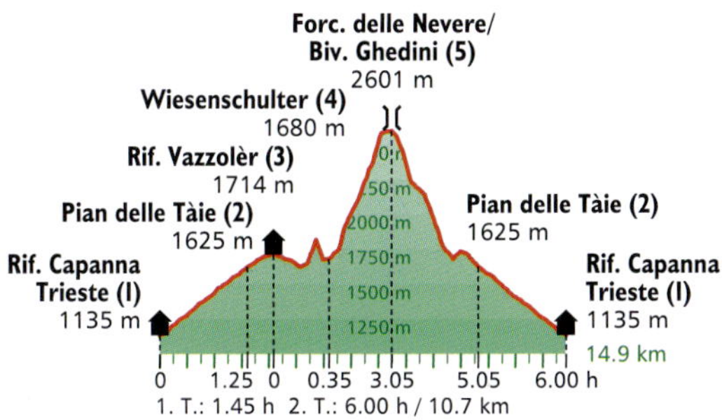

27 Lastia di Framont, 2294 m

6.30 Std.

Stolzer Adlerhorst über Agordo

Unterwegs am Dolomiten-Höhenweg Nr. 1 von der Vazzolèr- zur Carestiatohütte geht eigentlich ein jeder an seinem Glück vorbei. Denn wem kommt schon eine Besteigung des Lastia di Framont in den Sinn, der sich aus der Mulde um die Casere del Camp so betont unattraktiv gibt, während seine imposanten Südabstürze das Talbecken von Agordo beherrschen. Über diese »schwache« Nordostseite kann der Berg ohne Schwierigkeit erreicht werden, was eine lohnende Tagestour vom Passo Duran ergibt.

Talorte: Forno di Zoldo, 858 m, Hauptort des Zoldin. Agordo, 610 m, Städtchen in einer Weitung des Cordevoletales.
Ausgangspunkt: Passo Duran (1601 m; Parkplatz, zwei Gastbetriebe, kein Busverkehr), wenig frequentierter Dolomitenpass zwischen Moiazza- und Tàmergruppe, 14 km von Forno bzw. Agordo.
Anforderungen: Unschwierige Bergtour. Bis zur Cas. del Camp bez. Weg, danach unbez. Steigspuren. Nur bei nebelfreiem Wetter ratsam und lohnend!
Höhenunterschied: 800 m im Auf- und Abstieg.
Einkehr: Rif. Carestiato (siehe S. 34). Rif. Cesare Tomè und Rif. San Sebastiano, beide am Passo Duran (siehe S. 34/35).
Hinweis: Vor dem Gipfelanstieg empfiehlt sich eine Übernachtung am Rif. Carestiato.

Vom **Duranpass** (1) auf Weg Nr. 549 (Dolomiten-Höhenweg Nr. 1) über Wiesen und durch lichten Lärchenbestand nach Nordwesten empor zu querender Naturstraße. Auf ihr links haltend, westwärts, vorerst zur **Cas. del Duran**, 1744 m (2, links unterhalb), danach unter den Südwänden der Moiazzagruppe zu einer Schutthalde, zuletzt im Linksbogen (oder direkt auf Steig) hinauf zum **Col dei Pass** mit dem **Rif. Carestiato**, 1834 m (3).
Auf Weg Nr. 554 über den Rücken des Col dei Pass nach Norden zum Südwandfuß der Cresta delle Masenade (Rechtsabzweigung der »Via ferrata Costantini«). Nordwestwärts über eine Blockhalde, dann durch Buschwerk

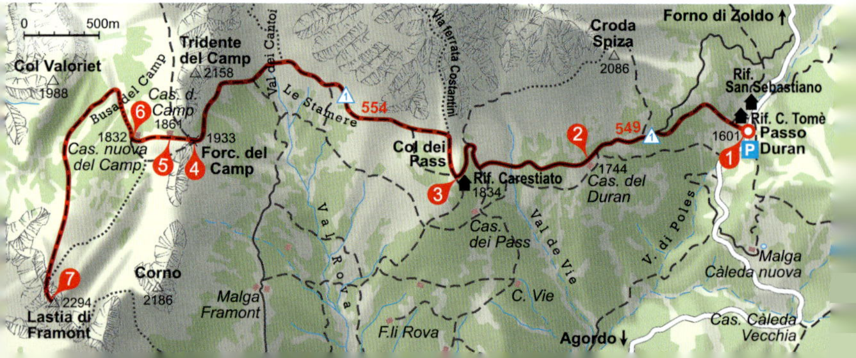

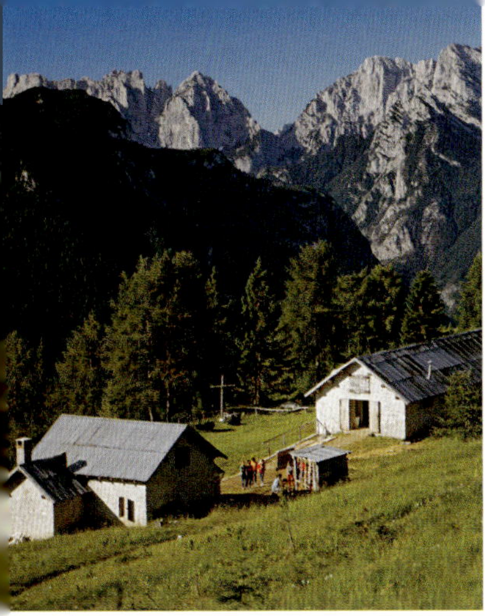

Die Casera del Duran vor den Felsrecken der Monti del Sole.

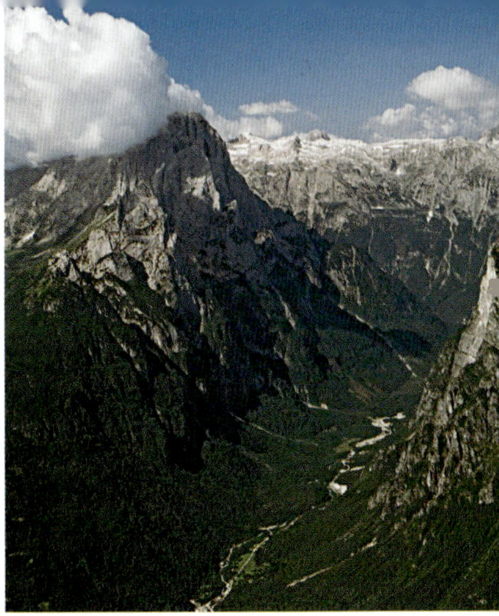

Tiefblick vom Lastia di Framont in das Valle di San Lucano (Palagruppe).

in das Kar **Van dei Cantoi**. Dort durch Latschen gegen die Türme der Tridente del Camp aufwärts, später nach links empor in die **Forc. del Camp**, 1933 m (4), zwischen Framont-Massiv und Tridente del Camp. Jenseits über eine Wiese in Kehren hinab zu den verfallenen Hütten der **Cas. del Camp**, 1861 m (5).

Links vom bez. Weg ab und über Wiesen (Steigspuren) westwärts hinab zur **Cas. nuova del Camp**, 1832 m (6). Auf unbez. Steig am linken Rand der **Busa del Camp** nach Norden hoch, später scharf nach links und über die begrünte Nordostflanke des Berges solange empor, bis sich der Steig verliert. Durch eine Mulde (Quelle) rechts hinauf an den Nordwestrücken. Links von ihm durch eine parallel verlaufende Mulde an den Gipfelgrat und über ihn auf den **Lastia di Framont**, 2294 m (7).

Abstieg entlang der Aufstiegsroute.

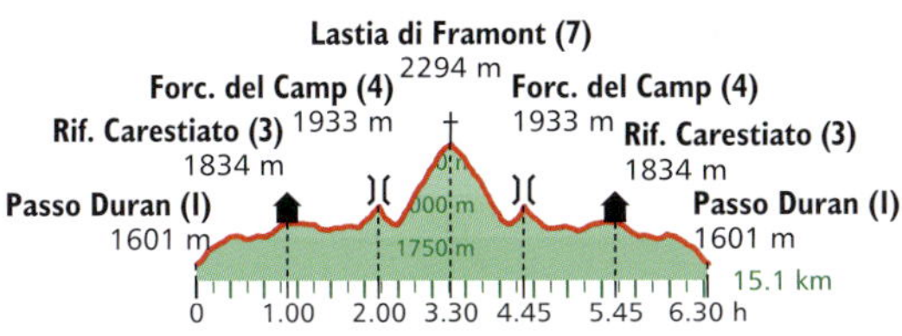

28 Crep di Pecol, 1811 m, und Monte della Grava, 1877 m

2.30 Std.

Wander-Abenteuer für Schauhungrige

Der bis hoch hinauf bewaldete Crep di Pecol in Oberzoldo ist der einzige im Sommer per Seilbahn erreichbare Gipfel des Tales. Von ihm führt ein schöner Kammweg in die Forcella del Tolp vor dem Spiz de Zuèl, der »mitgenommen« werden kann. Als »Knalleffekt« entpuppt sich danach der Abstieg zur Talstation, ein nur sporadisch markierter Pfad durch mannshohes Gras und dichte Wälder, dem felsgewaltigen Monte Pelmo entgegen.

Talort: Pecol, 1382 m, Winter- und Sommersportort im Oberzoldo.
Ausgangspunkt: Talstation (1390 m, Großparkplatz) der Cabinovia Crep di Pecol im südl. Ortsbereich von Pecol. Bergstation, 1765 m, auf der Wiesenschulter »Pian del Crep« südöstl. unterm Crep di Pecol. Betrieb je nach Lage der Wochenenden 1./5. Juli bis 25./31. August, täglich 9–17 Uhr, www.valdizoldo.net/it/eventi/apertura-cabinovia-pecol-estate.
Anforderungen: Leichte Wanderung auf bez. Wegen. Im Abstieg von der Forc. del Tolp teils sumpfige Wiesen mit hohem Gras. Orientierungsvermögen nötig!
Höhenunterschied: 240 m im Aufstieg, 620 m im Abstieg.
Einkehr: Gastbetriebe in Pecol. Bar-Café an der Talstation und Rist. Pian del Crep an der Bergstation des Crep-di-Pecol-Lifts (beide keine Nächtigung, mit der Seilbahn geöffnet). Unterwegs keine Einkehr.
Varianten: Bei Nichtbetrieb der Cabinovia kann der Pian del Crep zu Fuß auf Weg Nr. 585 (Wegbeginn im Osten des Großparkplatzes an der Talstation) in 1¼ Std. erreicht werden. Von der Forc. del Tolp Besteigungsmöglichkeit des Spiz de Zuèl (1½ Std. gesamter zusätzlicher Zeitaufwand; siehe Tour 29!).

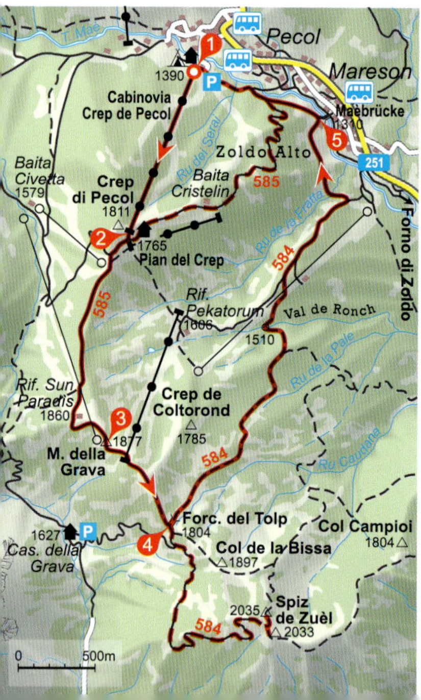

Von **Pecol** (1) Liftfahrt auf den **Pian del Crep**, 1765 m (2). Die Naturstraße mit Weg Nr. 585 (bei Teilung links) über Wiesen nach Süden hinab in den Wald und dort zum tiefsten Punkt. Nun am Höhenrücken oder knapp rechts von ihm im Lärchenwald nach Süden hoch, später über Wiesen zu einer Verzweigung (Weg Nr. 585 wendet sich nach rechts). Die Straße weiter aufwärts, dann im

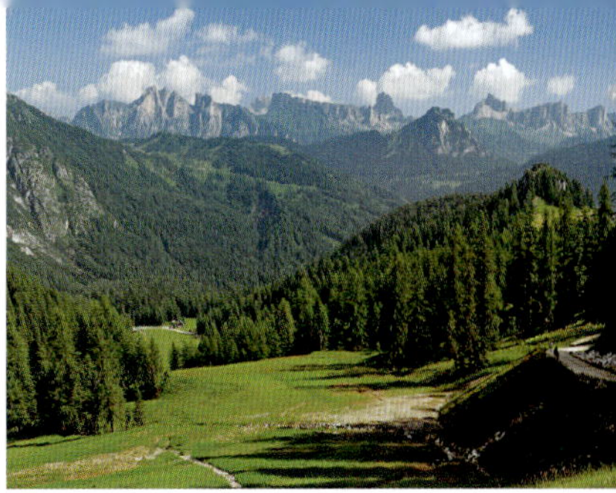

Rückblick vom Monte della Grava auf Croda-da-Lago- und Nuvolaugruppe.

Linksbogen auf den Nordgipfel, 1877 m, und weiter zum Südgipfel des **M. della Grava**, 1877 m (3, Schlepplift-Bergstationen). Jenseits auf Fahrweg, an der Schulter **Camar Bianch**, 1850 m, vorbei, über den Wiesenrücken abwärts, später im Lärchenwald zur **Forc. del Tolp**, 1804 m (4), mit Querweg Nr. 584 (auf ihm rechts zur alten Kriegsstraße, die einen in 45 Min. auf den Spiz de Zuèl, 2035 m, bringt; siehe Tour 29!). Links auf Weg Nr. 584 in Richtung Pianaz durch hohes Gras und Buschwerk (Markierung an Holzpflöcken und einzelnen Bäumen) nach Nordosten abwärts, dann durch sumpfige Lärchenwiesen zu einer Teilung. Links haltend steiler bergab in den Wald und dort auf besser erkennbarem Fußweg unterhalb der rötlichen Wand des Crep de Coltorond in Kehren nach Nordosten hinunter in das **Val de Ronch**, 1510 m. Kurz auf Holzsteg, dann einen steilen Grashang hoch zu einem Schlepplift und neben ihm 100 m abwärts zu einer Schotterstraße. Auf ihr nordwärts hinab zu den Wiesen von Pianaz und über diese zu einer Verzweigung. Links auf unbez. Fahrweg am Waldrand eben nach Nordosten, dann im Rechtsbogen zur Maèbrücke, 1310 m (5), bei **Mareson**. Vor der Brücke (!) links ab und auf Fahrweg, an der Linksabzweigung von Weg Nr. 585 vorbei, im Wald nach Nordwesten aufwärts zu einer Rechtskehre. Links ab und auf Fußweg empor zum Parkplatz an der Talstation der **Cabinovia Crep di Pecol**.

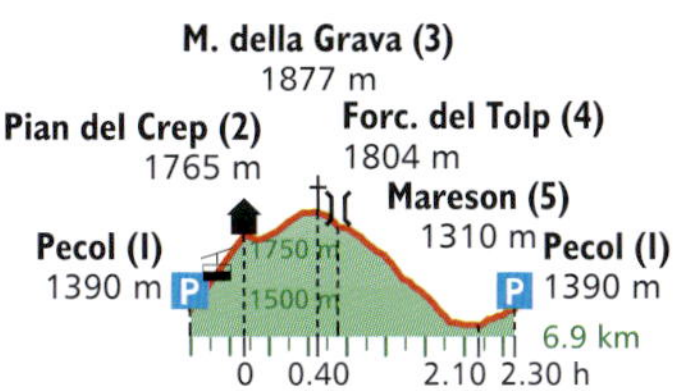

Blickfang im Abstieg von der Forc. del Tolp ist natürlich der Monte Pelmo.

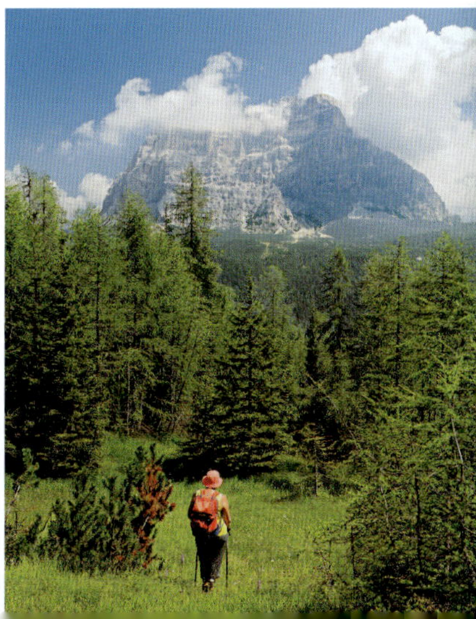

29 Spiz de Zuèl (Spiz Agnellessa), 2035 m

2.15 Std.

Leicht erreichbarer Aussichtsberg im Schatten der Moiazza

Der Moiazzagruppe ist an der Zoldo-Seite die Graskuppe des Spiz de Zuèl vorgelagert. Zu ihr führt von der Casera della Grava im gleichnamigen Hochtal eine alte Kriegsstraße hinauf, was die strategische Bedeutung des Berges unterstreicht. Weder steil noch anstrengend ist dieser Anstieg und damit auch bei weniger gutem Wetter zu empfehlen. Und er führt auf einen der besten Panoramapunkte des Gebiets!

Talort: Forno di Zoldo, 858 m, Hauptort des Zoldotales.
Ausgangspunkt: Casera della Grava (1627 m, Parkmöglichkeit entlang des Fahrwegs oberhalb der Alm) im Val della Grava östl. der Moiazzagruppe. Zufahrt: Von Forno die Staatsstraße Nr. 347 (Duranstraße) über Dont zur Rechtsabzweigung der schmalen Asphaltstraße in das Val della Grava 50 m nach dem Dörfchen Chiesa (8 km) und auf ihr nordwärts zur Casera, 11 km von Forno.
Anforderungen: Ganz einfache Wanderung auf unbez. Kriegsstraße.
Höhenunterschied: 410 m im Auf- und Abstieg.
Einkehr: Cas. della Grava (keine Nächtigung, Getränke, Milchprodukte, 15. Juni – 15. Sept. 6–20 Uhr geöffnet).
Variante: Wegen der schmalen Zufahrtsstraße (kaum Ausweichen!) und des ungünstigen Parkraums an der Cas. della Grava empfiehlt es sich, das Auto in Chiesa zu parken und entlang der Straße zur Gravaalm zu wandern. 1½ Std. gesamter zusätzlicher Zeitaufwand.

Herrliche Lärchenwiesen säumen den Weg auf den Spiz de Zuèl.

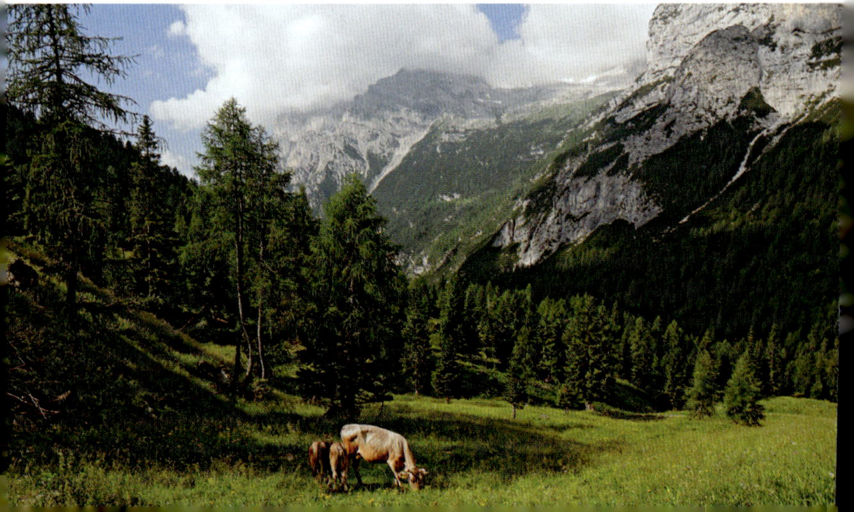

Von der **Cas. della Grava** (1) die angegrünte Kriegsstraße von 1916 (Weg Nr. 584, Fahrverbot) ostwärts über eine Wiese in Kehren bergauf, dann an der linken Seite einer seichten Mulde über Lärchenwiesen weiter zur Linksabzweigung (1790 m) gegen die Forc. del Tolp (2). Die Straße geradeaus und im Rechtsbogen durch herrlichen Lärchenwald südwärts an den Westrücken und um ihn nach links herum in die Südseite des Spiz de Zuèl.

Dort durch freies Wiesengelände, an einer Quelle vorbei, teils in Kehren nach Osten empor zum Straßenende am Sattel, 2020 m, zwischen beiden Gipfeln. Nun auf Fußweg über den Wiesenrücken kurz nach rechts empor zum baumfreien **Spiz-de-Zuèl-Hauptgipfel**, 2033 m (3, Südostgipfel). Zurück in den Sattel 2020 m und dort kurz nach rechts empor auf den zwei Meter höheren **Spiz-de-Zuèl-Nordwestgipfel,** 2035 m (4, Handymast, kleine Hütte). Prachtvolle Schau auf Pelmo (Norden), Marmarole und Antelao (Nordosten), Bosconero (Osten), Prampèr-Dolomiten (Südosten), Duranpass mit Monte Zélo und Monti del Sole dahinter (Süden), Moiazza-Civetta (Westen), Nuvolau und Croda da Lago (Nordwesten).

Abstieg entlang der Aufstiegsroute.

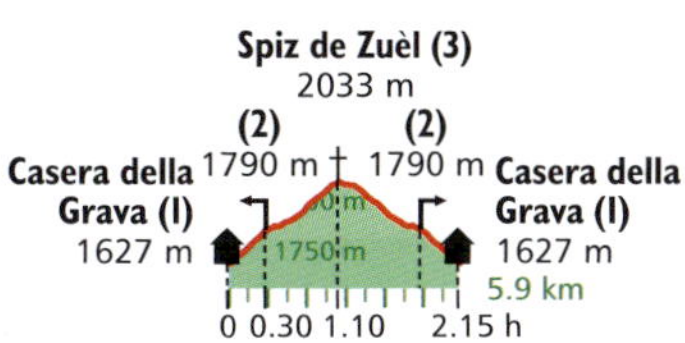

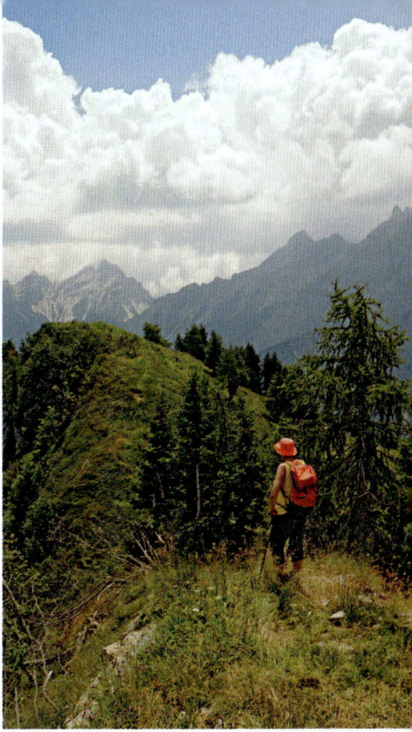

Der Hauptgipfel des Spiz de Zuèl vom Nordwestgipfel mit C. di Prampèr dahinter.

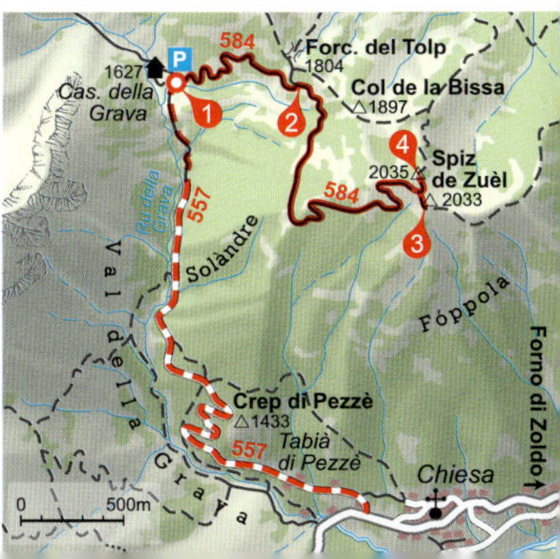

30 Belvedere, 1964 m

5.45 Std.

Wie schon der Name sagt …

Die Felskuppe des Belvedere im Norden des Turmlabyrinths der Spiz di Mezzodi ist ein unter Kennern geschätztes Ziel. Von Forno di Zoldo auf markierten Wegen zugänglich, wird eine Gipfelbesteigung bei Übernachtung in der Angelinihütte auch zu »unchristlicher« Tageszeit ermöglicht. Diese Gelegenheit sollte man, des tollen Rundblicks auf Zoldiner und Ampezzaner Dolomiten wegen, tunlichst nützen!

Talort: Siehe Tour 29.
Ausgangspunkt: Die Maèbrücke (Ponte Rio Jordan, 840 m) im Zentrum von Forno.
Anforderungen: Einfacher, aber anstrengender, steiler Anstieg auf bez. Wegen. Trittsicherheit nötig! Nächtigung im Rif. Angelini empfohlen.
Höhenunterschied: 1130 m im Auf- und Abstieg.
Einkehr: Gaststätten in Forno. Rif. Giovanni Angelini »Sora l' Sass« (siehe S. 34).
Varianten: Die Angelinihütte kann aus dem Val Prampèr (Pian de la Fopa; Tour 31!) auch über eine Via ferrata (Weg Nr. 534, nur mit Klettersteigset!) erreicht werden. Von der Hütte lohnender Besuch des Piccolo Belvedere, 1575 m, nordwestl. des Hauses mit informativem Überblick über das Zoldotal (beschilderter Steig, 5 Min.). Im Gipfelanstieg können Geübte dem rechts abzweigenden »Sentiero attrezzato« Nr. 532 folgen, der einen durch eine Rinne zur Verzweigung im Kar »Giaròn dantre i Spiz« bringt. Links über Bänder in eine Schlucht, aus ihr über senkrechte Felsen (Drahtseil) hinauf und auf den Belvedere.

Im Ortszentrum von **Forno di Zoldo** (1) über die Maèbrücke und jenseits durch die Via degli Emigranti und die Via Prampèr zum **Torrente Prampèr**. Rechts von ihm aufwärts, dann an das linke Ufer und dort zu einer Teilung. Rechts die Via Prampèr durch den Ortsteil **Fain**, dann auf unbez. Fahrweg nach Südwesten hinauf zu einer Forststraße. Die unbez. Straße an der linken Seite des **Val Prampèr** im Wald aufwärts zu einer Geschiebe-Stützmauer. Unterhalb von ihr (Holzsteg) nach rechts über die Prampèra und jenseits nach Südwesten empor zur Prampèrtalstraße an der Lichtung **Castelaz**, 996 m (2, Heuhütte).
Ohne der Straße zu folgen auf Fußweg Nr. 525 wieder nach links über die Prampèra (Brücke), danach durch Wald nach Osten bergauf und nach links in ein felsiges Tälchen, das traversiert wird. Jenseits an licht bewaldeter steiler Bergrippe in Kehren empor auf die Mezzodì-Hochfläche. Dort nach rechts zu einer **Aussichtskanzel**, dann durch einen seichten Waldgraben aufwärts zu der auf idyllischer Wiesenlichtung gelegenen **Cas. di Mezzodì**, 1349 m (3), mit dem Querweg Nr. 534 bei einer Quelle. Diesen an den Waldhängen, unterhalb einer Wand entlang, nach rechts (Süden) aufwärts in das **Valòn Piccol**. Durch das steile Felsental nach Südosten hinauf in einen Waldsattel,

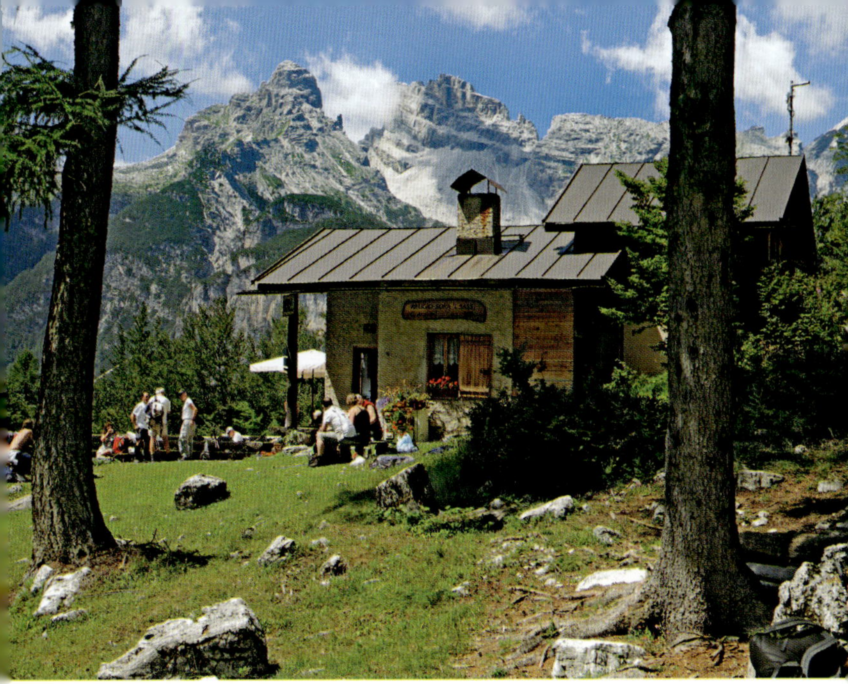

Das Rif. Angelini »Sora l'Sass«, im Westen dahinter C. de la Gardesana und M. Tàmer.

1595 m, und jenseits zur Wiese Sora l'Sass di Mezzodì mit dem an der Abbruchkante gegen das Prampèrtal stehenden **Rif. Angelini**, 1588 m (4). Auf Weg Nr. 532 unter den Nordabstürzen der Mezzodìtürme im Wald nach Osten aufwärts zu einer Teilung, 1656 m (5). Geradeaus die **»Variante Sentiero«** (rechts der »Sentiero attrezzato«) im Wald weiter bergauf, später an der steilen Nordflanke des Belvedere durch Latschen und Geröll hinauf und

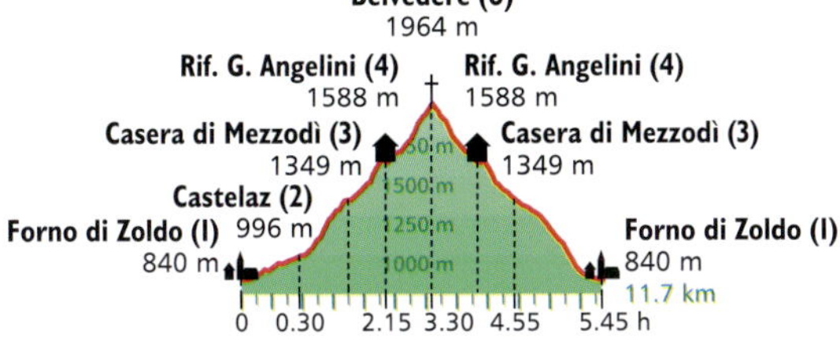

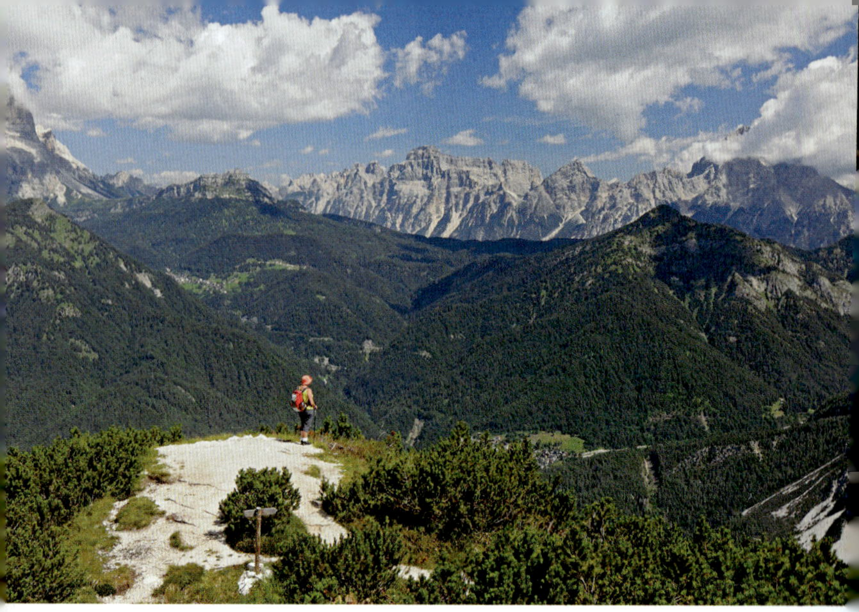

Der famose Aussichtsplatz »Belvedere« mit Sorapiss, Marmarole und Antelao im Norden.

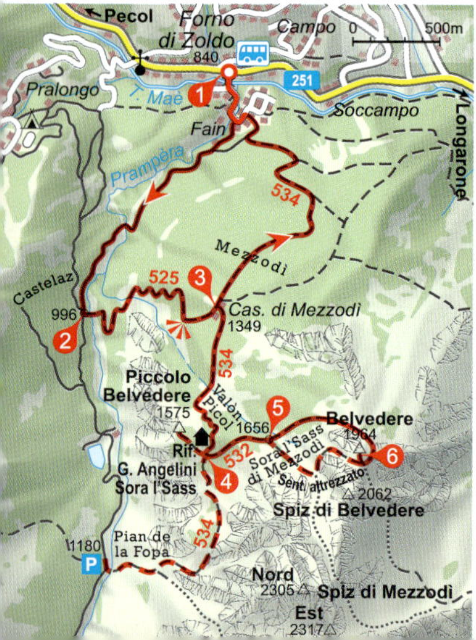

nach rechts in die Ostseite. Dort durch Latschen steil empor auf die begrünte Kuppe des **Belvedere**, 1964 m (6).

Abstieg: Auf bekanntem Weg zurück zur Cas. di Mezzodì, 1349 m. Vom Wirtschaftsgebäude den Weg Nr. 534 durch Wald nach Nordosten hinab zum nördlichen Abbruchrand der Mezzodì-Hochfläche. Über die Waldflanke in Kehren abwärts, schließlich nach links zu einer Wiese mit Naturstraße. Auf ihr rechts haltend am Waldrand entlang, dann im Linksbogen zu einer Teilung. Links durch die Via Baron nach Südwesten hinab zur Verzweigung Via Baron/Via Prampèr und in das Zentrum von **Forno di Zoldo** (1).

4.15 Std.

Malga di Prampèr und Rif. Sommariva, 1857 m

31

In das Herz der Prampèr-Dolomiten

Dass der Hüttenbau auf Pramperèt 1923 Wirklichkeit wurde, ist keinem Verein, sondern der Initiative eines Einzelnen zu danken, dem aus Forno di Zoldo stammenden ehemaligen Wiener Eisverkäufer Tita Sommariva. Inmitten der Prampèr-Dolomiten gelegen, ist er Stützpunkt für alle drei Untergruppen: Tàmer, Talvena und Prampèr. Man erreicht das Rifugio durch das Prampèrtal, am paradiesischen Pian dei Palui und der Malga di Prampèr vorbei. Auch ohne Gipfel ist das eine lohnende Tour, denn es kommen Landschaftsfreaks und Hüttenbummler gleichermaßen auf ihre Kosten.

Herbst auf der Malga di Prampèr, über der sich die Türme der Spiz di Mezzodì glanzvoll in Szene setzen.

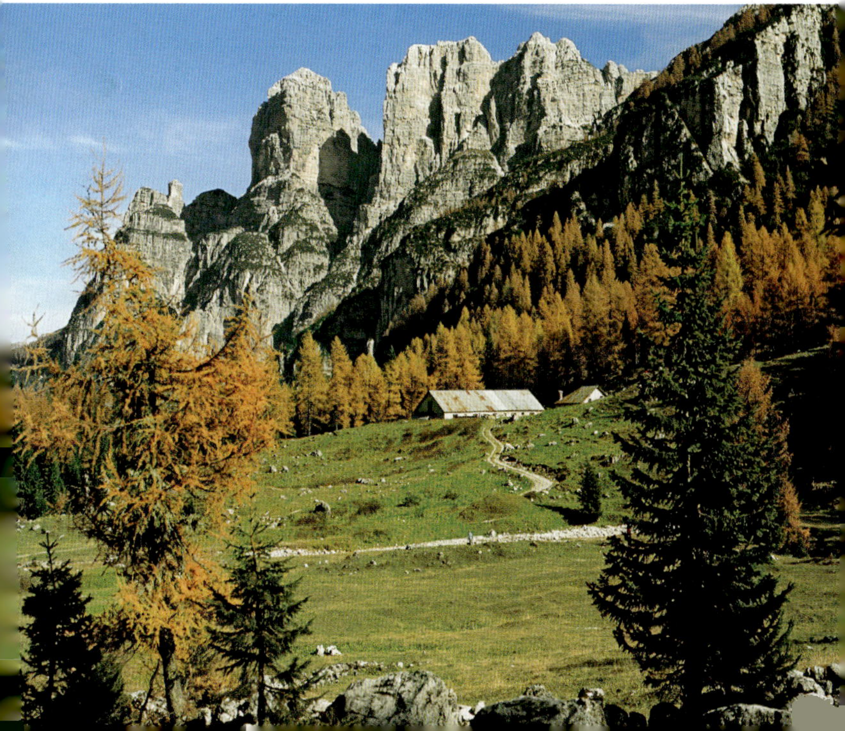

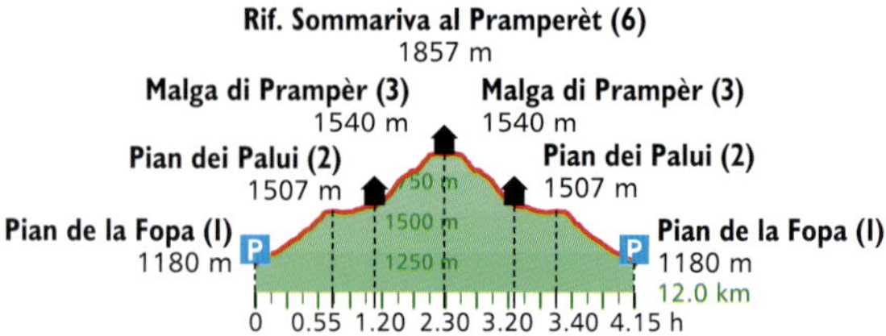

Talort: Siehe Tour 29!
Ausgangspunkt: Parkplatz Pian de la Fopa, 1180 m, im Val Prampèr, am Ende der öffentl. befahrbaren Zufahrtsstraße von Forno di Zoldo (Abzweigung bei der Kirche San Antonio im westl. Ortsbereich), 4 km.
Anforderungen: Einfaches Unternehmen auf bez. Fahr- und Fußwegen.
Höhenunterschied: 680 m im Auf- und Abstieg.
Einkehr: Mehrere Gastbetriebe in Forno di Zoldo. Malga di Pramper und Rif. Sommariva (siehe S. 34/35).
Varianten: Der Pian de la Fopa ist von Forno lohnend auch zu Fuß zu erreichen: Wie bei Tour 30 nach Castelaz und auf der Pramperèrtalstraße weiter zum Parkplatz, 1 Std. Vom Pian dei Palui erreicht man die Pramperalm schöner auf bez. Fußweg links der Prampera.
Hinweis: Vom Parkplatz Pian de la Fopa zur Pramperalm fährt im Sommer halbstündig ein kostenpflichtiges Shuttle-Taxi (im August täglich; im Juni, Juli, Sept. nur Sa., So. und Fei. 9,30–17 Uhr; Tel. +39 348 6700 786, www.zoldobus.it). Auf und ab spart man in Summe 2 Std. Gehzeit.

Das Rifugio Sommariva auf Pramperèt ist noch ein richtiges Bergsteigernest.

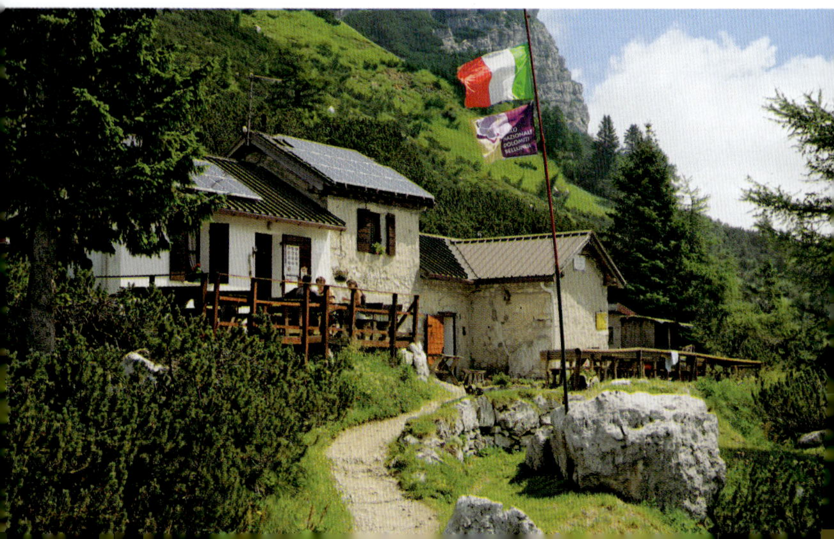

Vom **Parkplatz Pian de la Fopa** (1) die Bergstraße mit Weg Nr. 523 (Fahrverbot) zur Rechten des Schotterbettes der Prampèra nach Süden bergauf, später nach rechts in den Wald und dort in Kehren (Steilstücke staubfrei) nach Südwesten hinauf zu dem von einzelnen Nadelbäumen bestandenen, traumhaft schönen Wiesenboden **Pian dei Palui**, 1507 m (2), der im Nordosten von den Türmen der Spiz di Mezzodì überragt wird – ein Glanzpunkt der Süddolomiten! Entlang der Straße über die Wiesenfläche, danach rechts der Prampèra im lichten Baumbestand weiter, zuletzt nach links (Osten) empor zur **Malga di Prampèr**, 1540 m (3).

Den bez. Weg Nr. 523 durch lichten Wald und Latschen bald steil nach Südosten aufwärts zu einer wilden Schuttreise von der C. di Prampèr herab. Links des Schuttstroms steil hinauf, dann über ihn nach rechts und im Waldgelände weiter zu einem gemauerten **Bildstock**, 1753 m (4). Kurz bergab, danach zur Linken eines Tälchens (an einer Felspassage kurzes Drahtseil) steil empor zur Gedenktafel an Corrado Sommariva und weiter in den sanften Wiesensattel der **Forc. del Pramperèt** (auch »Pra de la Vedova«), 1860 m (5), zwischen Talvena- und Prampèrgruppe. Jenseits, an der Rechtsabzweigung der Wege Nr. 543 und 514 vorbei, über die Wiese eben nach Osten zu dem am Abbruchrand gegen Val Pramperèt/Val Costa dei Nass gelegene **Rif. Sommariva**, 1857 m (6).

Abstieg entlang der Aufstiegsroute.

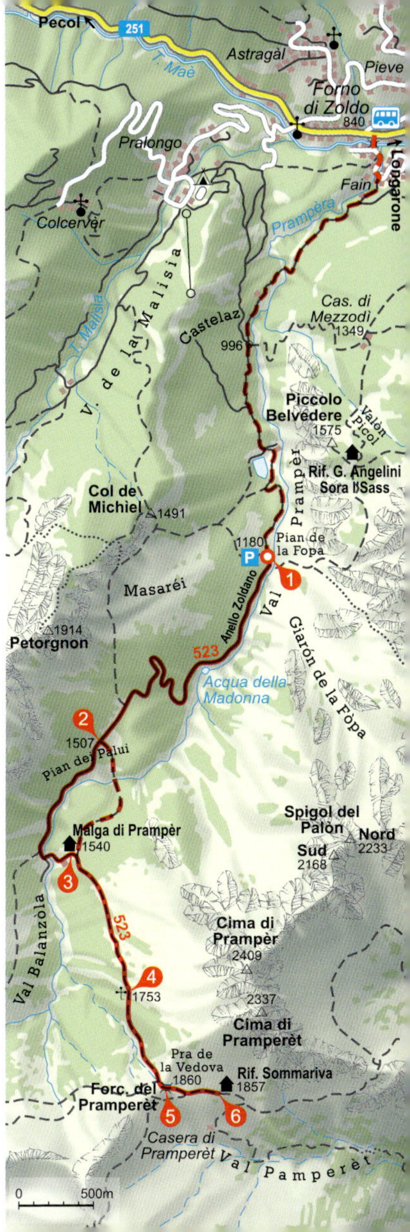

32 Casera di Cornia und Cima del Venièr, 2237 m

2 Tage

Ein total vergessener Winkel im Prampèr-Reich

Im Gebiet der Cima di Prampèr finden sich nur wenige dem Bergwanderer zumutbare Gipfelziele. Wer aber keine allzu hochtrabenden Pläne hat, kann mit einer Besteigung der Cima del Venièr durchaus glücklich werden. Wir starten die Gipfelbesteigung an der Sommarivahütte, die wir tags zuvor durch das Prampèrtal erreicht haben. Über die Forcella Piccola und das abgeschiedene Kar um die Casera di Cornia erreichen wir die äußerst selten besuchte Höhe.

Talort, Ausgangspunkt: Siehe Tour 29.
Anforderungen: Lange, nicht allzu anspruchsvolle Bergtour. Bis zur Cas. di Cornia bez. Weg, später unbez. Steigspuren oder verfallene Steige. Im Schlussanstieg Trittsicherheit und etwas Klettererfahrung (Passagen im Grad I) nötig. Nur bei gutem Wetter!
Höhenunterschied: 1480 m im Auf- und Abstieg.
Einkehr: Mehrere Gastbetriebe in Forno di Zoldo. Malga di Prampèr und Rif. Sommariva (siehe S. 34/35).
Hinweis: Von der Cas. di Cornia kann man auf Weg Nr. 521 in 2 Std. zum Weiler Ospitale (661 m) im äußeren Zoldotal absteigen und von dort per Bus (Fahrzeiten vorher erfragen!) nach Forno di Zoldo gelangen.

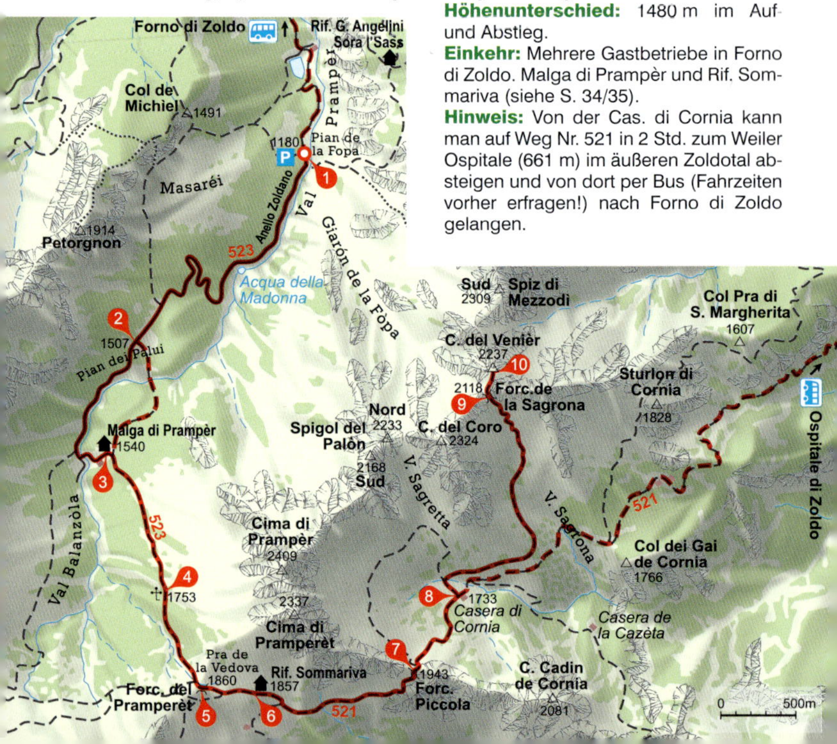

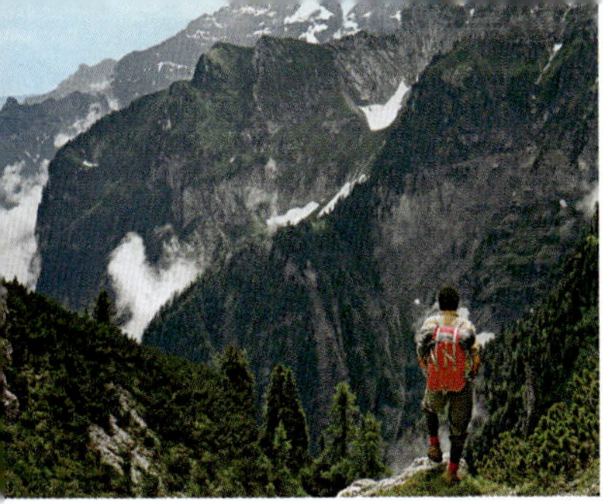

Tiefblick in das Val Costa dei Nass.

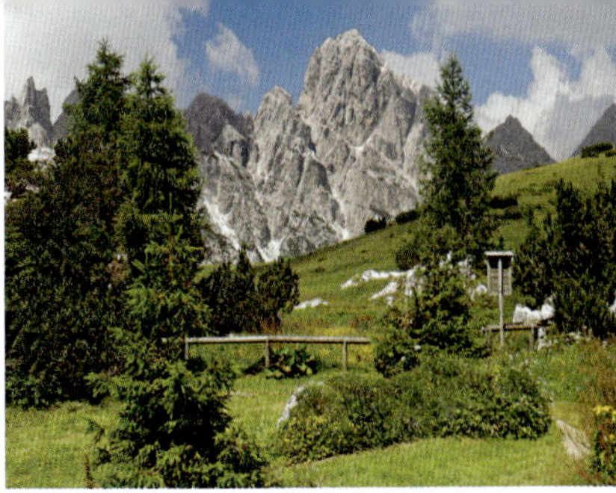

Der C. di Moschesin vom Rif. Sommariva.

Vom **Parkplatz Pian de la Fopa** (1) wie bei Tour 31 zum **Rif. Sommariva**, 1857 m (6). Auf Weg Nr. 521 an den Südhängen der C. di Pramperèt und des Spiz del Tita in Ostrichtung abwärts, dann längere Querung zu einem Vorsprung (eindrucksvoller Tiefblick in das schluchtartige Val Costa dei Nass!) und durch Latschen in Kehren nach links (Nordosten) empor zur **Forc. Piccola**, 1943 m (7), zwischen C. di Pramperèt und C. Cadin de Cornia. Jenseits über Wiesen und im lichten Lärchenbestand hinab zu der unter dem wuchtigen Spigol del Palòn gelegenen weltfernen **Cas. di Cornia**, 1733 m (8, Brunnen).
Auf unbez. Weg nach links über einen Bach, dann an den Hängen der C. del Coro schräg nach rechts aufwärts und um die Südostecke des Berges nach links herum in das **Val Sagrona**. Durch das grüne Hochtal in Nordrichtung empor zur **Forc. de la Sagrona**, 2118 m (9), zwischen C. del Venièr und C. del Coro. Ohne die Scharte zu überschreiten auf einem Band 50 m nach rechts in die Südflanke der C. del Venièr hinein. Dort zunächst über Schrofen (I) und durch Latschen steil hinauf, später über Wiesen nach links empor auf den Gipfel der **C. del Venièr**, 2237 m (10).
Abstieg entlang der Aufstiegsroute.

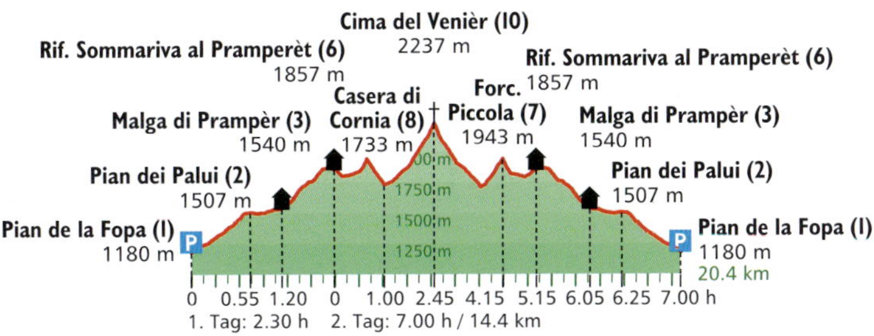

33 Waldsee »El Vàch« und Bergweiler Colcervèr

2.30 Std.

»Genusshappen« im Umkreis von Forno di Zoldo

Da gibt es den idyllischen Waldsee »El Vàch« im inneren Val Malisia, in dem Frösche, Lurche und Ringelnattern baden. Dann der malerische Weiler Colcervèr an supersteiler Waldflanke vor dem bizarren Dolomitgetürm der Spiz di Mezzodì. Beide werden auf unserer Runde berührt, die zu den beschaulichsten des Führers gehört und bei trockenem Wetter jedermann zu empfehlen ist.

Talort: Forno di Zoldo, 858 m, Hauptort des Zoldin.
Ausgangspunkt: Pralongo, 990 m, zur Gemeinde Forno di Zoldo gehörender Erholungsort am Eingang in das Val Malisia. Eigentlicher Ausgangspunkt ist der Parkplatz am südlichen Ortsrand, östlich des Torrente Malisia, am Ende der Straße von Forno di Zoldo her, 2,5 km.

Anforderungen: Bequeme Rundwanderung auf meist bez. Fahr- und Fußwegen. Auch bei weniger gutem Wetter oder an heißen Tagen zu empfehlen.
Höhenunterschied: 380 m im Auf- und Abstieg.
Einkehr: Keine.
Hinweis: Der See »El Vàch« kann auf schönem Uferweg in 10 Minuten problemlos umrundet werden.

Vom **Parkplatz Pralongo** (1) die Zufahrtsstraße über den Malisiabach zurück zur kleinen Kirche Sant' Andrea Apostolo. Noch vor ihr links ab und auf unbez. Naturfahrweg (Fahrverbot) zur Rechten des **Val Malisia**, an der Rechtsabzweigung eines Weges nach Colcervèr vorbei, durch Wald nach Südwesten aufwärts zu querendem Fahrweg (auf ihm rechts haltend weniger schön ebenfalls zum See »El Vach«) und diesen nach links hinaus zur Wiese um die **Casera del Pian**, 1162 m, (2, Brunnen, Pelmoblick!). An Wirtschaftsgebäude und Stallung vorbei, dann einen Güterweg kurz steil nach rechts (Süden) hoch zur Linksabzweigung des Fußwegs Nr. 524. Diesen im schönen Bergwald nach Südwesten aufwärts unter die Felswand der **Crepe dei Rondoi** (Klettergarten) und zur Linken der Malisia weiter zu einer Verzweigung, 1325 m (3). Rechts haltend aufwärts zur Mündung einer Schlucht und dort nach rechts über den Bach. Jenseits im Wald eben nach Westen zum Fahrweg von Pra-

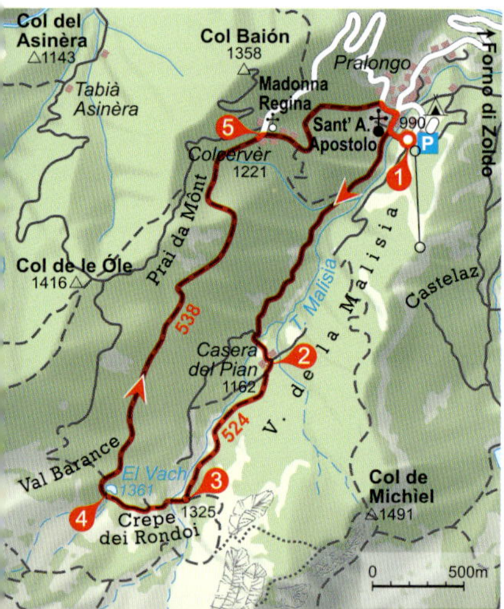

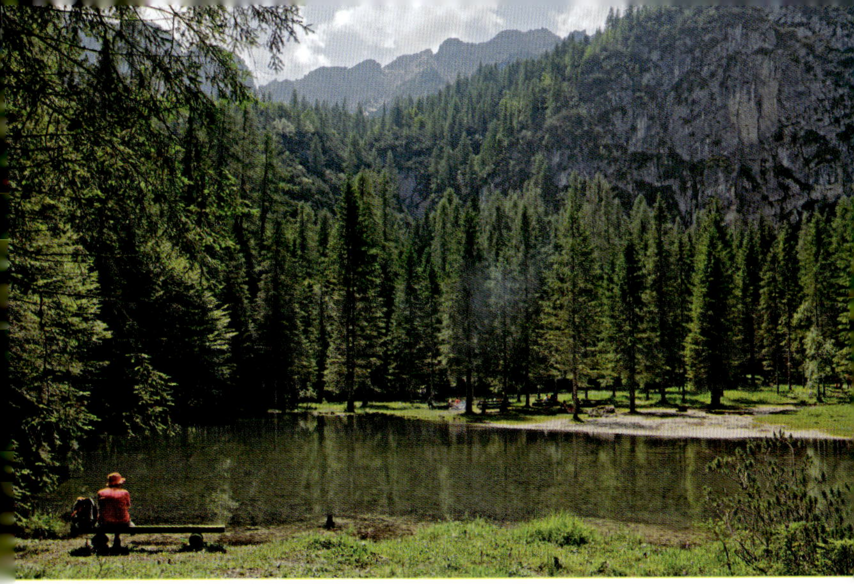

Der stimmungsvolle Waldsee »El Vàch«, im Süden überragt von den Crepe dei Rondoi.

longo her und auf ihm gerade fort zu dem im **Val Barance** unter den Wänden der Crepe dei Rondoi (mit Wasserfall) gelegenen **Waldsee »El Vàch«**, 1361 m (4).
Vom Nordufer des Sees auf Weg Nr. 538 nordostwärts über ein ausgedehntes Waldplateau, später an Hängen eben und abwärts in den reizenden Bergweiler **Colcervèr**, 1221 m (5; Dorfbrunnen, charakteristische Heustadel), mit Blick gegen die Türme-Phalanx der Spiz di Mezzodì im Osten des Prampèrtales.
Vom Dorfbrunnen auf steilem Naturfahrweg durch den Ort nach Osten hinab zur Wegteilung bei der kleinen **Holzkapelle »Madonna Regina«**. Links auf unbez. Fußweg hinab in den Wald. Dort die sehr steile Flanke in Windungen und Kehren nach Nordosten abwärts, später einen gewundenen Hohlweg hinunter zur asphaltierten Zufahrtsstraße nach Colcervèr und diese rechts haltend zur Ortsstraße in **Pralongo**. Auf ihr 100 m nach rechts zur **Kirche Sant' Andrea Apostolo** und dort über den Malisiabach zum **Parkplatz** (1).

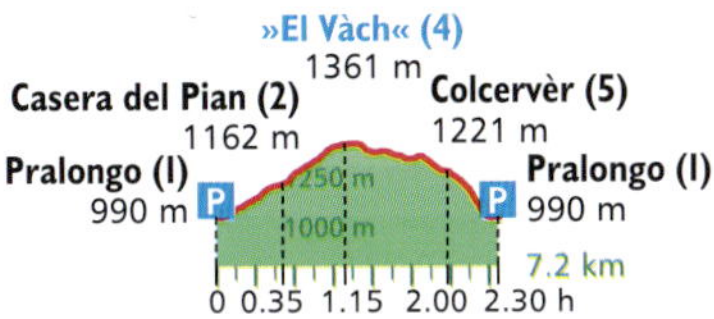

34 Westseitiger Tàmer-Höhenweg

6.30 Std.

Auf Erkundungstour in den »unbekannten« Dolomiten

Südlich des Civetta-Moiazza-Bezirks beginnen die »unbekannten« Dolomiten, jenes durch Schroffheit und intakte Natur ausgezeichnete Bergland, das als Teilgebiet des Dolomiten-Nationalparks sowie durch Aufnahme in die Weltnaturerbeliste der UNESCO geadelt wurde. Vom Duranpass führt der hier gewürdigte Panoramaweg an der Westseite des Tàmer-Massivs zur Forcella Moschesin, wo sich ein langer Abstieg durch das Prampèrtal nach Forno di Zoldo anschließt.

Talort, Ausgangspunkt: Siehe Tour 27. **Anforderungen:** Einfache, aber lange, anstrengende Wanderung auf bez. Wegen. **Höhenunterschied:** 450 m im Anstieg, 1310 m im Abstieg. **Einkehr:** Mehrere Gaststätten in Forno di Zoldo. Rif. Cesare Tomè, Rif. San Sebastiano, Rif. Sommariva und Malga di Prampèr (siehe S. 34/35). **Varianten:** Von der Forc. Moschesin kann man auf Weg Nr. 543 in 1 Std. zum Rif. Sommariva gelangen, dort übernachten und anderntags auf Weg Nr. 523 in 2½ Std. nach Forno di Zoldo absteigen. Von der Malga di Prampèr erreicht man den Pian dei Palui schöner auf bez. Fußweg rechts von Prampèra und Straße.

Die Kapelle am Duranpass unter den Wänden der C. Nord di San Sebastiano.

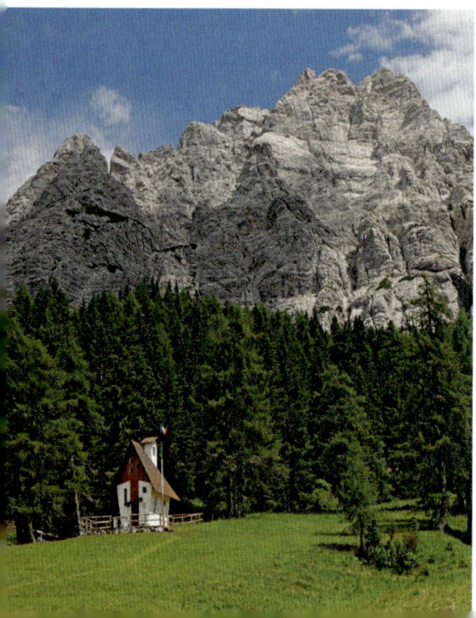

Vom **Passo Duran** (1) die Staatsstraße Nr. 347 gegen Agordo hinab in die Mulde um die verfallene **Cas. Càleda Vecchia**, 1493 m (2). Nach der Brücke über den Rio Càleda bei Rechtskurve links von der Straße ab und den bez. Weg Nr. 543 (Dolomiten-Höhenroute Nr. 1) durch Wald steil nach Süden hinauf, dann in langer Querung zur **Forc. Dagarei**, 1620 m (3), zwischen Col Menadar und C. del Costone. Jenseits zunächst ebene Querung steiler Grashänge, danach im Wald steil hoch und nach rechts zu einem Blockfeld unter der C. del Costone. Quer über dieses, dann kurz durch Wald zu den Schutthängen unter den Tàmer-Wänden. An diesen entlang zu einer Verzweigung, dann durch eine Wildnis aus Latschen und Felsblöcken,

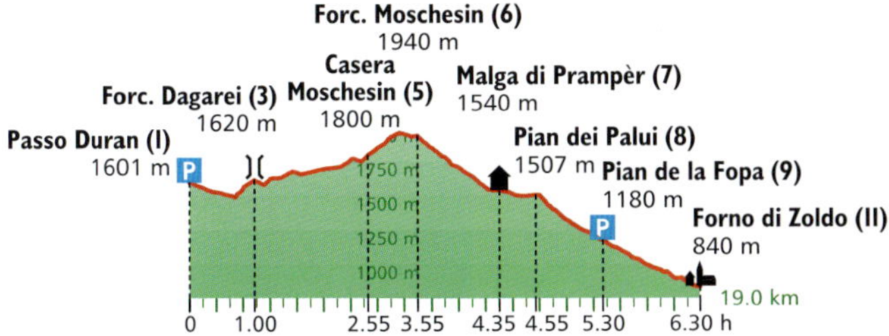

zuletzt links empor an den Waldrücken mit der **Forc. Col Pan d'Ors**, 1775 m (4). Jenseits hinab zu einem Murbruch, der nach links aufwärts gequert wird, danach zu der von Sträuchern umgebenen **Cas. Moschesin**, 1800 m (5, Unterstand, Brunnen).

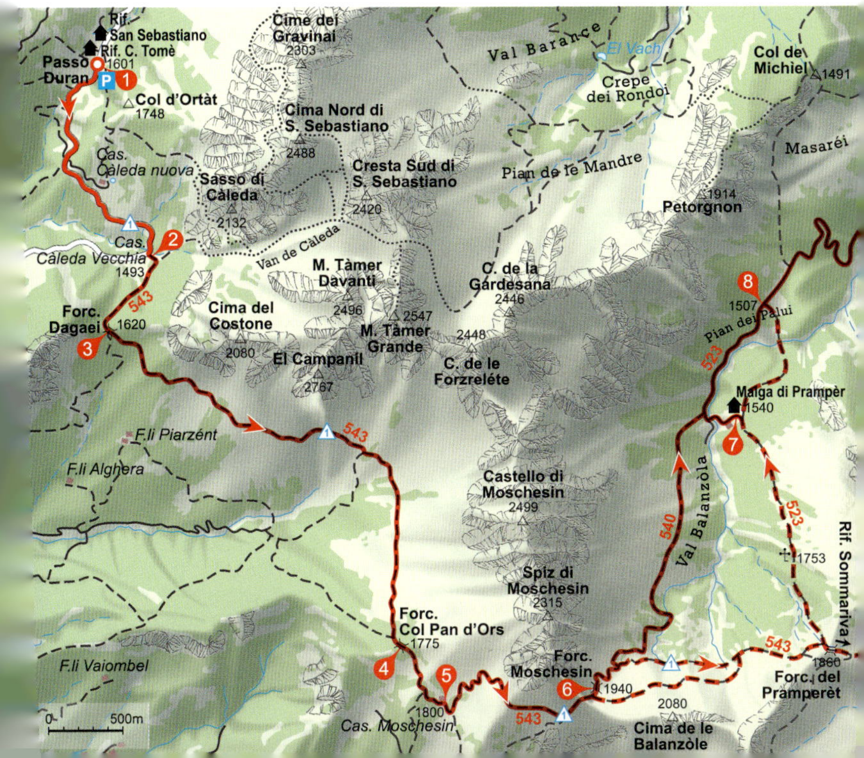

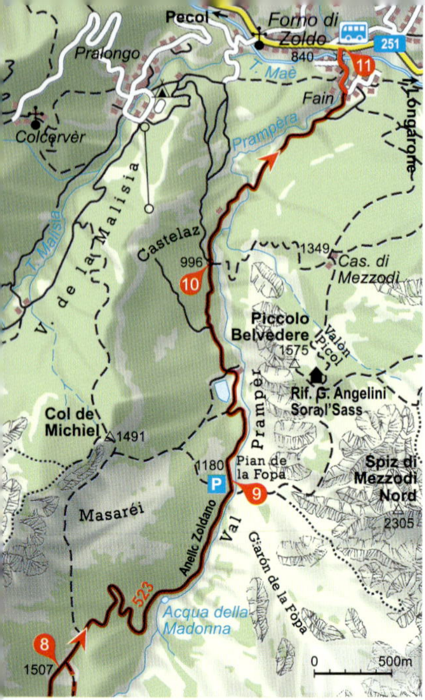

Die Cas. Moschesin mit M. Tàmer Davanti und M. Tàmer Grande im Norden darüber.

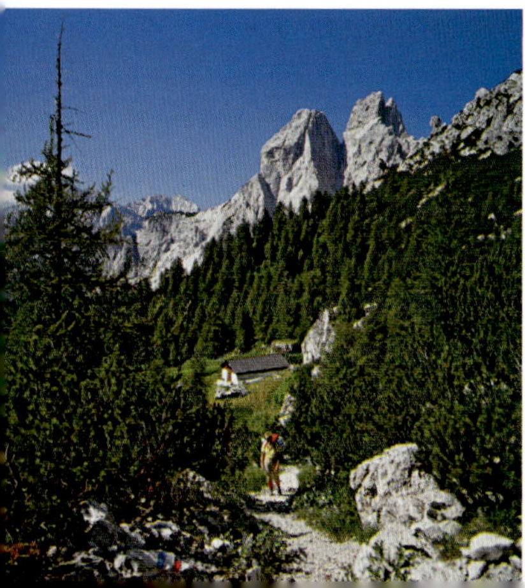

Auf breitem Weg durch Latschen gegen den Spiz di Moschesin in Kehren nach Osten bergauf, später über felsdurchsetzte Grashänge unter den Wänden nach rechts zum Ansatzpunkt eines nach Süden streichenden Rückens (Tiefblick in das urwelthafte Val Clusa!). Nun ostwärts, an den Hängen entlang, zu einer Quelle und in die **Forc. Moschesin**, 1940 m (6), zwischen Tàmer- und Talvenagruppe. Jenseits auf Weg Nr. 543 in Kehren gegen das **Val Balanzola** hinab zu einer Teilung. Links auf Weg Nr. 540 weiter, dann an den Anhängen des Castello di Moschesin hinab in das Val Prampèr zur Schotterstraße. Diese rechts aufwärts zur nahen **Malga di Prampèr**, 1540 m (7).

Entlang der Prampèrtalstraße (Weg Nr. 523) talaus zum Wiesenboden **Pian dei Palui**, 1507 m (8), der mit den Türmen der Spiz di Mezzodì im Nordosten ein Bergbild seltener Schönheit abgibt. Die Straße durch Wald in Kehren hinab in das untere Prampèrtal zum Parkplatz **Pian de la Fopa**, 1180 m (9), und weiter zur Lichtung **Castelaz**, 996 m (10, Heuhütte). Halb rechts ab und auf unbez. Fahrweg weiterhin links (!) der **Prampèra** bergab, dann unterhalb einer Geschiebe-Stützmauer an die rechte Talseite und dort weiter, bis der Weg den Wald verlässt. Beim ersten Haus links ab und auf Karrenweg nach Nordosten hinunter nach **Forno di Zoldo** (11).

Rückfahrt zum Duranpass per Taxi (Zoldobus, Raffaella Curci, Via Belvedere 24a, Forno di Zoldo, Tel. +39 348 6700786, www.zoldobus.it).

6.30 Std.

Ostseitiger Tàmer-Höhenweg 35

Anspruchsvoller Höhengang von Duran nach Prampèr

Als »Variante Zoldana« den Begehern der Dolomiten-Höhenroute Nr. 1 vielleicht vertraut, gilt dieser stille Höhengang im Osten der Tàmergruppe immer noch als Geheimtipp und anspruchsvolle Alternative zur westseitigen Route (Tour 34). Da wechseln Passagen im Wald- und Schrofengelände und steile Schluchtabschnitte mit Querung riesiger Block- und Geröllhalden. Entschädigt wird mit traumhaften Ausblicken zu den Zoldiner und Ampezzaner Dolomiten, auf Civetta, Pelmo, Sorapiss, Antelao, Bosconero und auf die bizarren Türme der Spiz di Mezzodì.

Talort, Ausgangspunkt: Siehe Tour 27.
Anforderungen: In jeder Hinsicht anspruchsvolle, lange Tour auf bez. Steigen für ausdauernde, trittfeste Geher bei trockenem Wetter. Kletterkenntnisse (Passagen im Schwierigkeitsgrad I) nötig. Wasserstelle (nicht sicher) beim Biv. Baita Angelini.
Höhenunterschied: 440 m im Anstieg, 1200 m im Abstieg.
Einkehr: Rif. Cesare Tomè, Rif. San Se-

Das Rif. San Sebastiano am Duranpass, dahinter im Norden Spiz de Zuèl und M. Pelmo.

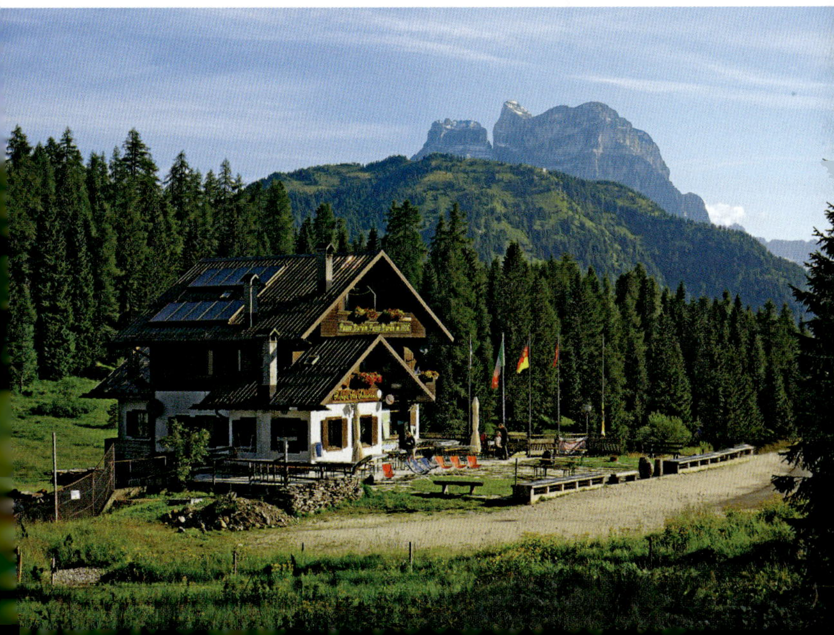

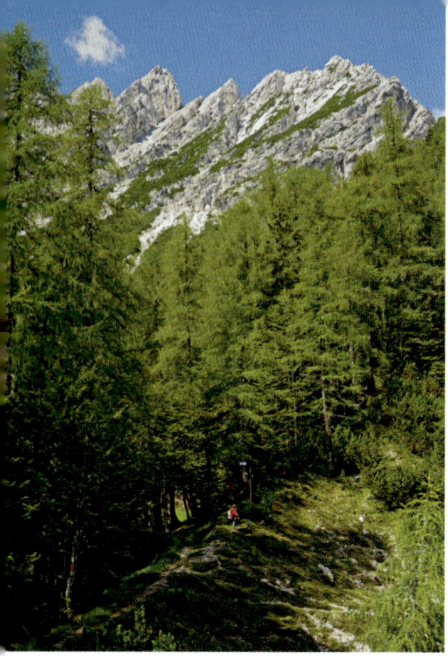

Die Forc. della Val dei Barance, im Westen überragt von C. delle Lastíe und C. dei Gravinài (Cime San Sebastiano).

bastiano, Malga di Prampèr (siehe S. 34/35). Biv. Baita Valentino Angelini (stets geöffnet, aber nicht bew.; Holzpritschen ohne Decken und Matratzen für 6 Personen, Benützung nur mit Liegematte und Schlafsack). Mehrere Gastbetriebe in Forno di Zoldo.

Variante: Vom Pian dei Palui erreicht man, der Schotterstraße talein folgend, in 25 Min. die Malga di Prampèr mit Einkehr- und Übernachtungsmöglichkeit.

Vom **Passo Duran** (1) die Straße nach Forno di Zoldo, am **Rif. San Sebastiano**, 1596 m, vorbei, 300 m abwärts zur Rechtsabzweigung von Weg Nr. 536. Auf ihm unter den Wänden der C. dei Gravinai im Wald eben nach Osten, später über zwei Bachläufe und aufwärts zur Rechtsabzweigung der »Viaz del Cengioni«, 1610 m. Kurz steil bergab, dann an den Waldhängen eben und aufwärts zur Schulter **Col de le Buse**, 1615 m (2). Ostwärts hinunter zu einer Verzweigung und gerade fort zur Schulter **La Coda**, 1565 m (3), mit hausgroßen Felsblöcken. Um die Bergecke nach rechts herum und durch eine seichte Mulde nach Südwesten empor in die **Forc. della Val dei Barance**, 1688 m (4, Verzweigung). Jenseits, das große Schuttkar **Van dei Gravinai** querend, nach Südosten abwärts, dann durch Latschen in steilen Kehren hoch in die **Forc. de le Càure**, 1723 m (5). Jenseits an den Latschenhängen weiter aufwärts, später auf bewachsenen Bändern auf und ab über ein Bächlein (Trinkwasser) zum **Biv. Baita Valentino Angelini**, 1700 m (6).

Auf Weg Nr. 536 ostwärts hinab zur Verzweigung **Sota al Col di Gai** (1630 m, Quelle) und geradeaus in steilen Kehren weiter zur nächsten Teilung. Rechts im lichten Wald unter die Wände der C. Petorgnon und

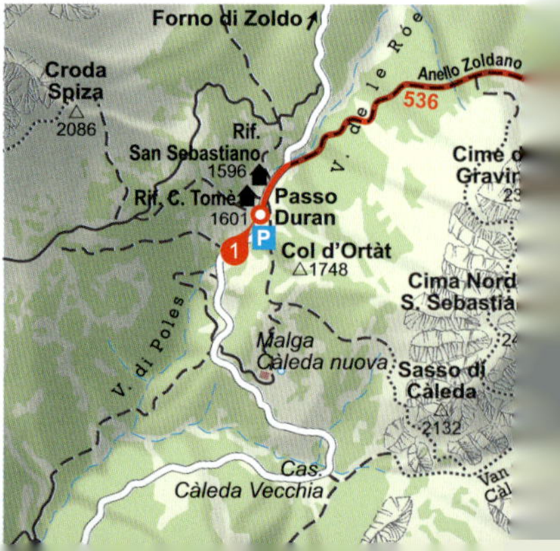

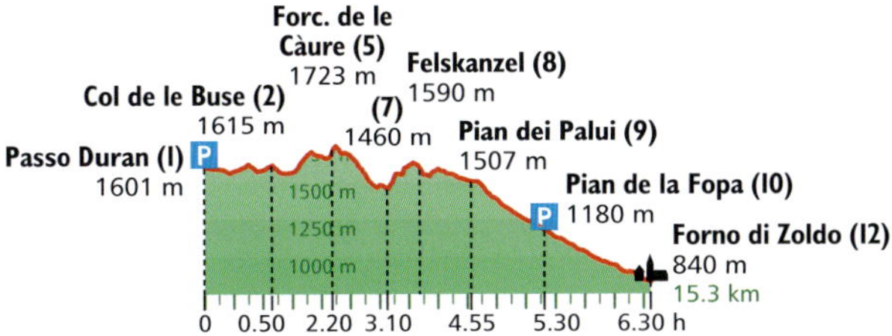

dort zur Verzweigung **Sora l' Sass de San Sebastian**, 1460 m (7). Auf begrüntem Band 100 m quer durch eine senkrechte Wand in eine enge Schlucht. Durch diese (Kletterstellen im Grad I) steil nach rechts (Osten) aufwärts, dann links hinauf auf einen Absatz. Jenseits kurz bergab, danach über einen von Latschen bewachsenen Schrofenhang (leichte Kletterei) nach rechts hoch und nach Querung steiler Waldhänge an den Petorgnon-Nordostrücken mit aussichtsreicher **Felskanzel**, 1590 m (8, Verzweigung). Auf Weg Nr. 536 durch Latschen und Wald steil nach rechts (Südosten) gegen das Val Prampèr abwärts und unter den Petorgnon-Wänden in langer Querung nach rechts (Süden) zur Bergsturzzone **Masaréi**. Dort durch Latschen aufwärts und eben, dann in den Wald und dort bei leichtem Gefälle zur Prampèrtalstraße am **Pian dei Palui**, 1507 m (9). Wie bei Tour 34 weiter nach **Forno di Zoldo** und Taxi-Rückfahrt zum **Duranpass** (1).

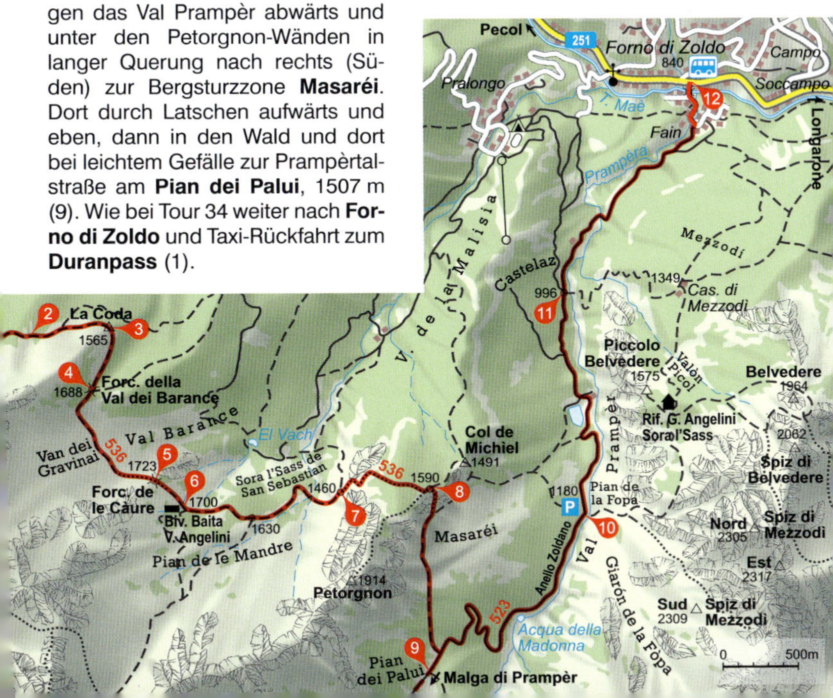

36 Um die gesamte Tàmergruppe

2 Tage

Strapaziöse Zweitagestour über Zoldin und Agordino

Die Gruppe des Monte Tàmer im Süden des Duranpasses kann auf abenteuerlichen Bergpfaden umrundet werden, ein Unternehmen, das an Übung und Durchhaltevermögen einige Anforderungen stellt. Die Annehmlichkeit eines bewirtschafteten Stützpunktes am entferntesten Punkt sowie die unterwegs genossenen Aus- und Einblicke in die Felsenreiche der Zoldiner und Agordiner Dolomiten lassen die Runde für Entdecker unbekannter Naturschönheiten interessant erscheinen.

Talort, Ausgangspunkt: Siehe Tour 27.
Anforderungen: Anspruchsvolle Tour auf bez. Steigen für ausdauernde trittfeste Geher bei trockenem Wetter. Kletterkenntnisse (Passagen im Schwierigkeitsgrad I) nötig.
Höhenunterschied: 1250 m im Auf- und Abstieg.

Einkehr: Rif. Cesare Tomè, Rif. San Sebastiano, Malga di Prampèr, Rif. Sommariva (siehe S. 34/35). Baita Valentino Angelini (stets geöffnet, aber nicht bew.; Holzpritschen ohne Decken und Matratzen für 6 Personen, Benützung nur mit Liegematte und Schlafsack). Mehrere Gastbetriebe in Forno di Zoldo.

Die herrliche Querung von der Forc. del Pramperèt in das Val Balanzola. Rückblick gegen die mächtige Pyramide des Antelao.

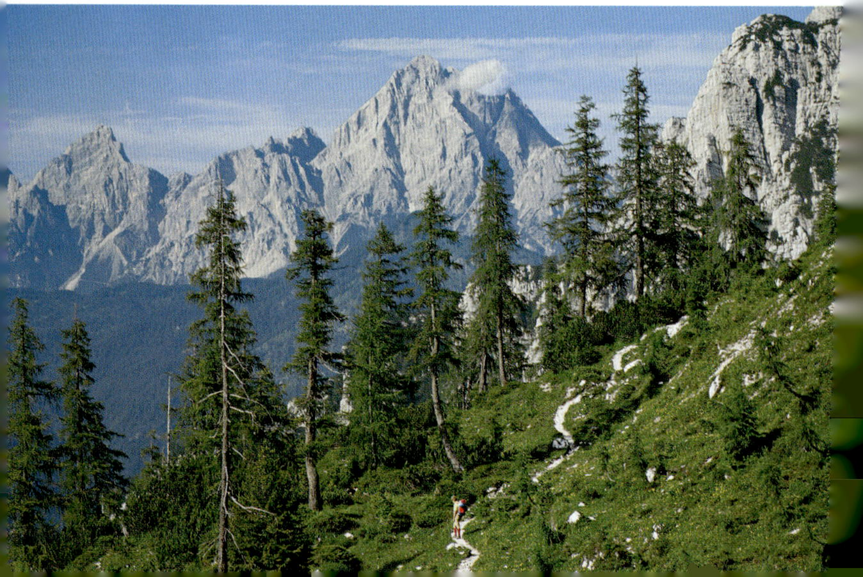

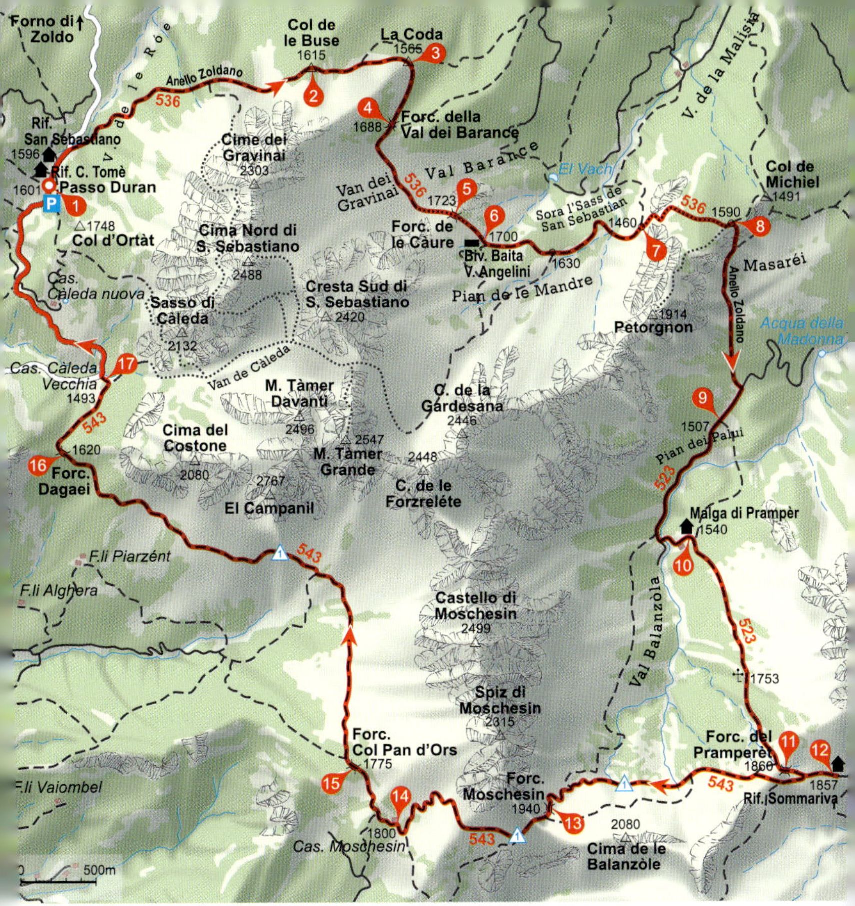

Vom **Passo Duran** (1) wie bei Tour 35 zum **Pian dei Palui**, 1507 m (9), im Val Prampèr und wie bei Tour 31 weiter zum **Rif. Sommariva**, 1857 m (12). Den Anstiegsweg kurz retour zur Linksabzweigung von Weg Nr. 543 noch vor der Forc. del. Pramperèt, 1860 m. Auf ihm durch Latschen nach Westen hinauf zur nächsten Teilung und rechts haltend, die Nordflanke der Cime Balanzole querend, in die Grasmulde des **Val Balanzola**. Durch sie in Kehren empor in die **Forc. del Moschesin**, 1940 m (13), zwischen Tàmer und Talvenagruppe. Geradeaus (Weg 543) quer durch die Südflanke des Spiz di Moschesin an seine Südwestecke, danach in Kehren nach Westen hinunter

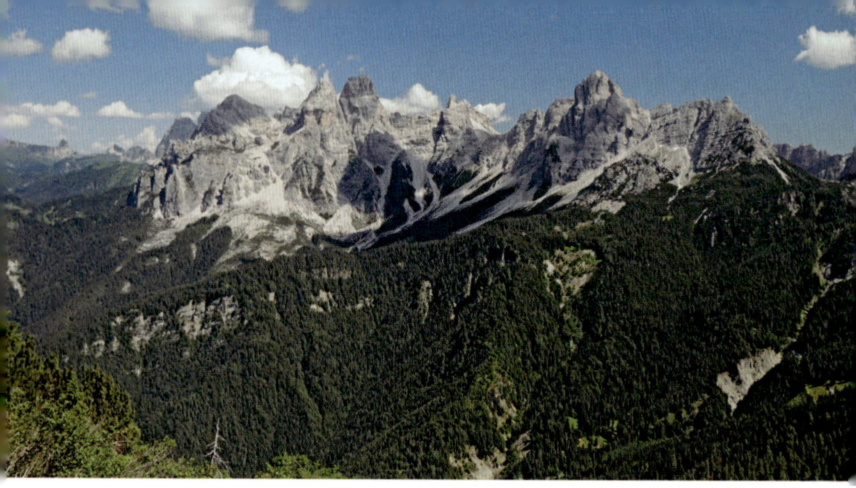

Die Westseite der Tàmergruppe vom Monte Zélo (Tour 38). Von links: Cima di San Sebastiano, Monte Tàmer Grande, Cima Forzelète und Castello di Moschesin.

zu der von einer Strauchwildnis umgebenen **Cas. Moschesin**,1800 m (14; Notunterstand, Brunnen).

Weiterhin auf Weg Nr. 543 vorerst über eine Wiese, dann durch Wald nach Nordwesten hinab zu einem Murbruch und jenseits empor an den Waldrücken mit der **Forc. Col Pan d'Ors**, 1775 m (15). Unter den Westabstürzen der Tàmergruppe nordwärts vorerst im Wald bergab, dann durch eine Wildnis aus Felsblöcken und Latschen eben weiter, schließlich über Geröllhänge in den Wald und dort auf gutem Steig, unter der C. del Costone vorbei, zur **Forc. Dagarei**, 1620 m (16). Jenseits durch Wald und Wiesen nach rechts (Nordosten) hinab in die weite Mulde um die verfallene **Cas. Càleda Vecchia**, 1493 m (17), und zur Duranpassstraße. Auf ihr nach Norden empor zum **Passo Duran**, 1601 m (1).

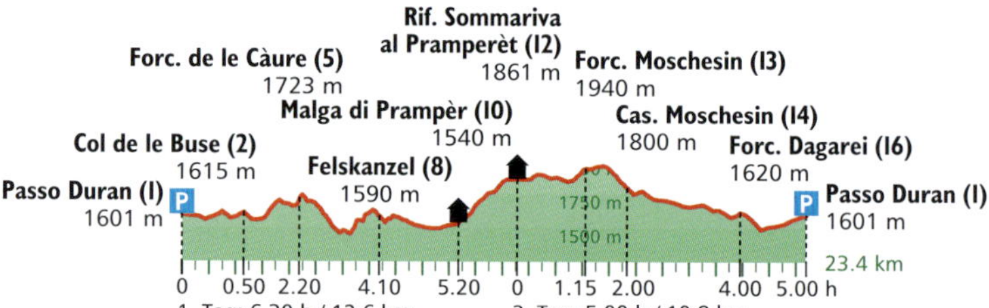

6.00 Std.

Monte Tàmer Grande, 2547 m

37

Hier ist der Kleine der Große!

Der Monte Tàmer hat verschworene Verehrer, die ihm auf abenteuerlichen Wegen von allen Seiten an den Leib rücken, der Einsamkeit, der unberührten Natur, der wundervollen Rundsicht wegen. Obwohl der Nordgipfel den Südgipfel um drei Meter überragt, wird er seiner schmächtigeren Gestalt wegen als »Tàmer Piccolo« bezeichnet. Hier wird das »Z«, der einfachste Weg, die markierte Westroute vom Duranpass auf den Tàmer Grande beschrieben. Zwei Bänderquerungen und in der Mitte ein schweißtreibendes Steigen über steile Schutthänge sind die Charakteristika des Anstiegs.

Talort: Siehe Tour 27.
Ausgangspunkt: Passo Duran (1601 m; Parkplatz, zwei Gastbetriebe, kein Busverkehr), wenig frequentierter Dolomitenpass zwischen Moiazza- und Tàmergruppe, 14 km von Forno bzw. Agordo. Wegbeginn an der Passstraße ggü. dem Rif. C. Tomè.
Anforderungen: Anstrengende Tour auf bez. Steigen. Trittsicherheit, Schwindelfreiheit und etwas Kletterkönnen (Stellen im Schwierigkeitsgrad I) nötig.
Höhenunterschied: 950 m im Auf- und Abstieg.
Einkehr: Rif. Cesare Tomè und Rif. San Sebastiano (siehe S. 34/35).
Hinweise: Vom Verzweigungspunkt (2100 m) im oberen Van di Càleda Besteigungsmöglichkeit der C. Nord di San Sebastiano (2488 m; Steigspuren, Steinmänner, z.T. exponierte leichte Kletterei, Anstiegszeit: 1½ Std.). Von der Forcelletta dei Tàmer kann der Gipfel des M. Tàmer Piccolo, 2550 m, in leichter Kletterei (I) erreicht werden.

Blick aus dem Van di Càleda nach Westen zur Palagruppe mit dem Monte Agnèr links.

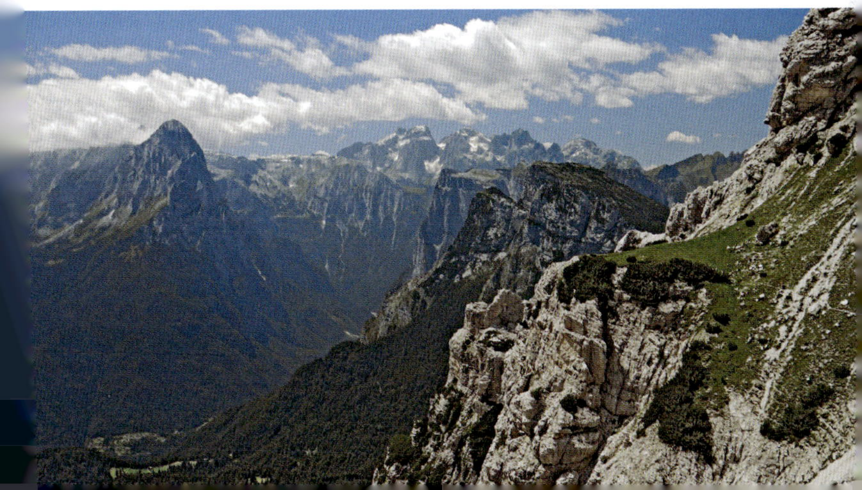

Vom **Passo Duran** (1) auf Weg Nr. 524 über Wiesen nach Süden hinauf in den Wald und dort am Westabhang des Col d' Ortàt aufwärts, später um eine Bergkante nach links herum in die Südseite. An Wiesen- und Waldhängen nach Südosten empor in eine von der C. Nord di San Sebastiano herabreichende Blockrinne. Links von ihr hinauf, dann über sie nach rechts und jenseits durch Latschen und lichten Baumbestand, eine weitere Rinne querend, auf ein geneigtes latschenbewachsenes Band. Auf diesem (Wegtrasse) in die düstere Schlucht vor dem turmförmigen Sasso di Càleda, die auf schmaler Felsleiste (Drahtseil) gequert wird. Jenseits auf dem begrünten Band (Wegtrasse) unter der senkrechten Westwand des Sasso di Càleda weiter, zuletzt im Wald zur Verzweigung im Auslauf des Van di Càleda, 1855 m (2). Kurz aufwärts zu guter Quelle, danach durch Buschwerk und über felsdurchsetzte Latschenhänge in steilen Windungen nach Osten bergauf in das weite **Van di Càleda**, das durch einen Moränenrücken zweigeteilt wird. Links von ihm über Geröll hoch, dann nach rechts empor an den Rücken und über ihn unter die schwarzgelbe Wand der Cresta Sud di San Sebastian mit Verzweigung, 2120 m (3; links auf die C. Nord di San Sebastiano). Geradeaus den bez. Weg Nr. 524 über Geröll (bei Schneelage erhöhte Vorsicht!) in steilen Kehren mühsam nach Osten hinauf in die **Porta del Tàmer**,

Am Gipfelgrat der hier als Variante empfohlenen Cima Nord di San Sebastiano. Im Südosten die Cima di Prampèr, dahinter die Südlichen Karnischen Alpen.

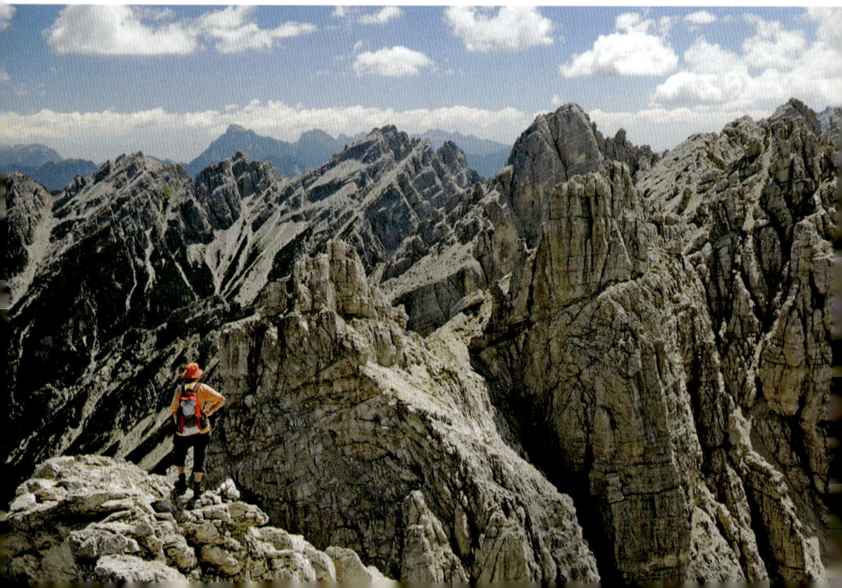

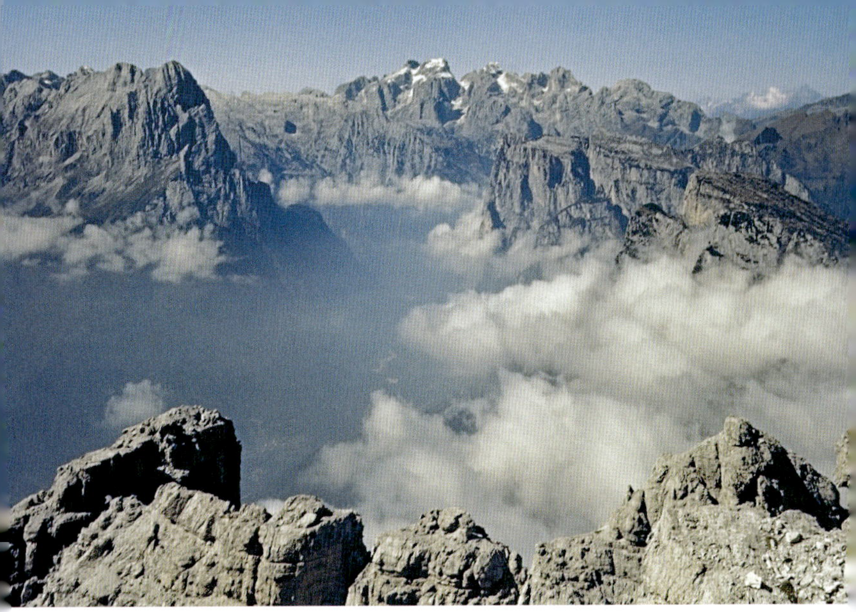

Die Palagruppe mit M. Agnèr und Valle di San Lucano vom Gipfel des M. Tàmer Grande.

2326 m (4), zwischen Cresta Sud di San Sebastiano und M. Tàmer. Von der Porta führt ein ausgeprägtes Geröllband nach rechts in die Westwand des Tàmer Piccolo hinein. Auf dem anfangs schmalen Band (Vorsicht!) südwärts zu einem Felsvorsprung und weiter zu seinem Ende. Durch eine kurze steile Rinne hinauf in die **Forcelletta dei Tàmer** (unkotiert) zwischen Tàmer Piccolo und Tàmer Grande. Nach rechts in eine Rinne und durch sie in leichter Kletterei (I) zum Gipfel des **M. Tàmer Grande**, 2547 m (5).
Abstieg entlang der Aufstiegsroute.

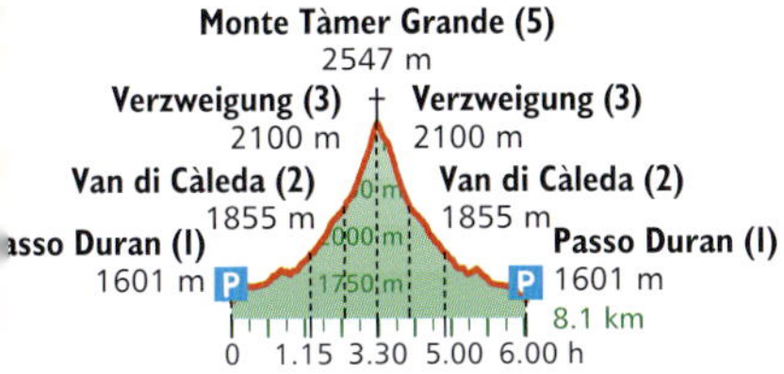

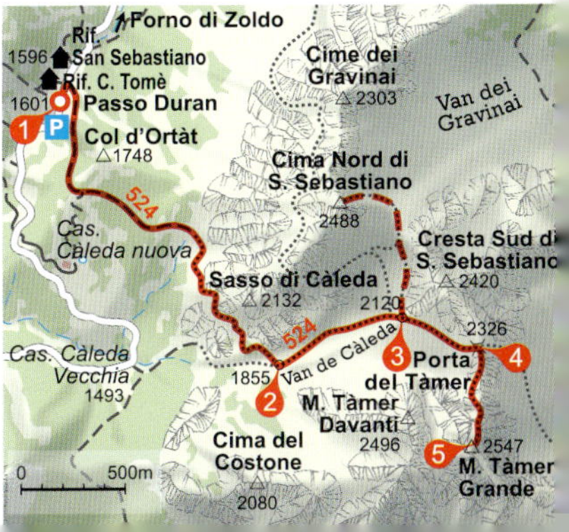

38 Monte Zélo, 2083 m

6.00 Std.

Ein Außenseiter im Westen der Tàmergruppe

Es sind wohl nicht allzu viele deutschsprachige Bergfans, die den Monte Zélo je angepeilt haben. An der Westseite der Tàmergruppe aufragend, ist er kein Hochziel, und schon gar kein ins Auge springender Felsriese. Dass sich jedoch ein Besuch dieses exzellenten Aussichtsberges inmitten des Agordino auszahlt, beweist die Existenz der Biwakhütte Fólega an der Forcella Póngol sowie der an ihm vorbeiführende »Sentiero montagna dimenticata«, ein Kriegsweg durch wahrlich vergessenes Dolomitenland.

Talort: Agordo, 610 m, Städtchen in einer Weitung des mittleren Cordevoletales.
Ausgangspunkt: Parkplatz Val de le Ponteseíe, 915 m. Zufahrt mit eigenem Auto auf der Duranpassstraße nach La Valle Agordina, dort rechts ab und die Naturstraße durch das Val Bordina zum Parkplatz an der Mündung des Val de le Ponteseíe, 5,5 km von Agordo, 2 km von La Valle.
Anforderungen: Lange, anspruchsvolle Tour. Trittsicherheit, Schwindelfreiheit, Übung im Klettern (Passagen im Grad I) und Ausdauer nötig.
Höhenunterschied: 1170 m im Auf- und Abstieg.
Einkehr: Biv. Bait de Fólega (6 L.; ganzj. geöffnet, aber unbewirtschaftet; Innenraum mit Sitzgarnitur und Kamin, die Lager in dem von außen zugänglichen Schlafraum im Dachgeschoss haben weder Matratzen noch Decken!).

Vom **Parkplatz Val de le Ponteseíe** (1) die abschnittsweise staubfreie Bergstraße mit Weg Nr. 542 (Fahrverbot) durch Wald in Kehren nach Südosten aufwärts zur Verzweigung beim **Bildstock »Madonna del S'ciar«**, 1185 m (2). Rechts ab und auf dem nur sporadisch bez. Fußweg Nr. 545 die Waldflanke in steilen Windungen nach Süden hinauf zur **Forc. Fólega**, 1547 m (3, Verzweigung), die mit der durch eine grüne Dolinenmulde getrennten Forc. Póngol weiter im Süden ein Hochtal zwischen M. Valaràz links und M. Zélo rechts bildet.

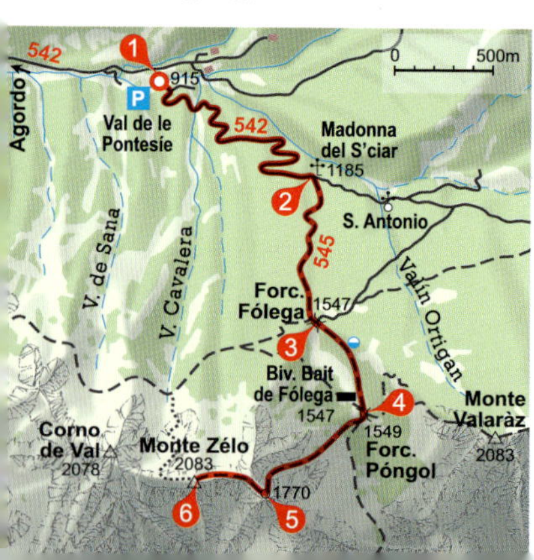

Geradeaus den Weg Nr. 545 am linken Rand der Dolinenmulde in Südrichtung eben fort zu einem Brunnen, danach, links am **Biv. Bait de Fólega** (1547 m) vorbei, in die grasige **Forc. Póngol**, 1549 m (4). Jenseits wenige Meter bergab zu einer Verzweigung. Auf alter Kriegsstraße (»Sentiero montagna dimenticata«) 120 m eben (!) nach rechts in die Waldflanke des M. Zélo hinein, dort

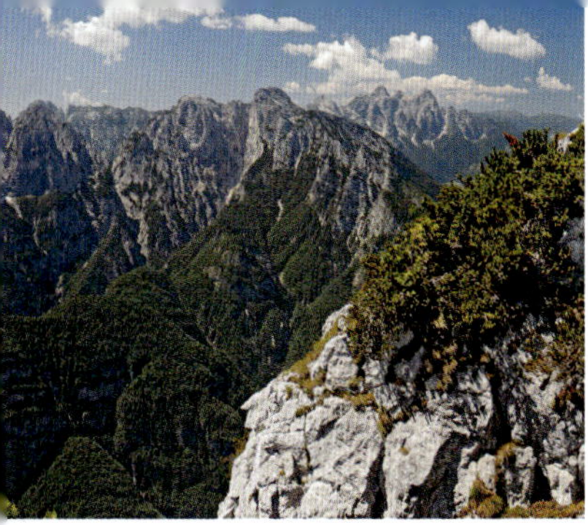

Am Gipfel des M. Zélo. Im Westen der Piz de Mezodì (Monti del Sole), rechts dahinter die Cimonegagruppe (Feltriner Dolomiten).

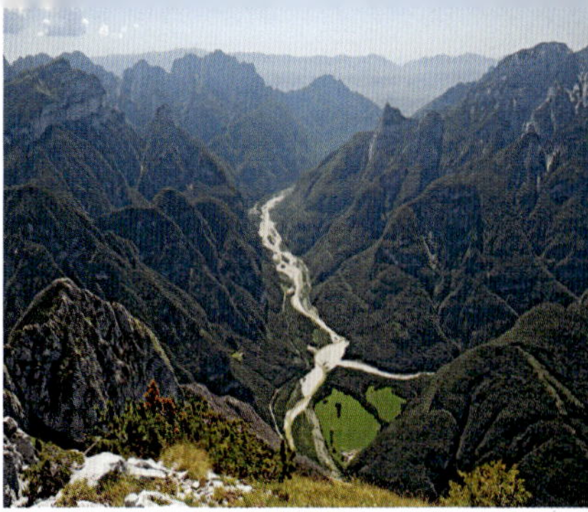

Tiefblick vom M. Zélo nach Süden in die Cordevoleschlucht, in der Ferne die Venetianischen Voralpen.

zur nächsten Teilung (Tafel). Auf bez. Fußweg (keine Nummer) scharf rechts ab und unterhalb einer lang gestreckten Wand durch Buschwerk in vielen Kehren nach Südwesten empor zu aussichtsreicher Schulter, 1770 m (5). Kurze ebene Querung nach rechts, dann eine steile Runse mit verbrannten Latschen in Serpentinen nach Nordwesten hoch zur nächsten Schulter. Jenseits lange Querung (kurzes Felsband) der ostseitigen Latschenhänge des Berges aufwärts zu dritter Schulter. Links durch eine schrofige Rinne (Kletterpassage im Grad I) steil empor an den breiten latschenbewachsenen Ostrücken und diesen auf bez. Weg, über eine Erhebung hinweg, auf den Gipfel des **M. Zélo**, 2083 m (6, kleines Gipfelkreuz). Grandioses 360-Grad-Panorama mit Schiaragruppe (Südosten), M. Talvena (Osten), Tàmergruppe und M. Pelmo (Nordosten), Civetta-Moiazza (Norden), Marmolada (Nordosten), Palagruppe (Westen), Feltriner Dolomiten (Südwesten) und Monti del Sole (Süden). Tiefblick in die Canyons des Val Clusa und Val Cordevole wie aus einem Flugzeug!

Abstieg entlang der Aufstiegsroute.

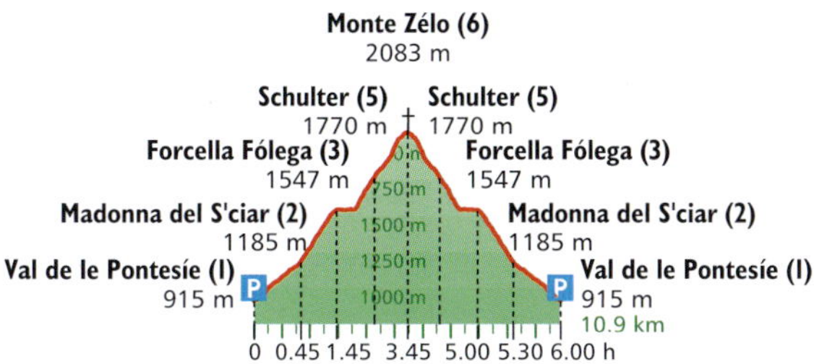

39 Monte Talvena, 2542 m

2 Tage

Südlicher Eckpfeiler der Prampèr-Dolomiten

Der Monte Talvena ist die zweithöchste Erhebung und das südlichste Bollwerk der Prampèr-Dolomiten, eine majestätische Pyramide mit flankierenden tiefen Schluchten, die ihrer ungewöhnlichen Wildheit wegen schon mit Himalayatälern verglichen wurden. Der Gipfel gewährt einen guten Überblick über die Gebiete der Belluneser, Zoldiner und Agordiner Berge. Als einfachster Zugang gilt jener von Osten, von Soffranco her, durch die Täler Grisol und Ross über die Forc. dei Erbàndoi und den schrofigen Nordgrat. Trotz beachtlicher Anstiegshöhe ist die Tour nicht allzu anstrengend, da in halber Höhe, am Rifugio Pian de Fontana, genächtigt werden kann.

Talort: Longarone, 474 m, durch die Vajont-Katastrophe (1963) weltbekannt gewordener Ort im Piavetal.
Ausgangspunkt: Parkplatz Pont dei Ross, 745 m, im gleichnamigen Tal. Zufahrt von Longarone mit eigenem Auto auf Staatsstraße Nr. 251 durch das Zoldotal nach Soffranco, 6 km. Weiter auf Asphaltstraße an der rechten Seite des Val del Grisol zur Verzweigung vor der Ponte di Costa Granda (auch »Pont de Piera«). Über die Brücke zur nächsten Teilung und dort rechts das Val dei Ross auf schlechter Naturstraße (Wasserrinnen!) aufwärts, dann über die Pont dei Ross ans rechte Ufer und zum Parkplatz (nur für vier bis sechs Autos!), 10,5 km von Longarone.
Anforderungen: Bis in das Van de Zità de Fora einfache Wanderung auf bez. Steigen. Am unbez. Talvena-Nordgrat sind Trittsicherheit, Schwindelfreiheit und Kletterkenntnisse (Passagen im Schwierigkeitsgrad I) nötig.
Höhenunterschied: 1800 m im Auf- und Abstieg.
Einkehr: Rifugio Pian de Fontana (siehe S. 35).

Vom **Parkplatz Pont dei Ross** (1) den steilen schottrigen Karrenweg Nr. 520 vorerst an der rechten, dann an der linken Seite des Val dei Ross in Kehren und Querungen über mehrere Aufschwünge hinweg aufwärts in den oberen Talabschnitt. Dort nach rechts empor zu der von einer Graswildnis umgebe-

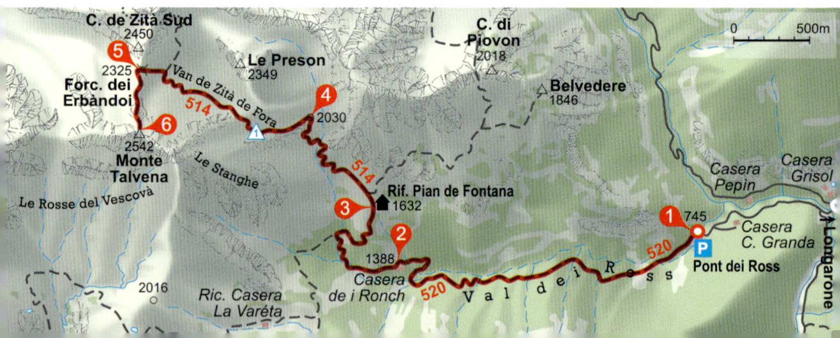

nen **Cas. de i Ronch**, 1388 m (2, Notunterstand). Über Wiesen und durch Buschwerk weiter zur Vereinigung zweier Gräben. Den sie trennenden Rücken nordwestwärts in Kehren hinauf zum Querweg Nr. 514. Diesen nach rechts empor auf einen Wiesenrücken und über ihn hinauf zum **Rif. Pian de Fontana**, 1632 m (3).

Auf dem Serpentinenweg Nr. 514 eine steile, felsdurchsetzte Grasflanke nach Nordwesten hoch zu großer Wiese am Eingang in das Geröllkar **Van de Zità de Fora**, 2030 m (4), mit Prachtblick nach Süden zur Schiaragruppe. Durch das Kar aufwärts, später links vom bez. Weg ab und über Geröll steil nach Westen hinauf in die **Forc. dei Erbàndoi**, 2325 m (5), zwischen M. Talvena und C. de Zità Sud. Gegen den M. Talvena durch verschiedene Mulden nach links empor zur Kuppe, 2376 m, am Ansatzpunkt des Nordgrates und diesen über Schutt und Felsabsätze (I) steil empor zum Gipfel des **M. Talvena**, 2542 m (6).

Abstieg entlang der Anstiegsroute.

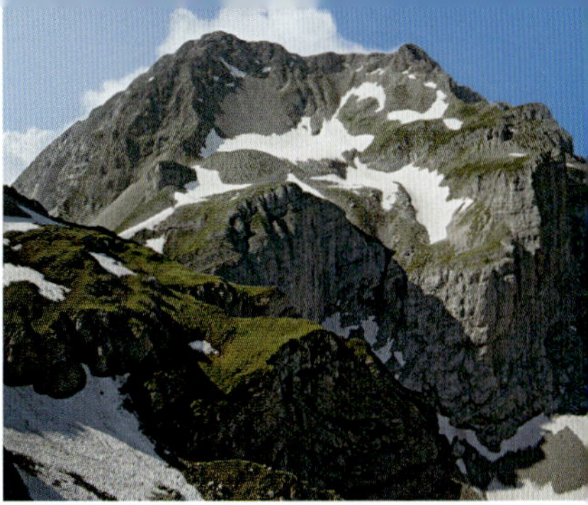

Oben: Der M. Talvena. Über dem Nordgrat links führt der hier beschriebene Anstieg. Unten: Der Ort Soffranco am Eingang in das Val del Grisol, darüber das Schiara-Massiv.

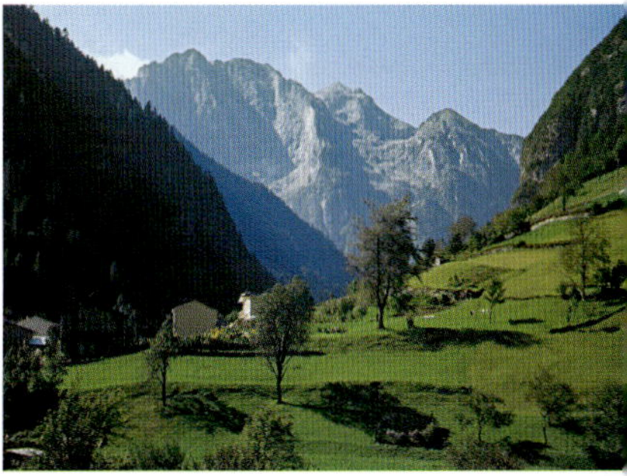

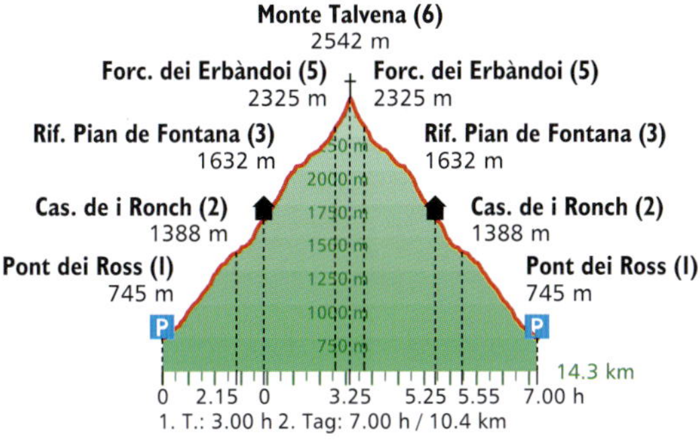

40 Von Norden auf den Monte Schiara, 2565 m

3 Tage

Der klassische Weg auf den »Monarchen« der Süddolomiten

Die Prunkseite des Monte Schiara ist dem Süden, der sonnendurchfluteten Weite des unteren Piavetales (Val Belluna) zugewandt. Doch wer die Talschlucht des Val Vescovà und dort die Wiesenoase »Pian de i Gat« nicht gesehen, wer von der Forc. di Lavaretta noch nie die grandiosen Nordabstürze des Massivs geschaut hat, kennt diesen Berg nicht! Die hier beschriebene Route aus dem Val Vescovà über die Forc. del Màrmol und den Ostgrat war auch der Weg der Erstbesteiger Gottfried Merzbacher, Santo Siorpaès und Cesare Tomè im Jahre 1878. Und sie ist der einzige Zugang auf den Berg, bei dem es außer der Länge und dem Höhenunterschied keine größeren Hürden zu überwinden gibt.

Talort: Agordo, 610 m, Städtchen in einer Weitung des Cordevoletales. Belluno, 339 m, am Dolomiten-Südrand im Piavetal gelegene Provinzhauptstadt.
Ausgangspunkt: La Muda (481 m, Parkplatz, Bushalt), Weiler an der Staatsstraße Nr. 203 im Bereich der Cordevoleschlucht, 8 km von Agordo, 21 km von Belluno.

Anforderungen: Anspruchsvolle Tour für geübte, ausdauernde Geher. Trittsicherheit, Schwindelfreiheit und Kletterkönnen (Stellen im Schwierigkeitsgrad I) nötig.
Höhenunterschied: 2170 m im Auf- und Abstieg.
Einkehr: Rif. Furio Bianchet (siehe S. 34), Biv. Sandro Bocco al Marmol (6 L., immer geöffnet, aber nicht bew.).

Von **La Muda** (1) die Staatsstraße Nr. 203 1 km nach Süden zur Linksabzweigung einer Naturstraße bei den Häusern von **Pinei**, 486 m (2). Diese mit Weg Nr. 503 in Kehren ostwärts hinauf, später an den Abhängen des Coi Bassi nach rechts aufwärts und um eine Bergkante nach links herum in das schluchtartige **Val Vescovà**. An seiner linken Seite teils in Kehren aufwärts, später an die rechte Seite (3, Brücke) und dort durch Wald zu dem am Pian de i Gat gelegenen **Rif. Bianchet**, 1245 m (4).

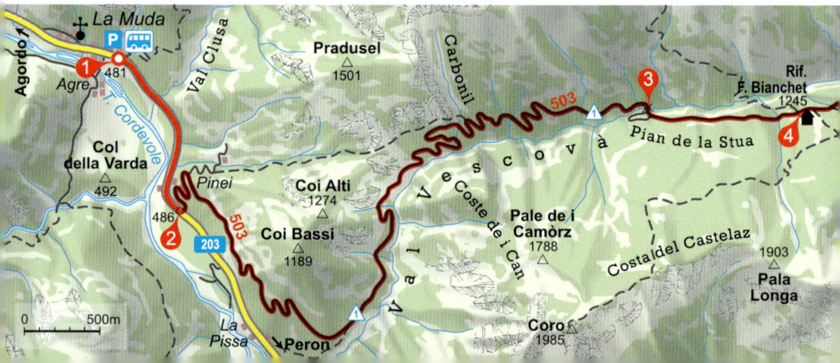

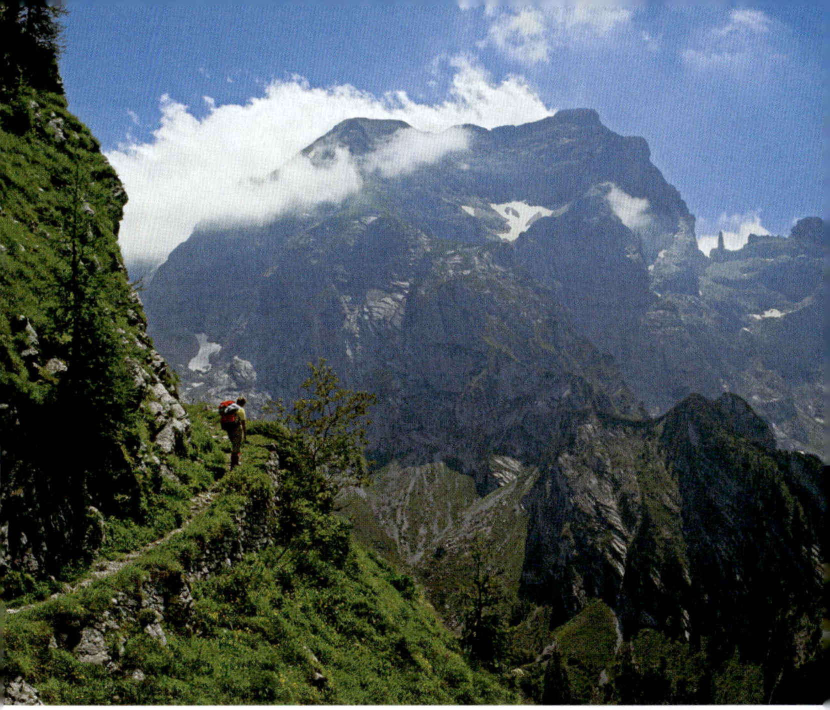

Unterwegs auf den Monte Schiara unterhalb des Casonet de Nerville. Blick in die Nordseite des Berges mit der Felsnadel »Gusèla del Vescovà« rechts.

Auf Weg Nr. 518 an der rechten Seite des inneren Val Vescovà, unterhalb der Cas. della Valle vorbei, in den Talschluss und dort ein Lawinental hinauf, danach durch Latschen und Gesträuch ostwärts empor und nach links in eine seichte Mulde. Durch sie in Kehrern bergauf zum Querweg Nr. 514 (5, Dolomiten-Höhenweg Nr. 1) und diesen an den Westhängen der C. della Scala nach rechts zum **Casonet de Nerville**, 1641 m. Über felsdurchsetzte Wiesen nach Südosten aufwärts zu großem Stein mit Überhang (Notunterstand), danach über einen Wiesen-

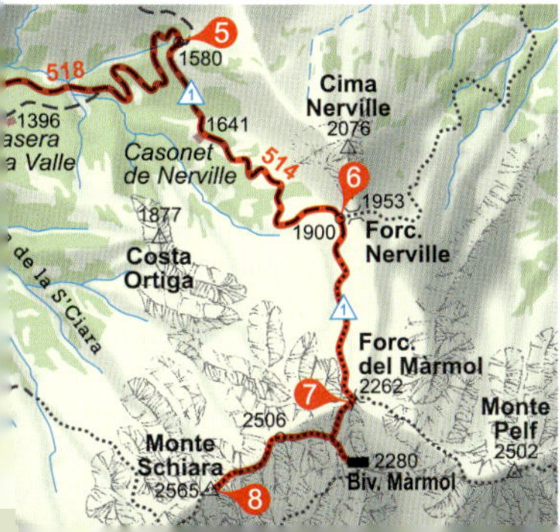

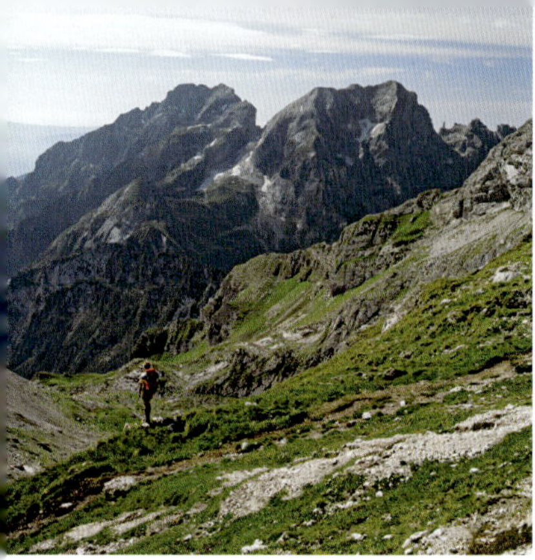

Die Nordseite der Schiaragruppe von der Forc. Sud del Van de Città. Links der Monte Pelf (Tour 43), dann die Forc. del Màrmol und der trapezförmige Monte Schiara.

rücken zur Verzweigung, 1900 m (6), unterhalb der **Forc. Nerville**. Rechts haltend, südwärts, durch eine grüne Mulde in die von der Forc. del Màrmol herabreichende breite Rinne. Die schrofige Geländerampe rechts von ihr in Kehren hinauf, später über Geröll und Felsstufen (I) in die **Forc. del Màrmol**, 2262 m (7), zwischen M. Schiara und M. Pelf.

Am steilen Ostgrat (I) des M. Schiara nach rechts aufwärts zu einer Verzweigung (links hinab zum nahen **Biv. Marmol**, 2266 m). Am Kamm verbleibend zu einem Vorgipfel, 2506 m, zuletzt über den schmalen Grat zum Gipfel des **M. Schiara**, 2565 m (8). Großartige Rundsicht: Im Südwesten die Monti del Sole mit den Feltriner Dolomiten dahinter, weiter rechts Palagruppe, Marmolada, Civetta, Moiazza, Nuvolau, Tofana, Pelmo, Cristallo, Hohe Gaisl, Sorapiss, Antelao und Marmarole. Im Osten die Friulaner Dolomiten mit Cridola, Monfalconi, Spalti di Toro, C. dei Preti, M. Duranno, Col Nudo und M. Cavallo. Tiefblick nach Süden in die Täler des Ardo und Piave, darüber die Venetianischen Voralpen und die oberitalienische Tiefebene. An klaren Tagen sind dort die Adria, ja sogar die Lagunenstadt Venedig (Campanile!) sichtbar.

Der **Abstieg** erfolgt entlang der Aufstiegsroute.

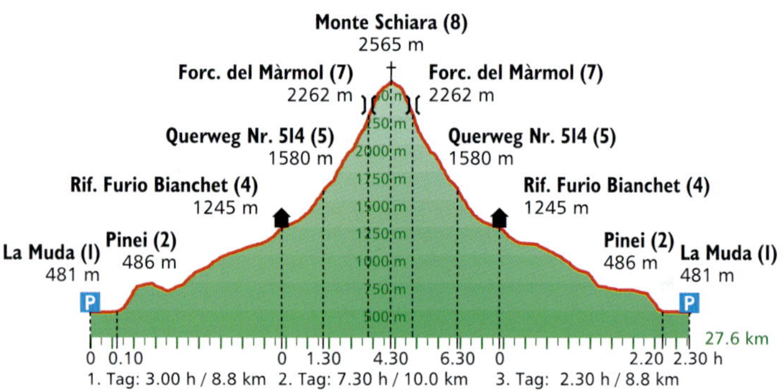

3 Tage

Monte Schiara, 2565 m, West-Ost-Überschreitung

41

Klettersteig-Erlebnis nahe der Provinzhauptstadt Belluno

Die »Via ferrata Sperti« durch die Südwände ist der längste und abwechslungsreichste Klettersteig der Schiara. Auf ihr wird die turmgespickte Gratstrecke der Pale del Balcòn bis zum Biv. Bernardina überschritten. Dort wiederum setzt die »Via ferrata Berti« an, die einen über den steilen Westgrat luftig auf den Gipfel des Monte Schiara bringt. Mit Abstieg über den Ostgrat und durch die Südwand (»Via ferrata Màrmol«) ergibt das eine sehr anspruchsvolle Runde, die einen Vergleich mit ähnlichen Vorhaben in den Zentraldolomiten nicht zu scheuen braucht.

Talort: Siehe Tour 42.
Ausgangspunkt: Case Bortòt, 694 m, mit Gasthof und kl. Parkplatz (nur für max. fünf Pkw!) am Eingang in das Val d`Ardo. Zufahrt per Taxi oder eigenem Kfz über Bolzano Bellunese, 8 km von Belluno. Bei vollem Parkplatz muss in Bolzano Bellunese (Bushalt, 5 km ab Belluno) geparkt und zu den Case Bortòt gewandert werden (1 Std. Gehzeit).
Anforderungen: Extrem lange Überschreitung auf soliden Klettersteigen. Ausdauer, Trittsicherheit, Schwindelfreiheit und Kletterkönnen nötig (freie Passagen bis Grad II, Klettersteig-Schwierigkeit: KS3/4-D). Gehen mit Klettersteigset obligatorisch.
Höhenunterschied: 2000 m im Auf- und Abstieg.
Einkehr: Rist. Case Bortòt (keine reguläre Übernachtungsmöglichkeit; es wird jedoch ein Zwei-Zimmer-Apartment mit Heizung, 32-Zoll-TV, Bad mit Dusche sowie ein Balkon mit Panoramablick gegen das Valbelluna angeboten; Juni bis Sept. täglich, sonst Frei., Sa. und So. geöffnet; Tel. +39 0437 294831, www.casebortot.it), Rif. 7° Alpini (siehe S. 34). Biv. Iris e Gianangelo Sperti, Biv. Ugo dalla Bernardina, Biv. Sandro Bocco al Màrmol (alle 6 L., unbew., stets geöffnet).
Hinweis: Durch Übernachtung am Biv. Bernardina oder Biv. Màrmol kann die 8-Stunden-Etappe auf Strecken zu 2x4- bzw. 5¾ und 2¼ Stunden aufgeteilt werden.

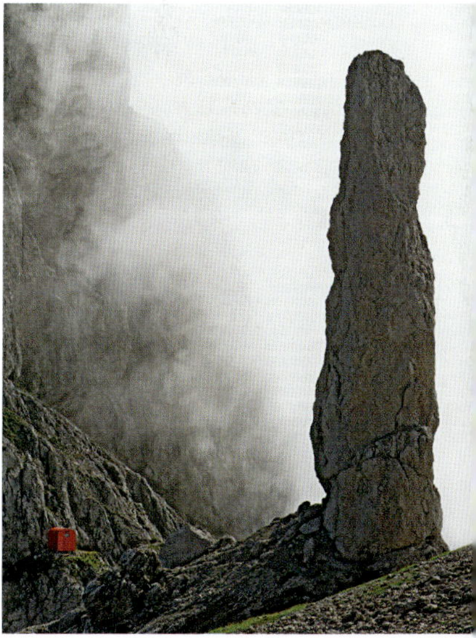

Ein Schaustück der Schiaragruppe: Die 40 Meter hohe Felsnadel »Gusèla del Vescovà« neben der Biwakhütte Bernardina.

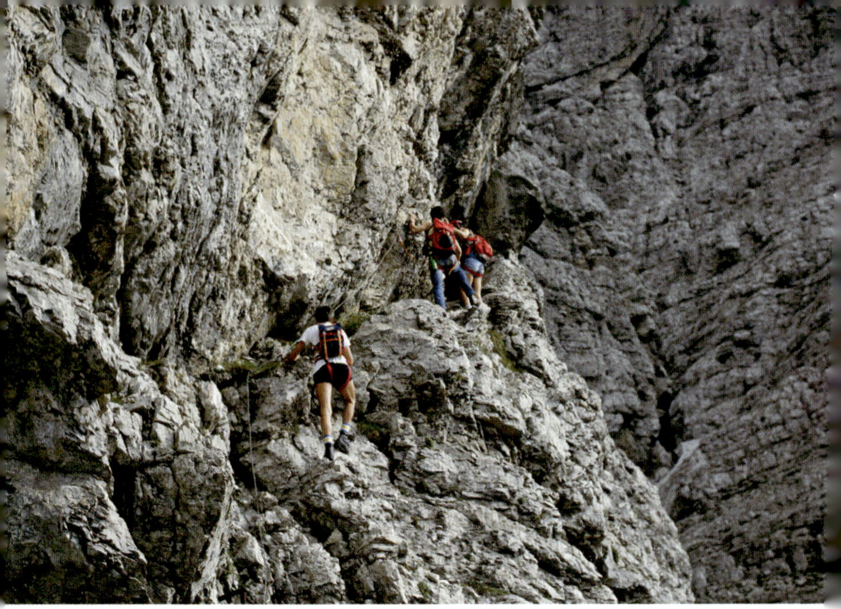

An der »Via ferrata Màrmol« in der Schiara-Südwand.

Von den **Case Bortòt** (1) auf Fußweg Nr. 501 am linken Hang des **Val d'Ardo**, an der Rechtsabzweigung in die Schlucht **Busa del Busòn** vorbei, durch Laubwald nordwärts eben talein zu einem Heiligenbild, dann hinab in die Talsohle und dort über den Torrente Ardo (Betonbrücke **Ponte del Mariano**, 681 m). Jenseits den Rücken zwischen Val Freddo und Val d'Ardo in

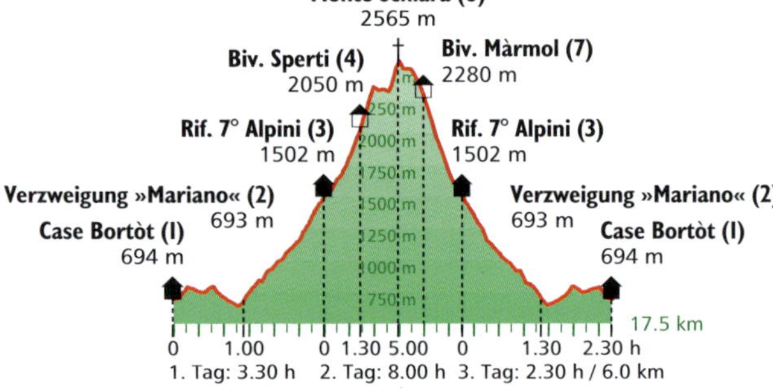

Kehren hinauf zur Verzweigung bei den Mauerresten **Mariano**, 693 m (2). Geradeaus in dem nun schluchtartig verengten Tal auf steinigem Weg anfangs an der rechten, später an der linken Seite aufwärts, zuletzt über Wiesen gegen die Schiara-Südwände in steilen Kehren hoch zum **Rif. 7° Alpini**, 1502 m (3).

Auf Weg Nr. 502 und 504 unter den Schiara-Wänden westwärts zu einer Verzweigung. Rechts den Weg Nr. 504 (**Via ferrata Sperti**) über Wiesen hinauf in eine Steilrinne, danach über einen schrofendurchsetzten Hang unter die Wände der Pale del Balcòn. Eine steile Runse (Klammern, Stifte) 40 m aufwärts, dann über Schrofen halb rechts empor in eine Rinne und durch sie (Drahtseil) in eine Scharte. Nach links empor zu einem Absatz, hernach auf Band in einen Felskessel und jenseits zu einer Schulter. Über ein weiteres Band in eine Rinne und durch sie (Drahtseile) 25 m hinan, später über eine 3 m hohe Wand (Klammern) und gegliederte Felsen zum **Biv. Sperti**, 2050 m (4).

Empor zu einem Absatz und an der Südwestkante der Pala I (Drahtseile) steil hoch, dann auf Band durch die Südwände der Pala I und Pala II nach links in die Schlucht zwischen Pala II und Pala III. Durch sie (Drahtseile) zu einem durch Klemmblock geteilten Loch. Halb rechts im Risskamin 15 m hinauf und über griffige Felsen unter eine Wand. An Klammern (luftiger Spreizschritt) nach links und über ein Band in den Schluchtgrund. Im rechten Ast aufwärts, dann an der linken Begrenzungswand (Eisenleiter) 12 m empor, zuletzt durch einen langen Riss (Drahtseil) in die **Forc. Sperti**, 2250 m, am Südwestgrat der Pala II

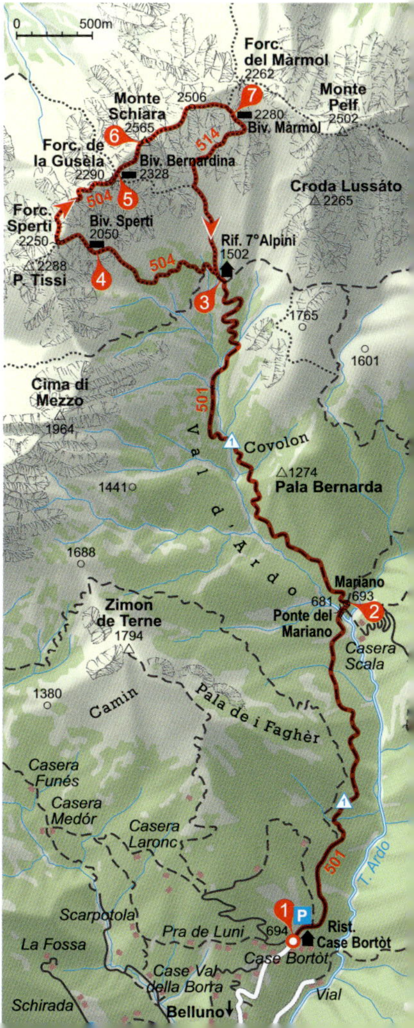

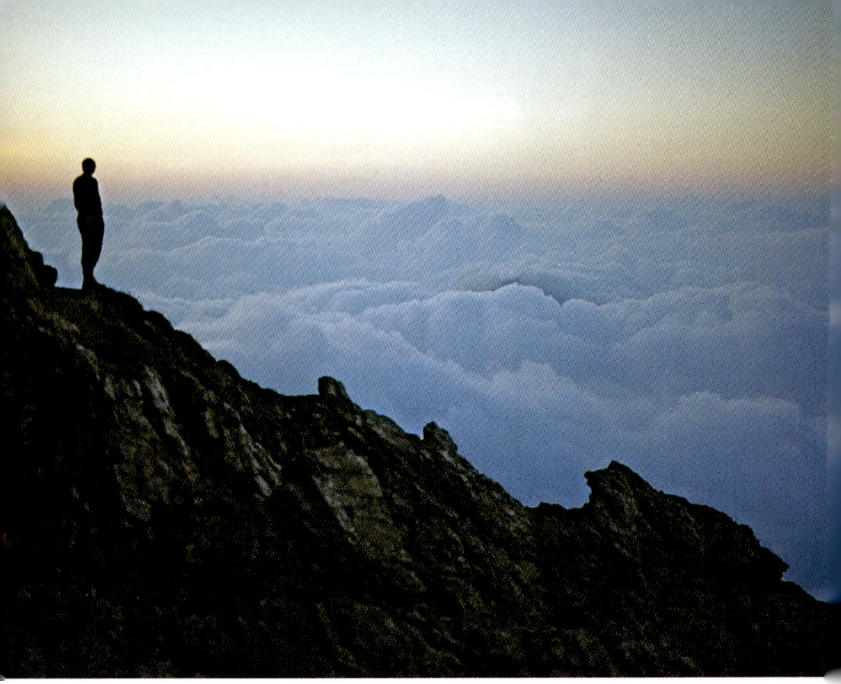

Sonnenaufgang beim Biv. Bernardina mit einem Nebelmeer über Piavetal und Po-Ebene.

und jenseits hinab eine Rinne. Durch sie bzw. an ihrer rechten Begrenzungswand (Drahtseil) empor in eine Scharte. Nun an der Nordseite der Pala II über mehrere Schultern (I, Drahtseile) hinweg in eine Scharte am Nordostgrat. Jenseits (Klammern) hinab auf ein Band und dieses eben zur Scharte zwischen Pala II und Pala I. Quer durch die schrofige Nordseite der Pala I aufwärts, dann durch einen Kamin (Drahtseile) steil hinab zur Scharte vor der C. del Nasòn. Jenseits durch eine Verschneidung (Drahtseile) hinauf, dann auf Band durch die Südwand des Berges in eine Scharte am Ostgrat und über diesen in den Sattel vor der kühnen Felsnadel Gusèla del Vescovà. Eine Felsrinne nach links hinunter, dann auf schönem Band nach rechts und durch die Nordseite der Gusèla in die **Forc. de la Gusèla**, 2290 m, mit Verzweigung. Den Weg Nr. 503 am Südwestgrat des M. Schiara über Platten (Drahtseil) nach links hoch, später auf begrüntem Band (Drahtseil) nach rechts zum **Biv. Bernardina**, 2328 m (5).
In die Südseite des M. Schiara und dort zu einer Teilung. Links den Weg Nr. 504 (**Via ferrata Berti**) über Schrofen zu einem Band und auf ihm nach links

unter einen Überhang. An Eisenleiter 4 m empor auf ein höheres Band und nach links unter einen Kamin. Abdrängend (Leitern, Stifte) 5 m hinauf in den Kamin und durch ihn (I) in eine Scharte. Auf Band nach rechts und durch einen anderen Kamin (Klammern) aufwärts, zuletzt rechts haltend entlang der schrofigen Gratschneide (I) zum Gipfel des **M. Schiara**, 2565 m (6).
Abstieg: Über den schmalen Ostgrat zu einem Vorgipfel, 2506 m, danach den breiten Felsrücken hinunter zu einer Teilung. Über Platten, Schrofen und Geröll nach rechts hinab zum **Biv. Marmol**, 2280 m (7). Den Weg Nr. 514 (**Via ferrata Màrmol**) unter einer Wand nach Westen abwärts, dann durch einen Kamin (Leitern, Drahtseile) 80 m hinunter in eine Scharte. Durch eine Rinne und über einen Schrofenhang rechts hinab in eine Schlucht. An der gegenüberliegenden Wand auf schönem Band (gesicherte Unterbrechungsstelle) nach links und über Eisenleiter hinab zu grasiger Schulter. Zunächst über einen schrofigen Rücken, dann nach rechts hinunter und auf Band in eine enge Schlucht. An der jenseitigen Begrenzungswand (Drahtseil) 60 m nach links hinaus zu einem Absatz mit Rechtsabzweigung der »Via ferrata Zacchi«. Über Schrofen (Klammern) und durch einen Kamin hinab zu einem Steilabbruch. Links vom Kamin an Eisenklammern (Drahtseil) 20 m abwärts, später nach rechts und über gegliederte Wand (Drahtseil) 10 m hinunter zu leicht überhängendem Abbruch. Über diesen (Eisenleitern) 15 m hinab, dann auf Band nach links in die Zentralschlucht und durch sie (Leitern) abwärts, schließlich auf Band nach rechts zum Südwandfuß. Nun den steilen Wiesenhang in Kehren gegen Val d'Ardo hinunter zum **Rif. 7° Alpini**, 1502 m (3). Weiter auf bekanntem Weg zu den **Case Bortòt** (1).

Eindrucksvolle Bänderquerung in eine Steilschlucht an der Via ferrata Màrmol.

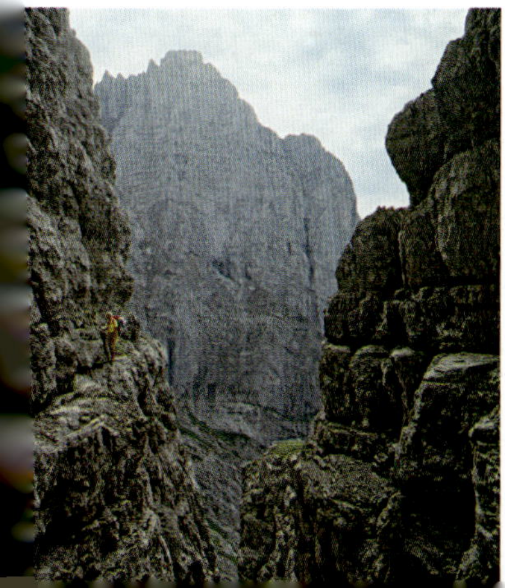

Tiefblick aus der Schiara-Südwand zum Rif. 7° Alpini und durch das Val d'Ardo hinaus.

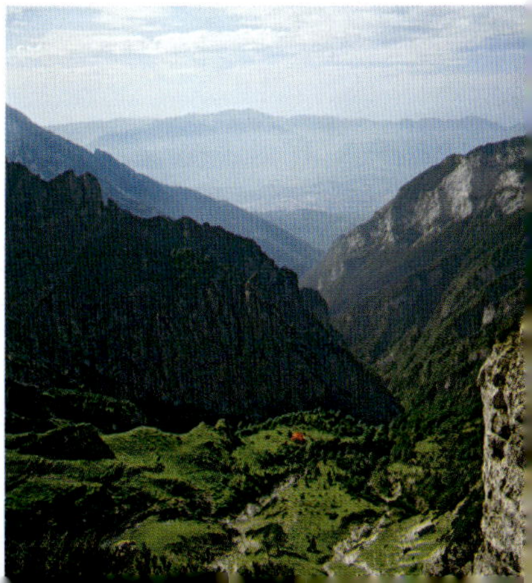

42 Rifugio 7° Alpini und Val de Piero

2 Tage

Talschluchten à la Himalaya am Dolomiten-Südrand

An sich ist schon der Talkessel um das Rifugio 7° Alpini eine Schau, der Aufblick in die kilometerbreite, 800 Meter hohe Schiara-Südwand einen Tourentag wert. Doch das Großartigere ist des Großartigen Feind, was am anschließenden Übergang in das Val de Piero deutlich wird. Der Gang durch diesen engen Canyon mit der 1500 Meter hohen Burèl-Südwestwand im Rücken ist tatsächlich einmalig in den Alpen. Aber aufgepasst! Die oft nur fußbreite, an steiler Berglehne entlang führende Wegtrasse dort ist ausschließlich eine Sache für absolut trittsichere Geher.

Das Rifugio 7° Alpini im inneren Val d'Ardo mit der Pala Barnarda.

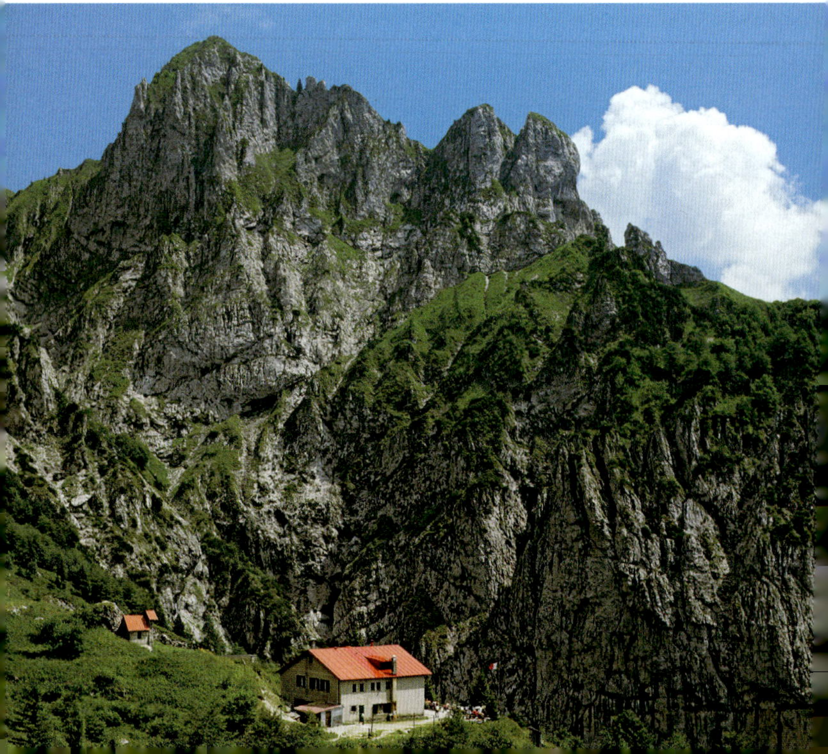

Talort: Belluno, 339 m, am Dolomiten-Südrand im Piavetal gelegene Provinzhauptstadt.
Ausgangspunkt: Bolzano Bellunese, 541 m, Dorf 5 km nördlich von Belluno, an der Mündung des Val d'Ardo. Zufahrt per Bus oder Taxi.
Anforderungen: Anspruchsvoller, langer Übergang. Trittsicherheit, Schwindelfreiheit und Kletterkönnen (Stellen im Schwierigkeitsgrad I) nötig.
Höhenunterschied: 1180 m im Aufstieg, 1290 m im Abstieg.
Einkehr: Rist. Case Bortòt (keine reguläre Übernachtungsmöglichkeit; es wird jedoch ein Zwei-Zimmer-Apartment mit Heizung, 32-Zoll-TV, Bad mit Dusche sowie ein Balkon mit Panoramablick gegen das Valbelluna angeboten; Juni bis Sept. täglich, sonst Frei., Sa. und So. geöffnet; Tel. +39 0437 294831, www.casebortot.it), Rif. 7° Alpini (siehe S. 34), Rist »Alla Stanga« (8 B./Bed and Breakfast, ganzj. geöffnet, Mo. Ruhetag, Tel. +39 380 7780709, www.ristoranteallastanga.it).
Hinweise: Bei Taxifahrt zu den Case Bortòt (10 km von Belluno) 1 Std. Zeitersparnis. Man erkundige sich vor Antritt der Tour über die Bus-Fahrzeiten ab Rist. »Alla Stanga« zurück nach Belluno.

Von **Bolzano Bellunese** (Via Sigi Lechner) (1) die Straße an der linken Seite des Val d'Ardo durch den Ortsteil **Gioz** nach Norden hinab zur Brücke über den **Torrente Medone** und jenseits in Kehren empor zu den **Case Bortòt**, 694 m (2), 3 km. Den Fußweg Nr. 501 auf der linken Seite des **Val d'Ardo**, an der Rechtsabzweigung in die Schlucht **Busa del Busòn** vorbei, durch Laubwald nordwärts eben talein zu einem Heiligenbild, dann hinab in die Talsohle und dort über den Torrente Ardo (Betonbrücke **Ponte del Mariano**, 681 m). Jenseits den Rücken zwi-

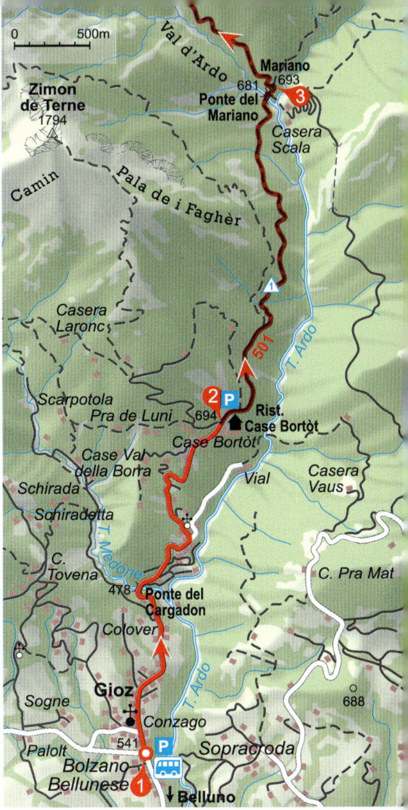

Aufblick in die Schiara-Südwand.

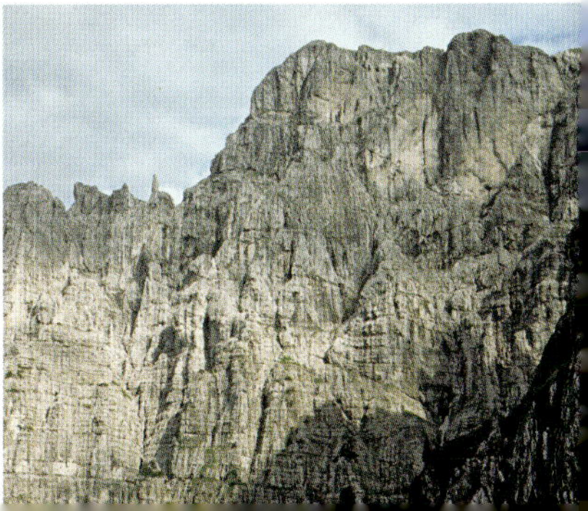

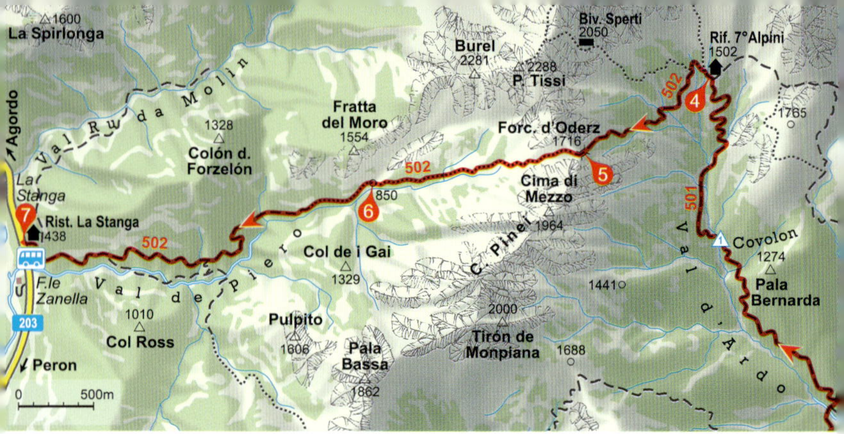

schen Val Freddo und Val d'Ardo hoch zur Verzweigung bei den Mauerresten **Mariano**, 693 m (3). Geradeaus in dem nun schluchtartigen Tal auf steinigem Weg anfangs an der rechten, später an der linken Seite aufwärts, zuletzt über Wiesen gegen die Schiara-Südwände in Kehren empor zum **Rif. 7° Alpini**, 1502 m (4).

Auf Weg Nr. 502 und 504 unter den Schiara-Wänden westwärts zu einer Verzweigung. Links den Weg Nr. 502 an begrünten Hängen in ein Tälchen und dieses steil nach Südwesten empor in die **Forc. d' Oderz**, 1716 m (5), zwischen Pale del Balcòn und C. Pinèi. Jenseits eine steile Schlucht (Drahtseile) hinunter, dann an ihrer rechten Begrenzungsflanke (Drahtseile, Felspassagen im Schwierigkeitsgrad I) durch eine Rinne 25 m hinab, schließlich im klammartig verengten Schluchtkanal über grobblockiges Geröll zu einem Absatz. Rechts einer Rinne (Bach) durch Buschwerk nach Westen abwärts und über eine weitere Rinne nach rechts hinunter in den Talhintergrund des **Val de Piero** (6) mit Einmündung mehrerer Seitengräben. An der rechten Talseite auf Bändern (Drahtseile) teils ausgesetzt bergauf, dann hoch über der Talsohle durch Laubwald und Gesträuch eben dahin und abwärts, zuletzt um eine

Im urweltlichen Canyon des Val de Piero.

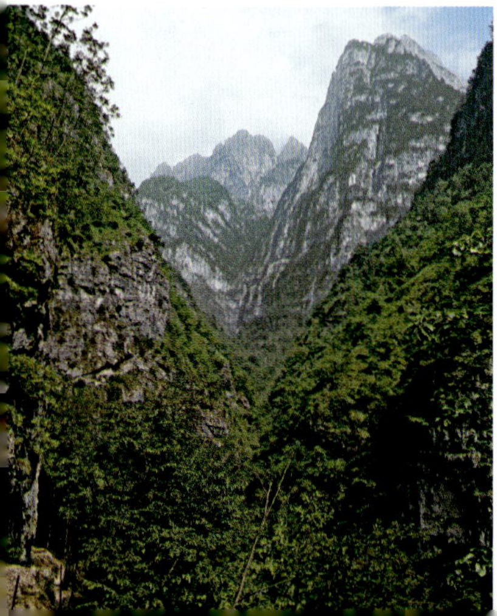

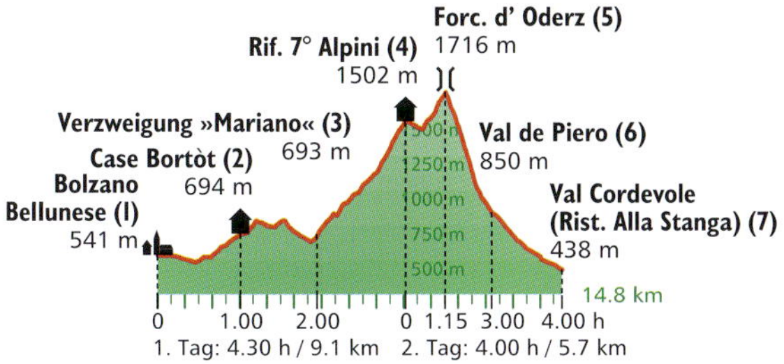

Bergkante nach rechts herum und hinunter in das **Val Cordevole** (»Canal d' Agordo«) mit dem Rist. »Alla Stanga«, 438 m (7), an der Staatsstraße Nr. 203. **Rückfahrt** mit mehrmals täglich verkehrendem Bus nach **Belluno**.

Das Rifugio 7° Alpini im Hintergrund des Val d'Ardo aus der »Vogelperspektive« der Schiara-Südwand.

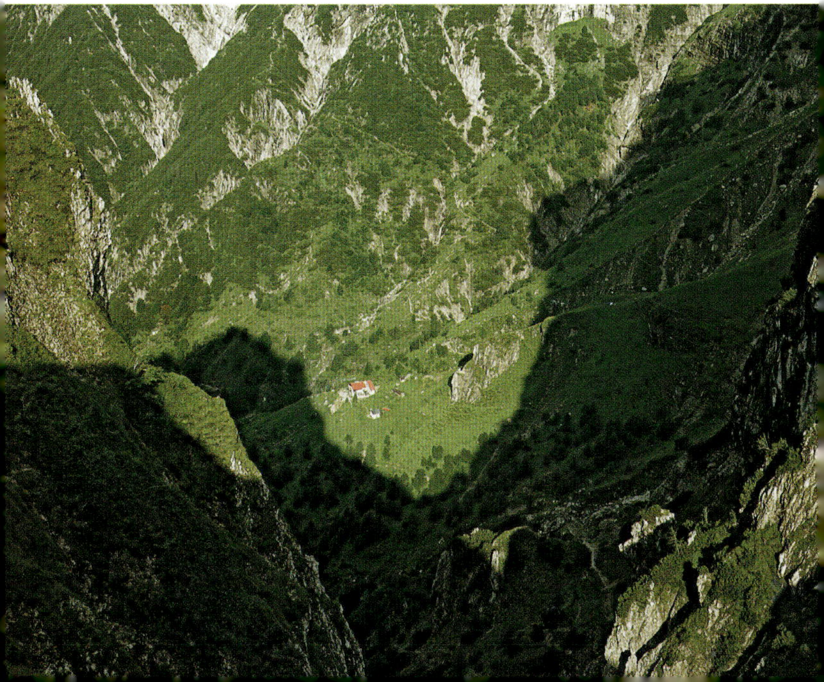

43 Monte Pelf, 2502 m

2 Tage

Stille Pfade auf den östlichen Nachbargipfel des Monte Schiara

Als Beweis für die außerordentliche Attraktivität von Klettersteigen mag der Umstand gelten, dass der fast ebenso hohe östliche Nachbargipfel des Monte Schiara, der Monte Pelf, in Ermangelung gesicherter Steiganlagen früher kaum und wenn, dann nur von einigen Gebietskennern beachtet wurde. Seit Errichtung einer Via ferrata über den Nordwestgrat wird dieser Berg ungleich häufiger besucht. Hier aber soll von einem anspruchslosen Zugang die Rede sein, über den das imposante Felshaupt auch von weniger Geübten erreicht werden kann. Die Route führt aus dem Ardotal durch ein abgelegenes Gebiet an der Südseite, in dem üppige südliche Vegetation und urweltliche Szenerien den Bergwanderer erfreuen.

Talort, Ausgangspunkt: Siehe Tour 45.
Anforderungen: Einfacher, aber anstrengender, steiler Anstieg. Trittsicherheit nötig!
Höhenunterschied: 1820 m im Auf- und Abstieg.
Einkehr: Rist. Case Bortòt (keine reguläre Übernachtungsmöglichkeit; es wird jedoch ein Zwei-Zimmer-Apartment mit Heizung, 32-Zoll-TV, Bad mit Dusche sowie ein Balkon mit Pano-ramablick gegen das Valbelluna angeboten; Juni bis Sept. täglich, sonst Frei., Sa. und So. geöffnet; Tel. +39 0437 294831, www.casebortot.it), Rif. 7° Alpini (siehe S. 34). Biv. Medassa (8 L., stets geöffnet, aber nicht bew.).
Hinweis: Im Abstieg kann man bei etwa gleichem Zeitaufwand dem Querweg Nr. 505 über die Forc. Pis Pilòn, 1733 m, zum Rif. 7° Alpini, 1502 m, folgen, danach auf Weg Nr. 501 durch das Val d'Ardo zu den Case Bortòt gelangen.

Von den **Case Bortòt** (1) wie Tour 41 zur Verzweigung **Mariano**, 693 m (2). Rechts den Weg Nr. 507 und 511 über der Talsohle des Val Freddo in Nordostrichtung aufwärts und nach Traversierung einer Schlucht zu neuerlicher

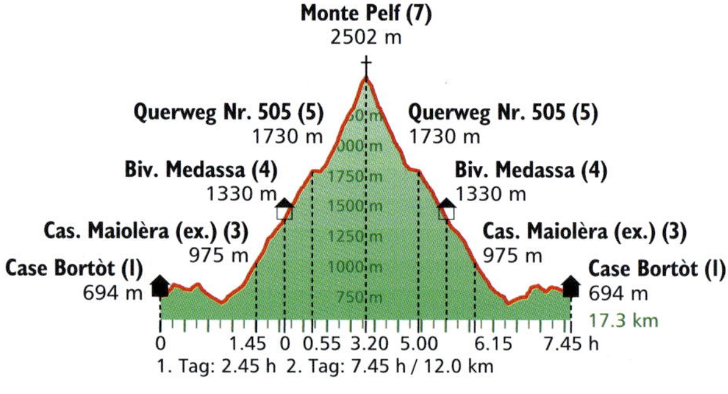

Teilung. Links den Weg Nr. 511 durch Buschwerk in Kehren empor zur verfallenen **Cas. Maiolèra**, 975 m (3). Über eine Wiese hoch, danach an den bewaldeten Südhängen der C. Tanzòn nach links empor zu einem Rücken. Über ihn nordwärts in Kehren hinauf in ein Tälchen mit Felsformationen. Wieder an den Hängen entlang nach links (Nordwesten) aufwärts zu einer Quelle (Wasserstelle!), danach durch Wiesen und Gesträuch, zuletzt quer durch eine Schrofenwand (Drahtseil) zum gemauerten **Biv. Medassa**, 1330 m (4).

Auf Weg Nr. 511 gegen den die Täler Ardo und Medassa trennenden Rücken nach Westen aufwärts, dann in der rechten, dem **Val della Medassa** zugewandten Seite des Rückens über Wiesen nach Norden hinauf zum Querweg Nr. 505 (5) nahe der Forc. Pis Pilòn. Auf ihm nach rechts (Osten) hinab in die Talsohle des oberen Val della Medassa und jenseits gegen die Forc. Càneva hoch zu einer Teilung (6). Links

Im Anstieg auf den M. Pelf: Aufblick von der Forc. Pis Pilon durch die grüne Mulde des Val della Medassa gegen den Sass de Mel.

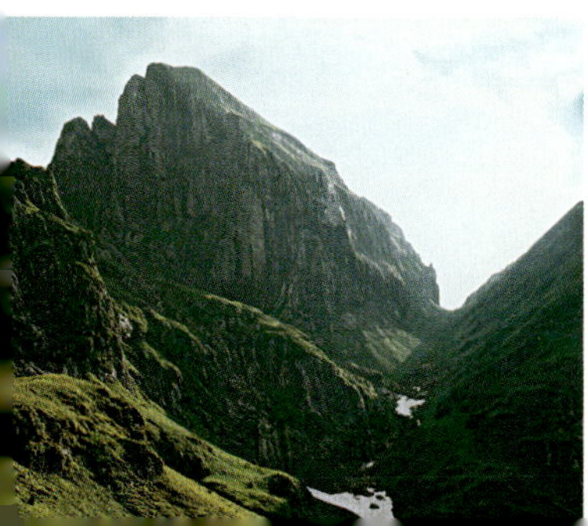

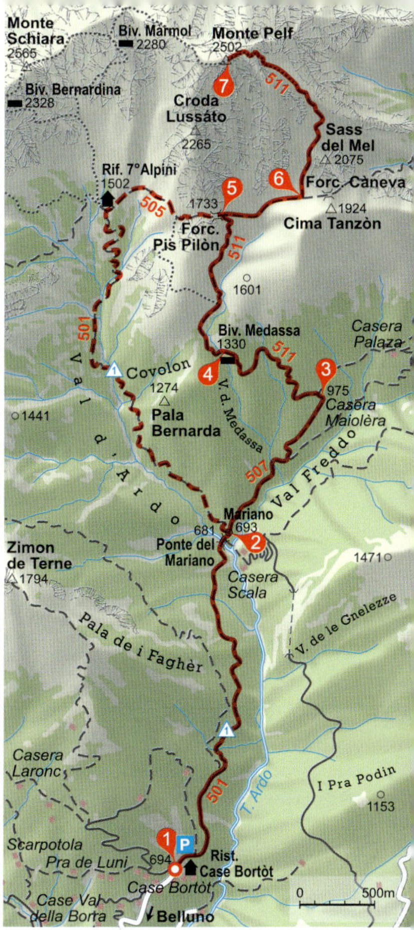

den Weg Nr. 511 durch das Hochtal zwischen M. Pelf und Sass de Mel nach Norden hinauf in die Scharte zwischen den beiden Gipfeln. Auf bez. Steigspuren empor an den Südostgrat und über ihn zum Gipfel des **M. Pelf**, 2502 m (7).

Abstieg entlang der Aufstiegsroute.

44 Anello »Truoi di Bianchi« und Forc. Scodavacca, 2043 m

6.00 Std.

Genussreiche Wanderschleife in den nördlichen Friulaner Dolomiten

Dass sich das Dolomitgestein jenseits des Piave auf dem Gebiet der Südlichen Karnischen Alpen fortsetzt, erfahren jene, die den Bergraum der Spalti di Toro oder der Monfalconi aufsuchen. Für eine erste Erkundung taugt der hier gewürdigte Besuch der Giàfhütte mit Begehung des Bianchi-Rundweges vollauf. Er ist unschwierig, erschließt dem wildromantischen Felsgebirge wundervolle Blickpunkte und wird durch einen Besuch der Forc. Scodavacca lohnend erweitert.

Talort: Forni di Sopra, 894 m, Sommer- und Wintersportort im oberen Val Tagliamento.
Ausgangspunkt: Parkplatz Ponte Giàf, 1040 m, in einem Seitental des Tagliamento an der Ostseite der Cridola-Monfalconi-Gruppe. Zufahrt von Forni di Sopra mit eigenem Auto die Straße über den Passo della Mauria 2,5 km talein zur Fraktion Cianderens, dort links ab und auf schmaler Asphaltstraße das Val Giàf nach Westen aufwärts zum Parkplatz vor der Brücke nach links über den Torrente Giàf, 4 km von Forni di Sopra.
Anforderungen: Unschwierige, als Tagestour anstrengende Wanderung auf bez. Wegen. Trittsicherheit nötig!
Höhenunterschied: 1180 m im Auf- und Abstieg.
Einkehr: Rif. Giàf (siehe S. 34).
Hinweise: Eine Aufteilung der Tour auf zwei Tagesetappen (Übernachtung am Rif. Giàf) wird empfohlen. Bei Verzicht auf den Besuch der Forc. Scodavacca 1¾ Std. Zeiterparnis.
Variante: Von der Scodavaccascharte kann die Tacca del Cridola (2410 m, großartige Felszenerien!) auf bez. Steig in einer Stunde erreicht werden.

Die kühne Kletternadel des Torre Antonio Berti vom Weg zur Forc. Scodavacca.

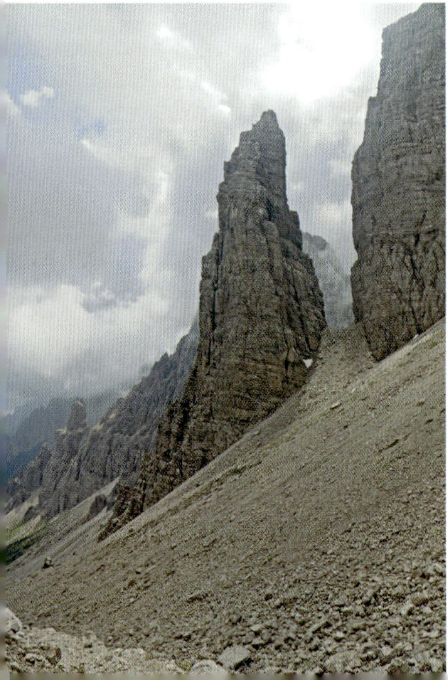

Vom **Parkplatz Ponte Giàf** (1) den staubfreien Fahrweg Nr. 346 nach links über den **Torrente Giàf** und jenseits im Wald steil nach Westen hinauf zur Linkskehre, 1106 m. Rechts ab und auf Fußweg, an guter Quelle (Brunnentrog) vorbei, die Waldhänge links des Torrente Giàf nach Westen bergauf, später an die

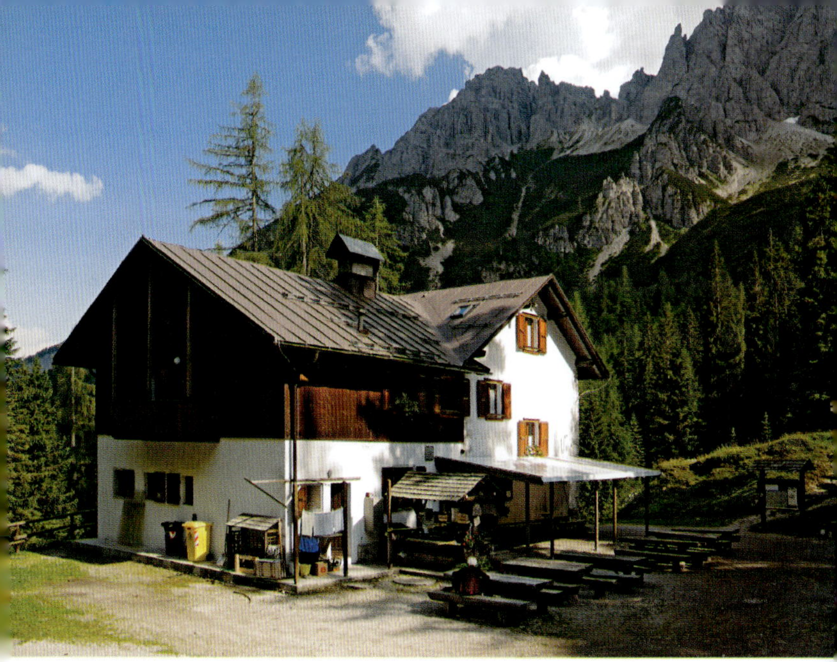

Die Giàfhütte ist ein wichtiger Stützpunkt im Norden der Friulaner Dolomiten.

rechte Talseite und dort im latschendurchsetzten Wald eine Steilstufe in Kehren aufwärts zu einer Verflachung (Bank), danach wieder nach links über den Bach. Zu einer Wiesenlichtung mit Almhütte (Winterraum) und zum Hütten-Zubringer. Ohne diesen zu benutzen auf Fußweg, an einer Kapelle vorbei, scharf nach rechts empor zum **Rif. Giàf**, 1400 m (2).

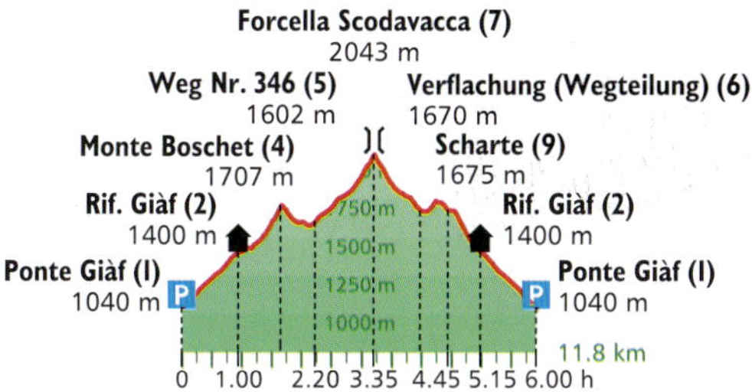

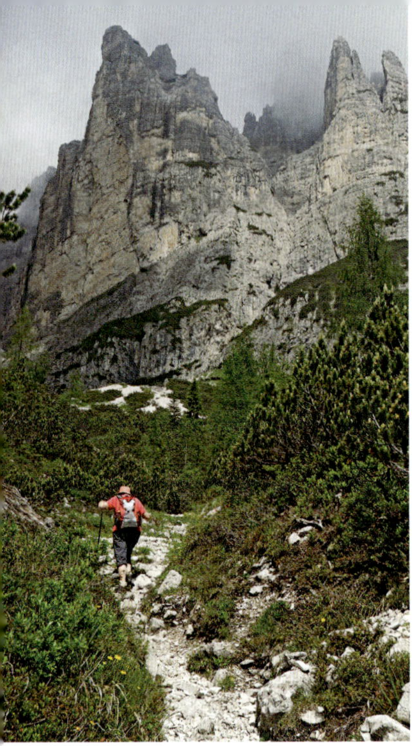

Faszinierende Aufblicke in die Wände der Cridola begleiten uns im Anstieg zur Forc. Scodavacca.

Vom Verzweigungspunkt im Norden der Hütte den Weg Nr. 346 im Wald eben nach Nordwesten zum Giàfbach und links von ihm hinauf zur Weggabelung, 1434 m (3). Rechts auf dem **Anello »Truoi di Bianchi«** (Lehrpfad; markiert, keine Nummer) an den Waldhängen nach Nordosten aufwärts an eine Bergrippe. Links von ihr in steilen Kehren hinauf, dann nach rechts an die erwähnte Rippe (Bank) und dort durch Lärchenwald zur Schulter des **M. Boschet**, 1707 m (4, Verzweigung). Beim Bildstock links den bez. Weg an den Hängen des **Coston del Boschet** südwestwärts in langer Querung vorerst im Wald, dann an felsig-begrünter Flanke abwärts, zuletzt an Latschenhängen zurück in das Val Giàf und dort zum Weg Nr. 346, 1602 m (5). Auf ihm rechts haltend nach Südwesten aufwärts zu einer Verflachung mit Wegteilung, 1670 m (6, Bank). Imponierender Aufblick zu den Türmen und Pfeilern der Cridola!

Geradeaus den Weg Nr. 346 in der Talsohle des Val Giàf durch Wald und Latschen aufwärts, später über

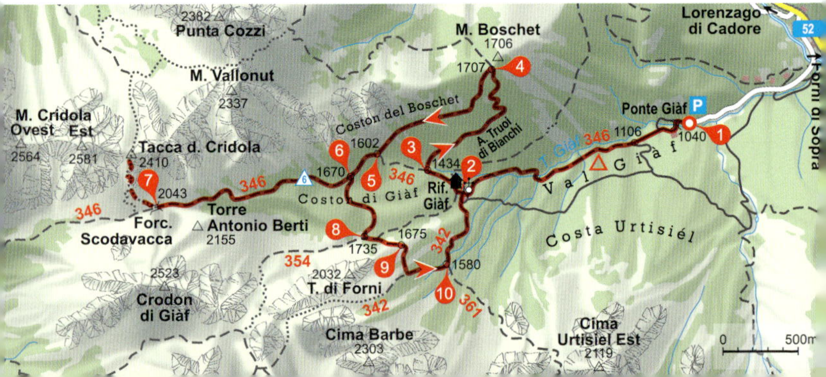

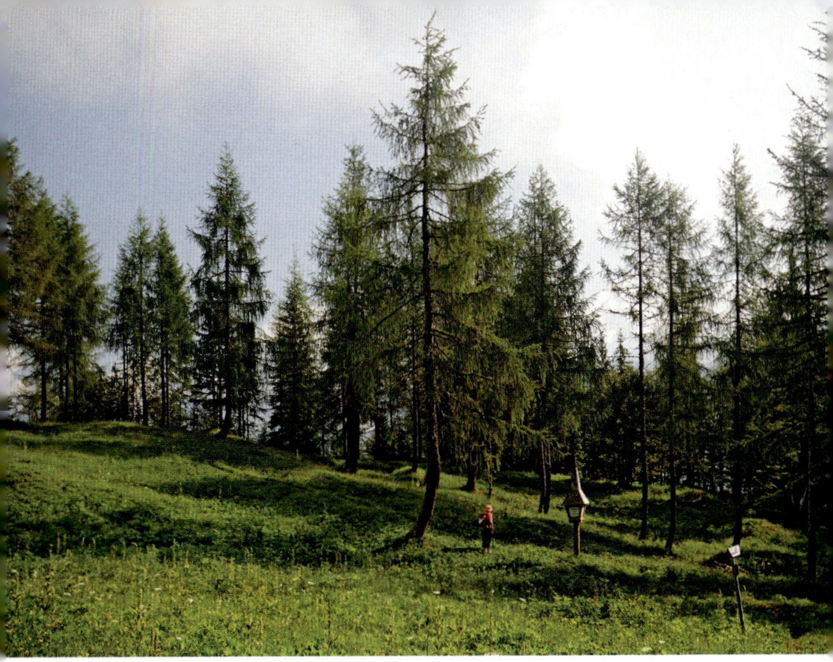

Zauberhafte Lärchenwiesen auf der Schulter des Monte Boschet.

einen Steilaufschwung zu einer Verflachung. An den Türmen des Torre Spinotti (rechts) und des Torre Berti (links) vorbei, einen steilen Latschen- und Schutthang in Kehren nach Westen bergauf, zuletzt an der rechten Seite einer Geröllmulde in die **Forc. Scodavacca**, 2043 m (7, Verzweigung) zwischen Monfalconi- und Cridolagruppe.

Rückweg: Wieder hinab zur Verzweigung, 1670 m (6), im Val Giàf. Rechts ab und auf dem Bianchi-Rundweg südostwärts über den Rücken des **Coston di Giàf** hinweg, danach durch eine Latschengasse gegen die skurril geformten Torri di Forni nach Süden hoch zu querender Wegtrasse, 1735 m (8), am Oberrand der Latschenfelder. Diese über Blockwerk nach links (Osten) abwärts, danach in langer Querung steiler Latschenhänge weiter und aufwärts in eine Scharte, 1675 m (9), am Ostrücken der Torri di Forni. Jenseits über Felsstufen (Drahtseil) und durch Latschen nach Süden zum Weg Nr. 342. Auf ihm links haltend hinab zum Querweg Nr. 361, 1580 m (10), und diesen durch Latschen und Lärchen über Stufen steil nach Norden hinunter, zuletzt links ab und auf Fußweg, am Fahnenmast vorbei, zum **Rif. Giàf** (2). Weiter auf bekanntem Weg zum **Parkplatz Ponte Giàf** (1).

45 Costa di Vedorcia

4.00 Std.

Garten Eden zwischen den Dolomiten beiderseits des Piave

In den Südlichen Karnischen Alpen dominiert der Fels, herrscht Härte, zu Stein gewordene Großartigkeit. Liebliche »Einschübe« finden sich nur an wenigen Stellen, etwa am Canpuròs (Tour 48), am Pian Roncada (Tour 49) oder an der hier gewürdigten Aussichtsloge von Vedorcia. Den Spalti di Toro und der Monfalconigruppe westlich vorgelagert, vermittelt ihr Besuch einen umfassenden Überblick über die Dolomiten westlich und östlich des Piave.

Talort: Domegge di Cadore, 711 m, Urlaubsort im Piavetal, über dem Lago di Centro Cadore.
Ausgangspunkt: Parkplatz Rif. Padova, 1300 m, im inneren Val Talagona. Zufahrt von Domegge mit eig. Kfz oder Jeep Zubringer (Tel. +39 0435 72488, www.rifugiopadova.it) auf schmaler Asphaltstraße, 10 km. Achtung! Die Zufahrtsstraße durch das Val di Toro darf zwischen 1. Juni und 5. Sept. mit eigenem Kfz talein nur zwischen 10 und 14 Uhr, talaus zwischen 14.30 und 16.30, von 16.30 bis 9.30 in beiden Richtungen befahren werden.
Anforderungen: Unschwierige Wanderung auf bez. Wegen.
Höhenunterschied: 780 m im Auf- und Abstieg.
Einkehr: Rif. Padova und Rif. Tita Barba (siehe S. 34/35).

Vom **Parkplatz Rif. Padova** (1) auf abgeschrankter Straße 200 m nach Nordwesten abwärts zu dem am Unterrand der Wiese **Pra di Toro** stehenden **Rif. Padova**, 1287 m (2).
Auf Weg Nr. 352 am rechten Rand der Pra-di-Toro-Wiese nach Süden aufwärts, dann auf Karrenweg nach rechts in den Wald und dort in Westrichtung hinauf an den Rücken (1475 m) des **Coll' Alto** mit Wiese und Unterstandshütte (3). Nach links in die bewaldete Westseite des Hügels hinein, dort hinab zum **Torrente Talagona** und jenseits empor zur **Cas. Valle**, 1360 m (4, Wegteilung). Rechts haltend auf bez. Weg (keine Nummer!) durch Lärchenwald und Gesträuch westwärts steil gegen die Costa di Vedorcia hinauf in

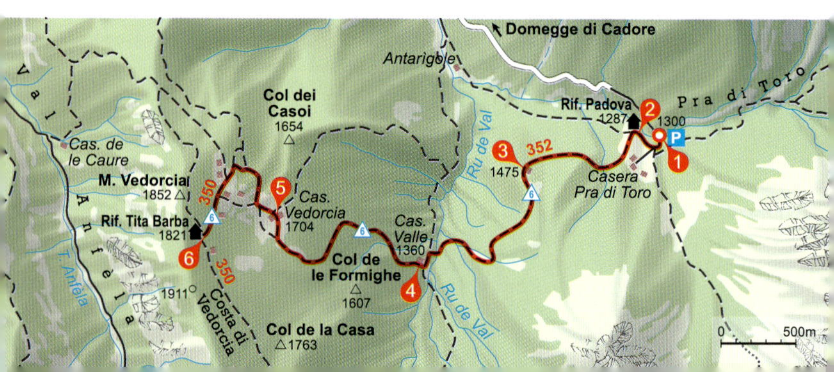

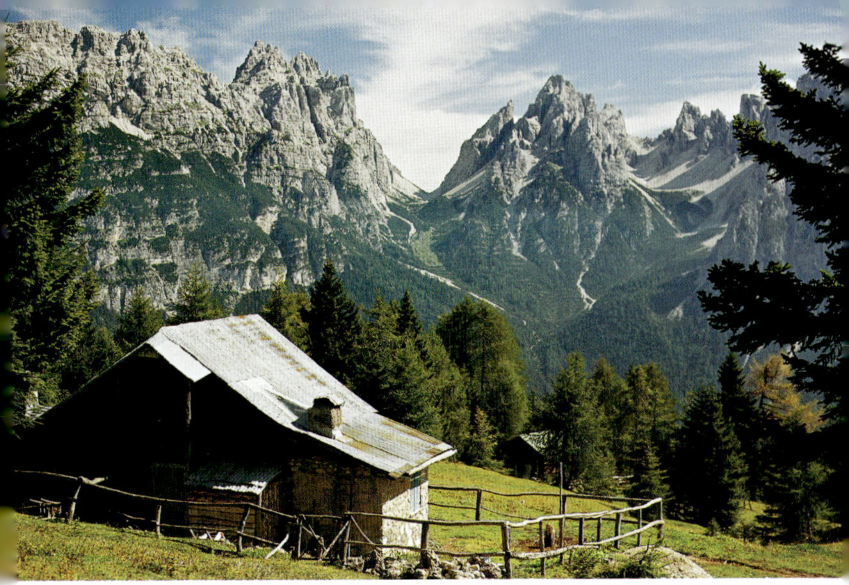

Auf den Almweiden um die Cas. Vedorcia. Im Nordosten Cridola- und Monfalconigruppe mit der markanten Forc. Scodavacca (Tour 44) dazwischen.

geneigteres Gelände. Im lichten Nadelwald nach links (Südwesten) bergauf, später rechts empor zu balkonartiger Wiesenschulter mit der **Cas. Vedorcia**, 1704 m (5). Den Karrenweg durch Wiesen und lichten Lärchenbestand in weiten Schleifen nach Westen hoch zu dem am Kamm der Costa di Vedorcia inmitten herrlicher Lärchenwiesen gelegenen **Rif. Tita Barba**, 1821 m (6). Rückblick zu den Türmen und Zacken der Friulaner Dolomiten mit Cridola, Monfalconi und Spalti di Toro. Überwältigende Schau auch nach Westen zu den Dolomiten mit Bosconerogruppe, Civetta-Moiazza, Pelmo, Antelao, Marmarole und Sextener Bergen. **Abstieg** entlang der Aufstiegsroute.

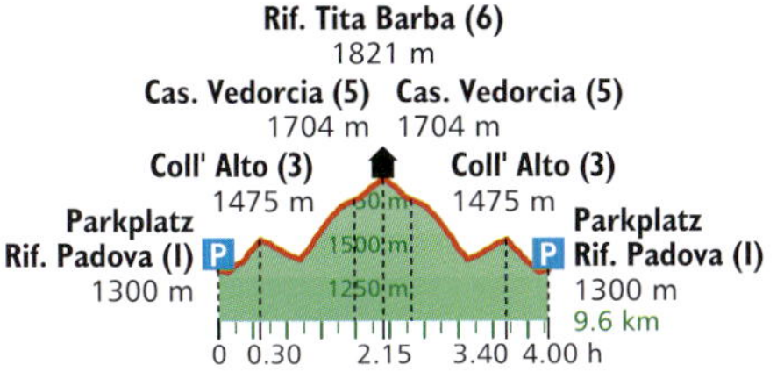

46 Zum Campanile di Val Montanaia

5.30 Std.

Im Steilanstieg zu einer Alpensensation

In einem abgelegenen Winkel der Monfalconigruppe findet man eines der merkwürdigsten Felsgebilde der Alpen, die 200-Meter-Säule des Campanile di Val Montanaia. Spektakulär ist vor allem ihr Standort, denn der kühne Turm erhebt sich ganz unmittelbar und frei inmitten eines Schuttkares. Nach einer regelrechten »Belagerung« wurde der Gipfel im Jahre 1902 durch Viktor Wolf von Glanvell und G. Freiherr von Saar erstmals bestiegen. Im Montanaia-Kar haben aber nicht nur Kletterer, sondern auch Wanderer lohnende Ziele. Das gilt für einige hohe Scharten wie etwa die Forcella Montanaia, die vom Pian Meluzzo in zwar anstrengendem, aber einfachem Steilanstieg gewonnen wird.

Die frei in einem Kar aufragende Felssäule des Campanile di Val Montanaia mit dem Col Nudo im Süden dahinter.

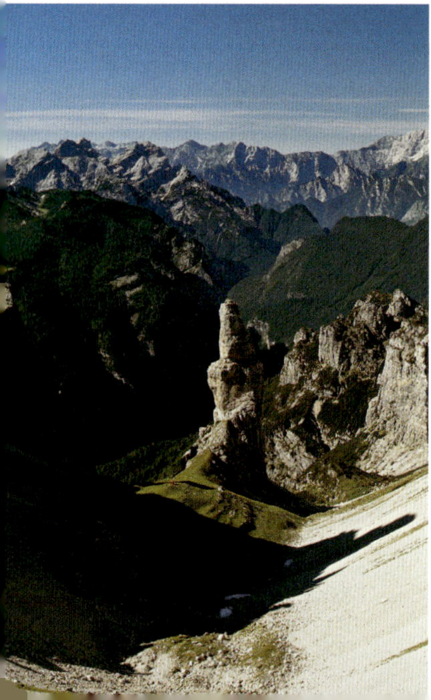

Talort: Cimolais, 651 m, an der Mündung des Val Cimoliana in das Val Cellina.
Ausgangspunkt: Parkplatz Pian Meluzzo, 1163 m, im inneren Val Cimoliana. Zufahrt von Cimolais mit eigenem Kfz auf anfangs staubfreier (4 km), dann schlechter Schotterstraße mit querenden Wasserrinnen, 12,5 km von Cimolais. Im August sowie an Sommer-Wochenenden Mautgebühr. Achtung! Die Straße kann während oder nach stärkeren Regenfällen unpassierbar sein.
Anforderungen: Einfacher, aber steiler Anstieg auf bez. Steigen. Trittsicherheit nötig.
Höhenunterschied: 1170 m im Auf- und Abstieg.
Einkehr: Rif. Pordenone (siehe S. 35). Biv. G. Perugini (9 L., unbew., immer offen).
Hinweis: Von der Forc. Montanaia kurzer Anstieg in eine weiter östlich gelegene Scharte an der C. di Forc. Montanaia (Großglockner-Blick!).

Vom **Parkplatz Pian Meluzzo** (1) auf Fahrweg Nr. 353 und 349 über die aus dem Val Montanaia herabreichenden Schuttströme nach Norden aufwärts, dann auf Fußweg durch Wald in Kehren empor zum **Rif. Pordenone**, 1249 m (2). Auf Weg Nr. 353 durch Wald kurz nordwärts in Kehren hinauf, dann ebene Querung nach links zu den Schuttfeldern des schluchtartigen **Val Montanaia**. An seinem rechten Rand über Geröll steil nach Norden aufwärts zur Teilung der Schlucht. Im rechten Ast zu einem mächtigen Überhang (Notunterstand), danach die sehr steile Blockrinne in engen Kehren zu einer Quelle (Wasserstelle für das Biv. Perugini) empor. Durch Latschen und über Felsstufen zu einem Absatz mit Aufblick gegen den über uns frei in den Himmel ragenden Campanile. Vorerst noch durch Latschen, dann einen angegrünten Schutthang sehr steil hoch, schließlich durch die Mulde rechts (östlich) des Campanile aufwärts und nach links zu dem am Wiesenrücken nördlich des Turmes stehenden **Biv. Perugini**, 2060 m (3).

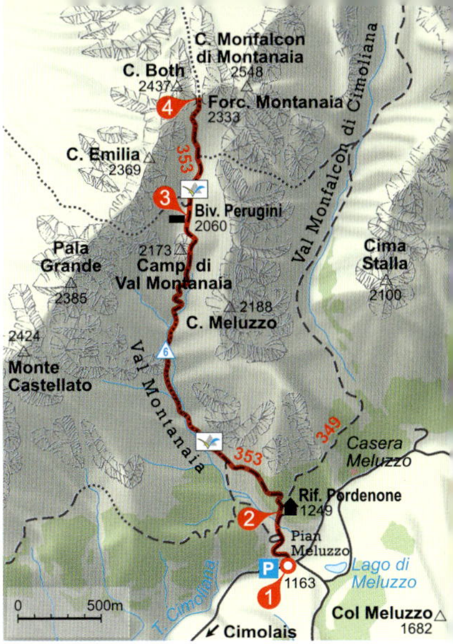

Den Weg Nr. 353 über Wiesen eben nach Norden zu einer Quelle (nicht immer Wasser!) und aufwärts zu den Schutthängen unter der Croda-Cimoliana-Westwand mit Rechtsabzweigung von Weg Nr. 360 (derzeit, 2014, gesperrt). Geradeaus die aufsteilenden Geröllhänge teils in Kehren hinauf, schließlich über Blockwerk gerade empor in die **Forc. Montanaia**, 2333 m (4) zwischen C. Both und C. di Forc. Montanaia. Eindrucksvoller Rück- und Tiefblick in das Montanaia-Kar mit dem frei stehenden Campanile und den Kämmen der Col-Nudo-Cavallo Gruppe dahinter. Im Westen der Antelao, dahinter die Marmarolegruppe. Im Norden über dem Zackengrat der Cridola die Drei Zinnen (Sextener Dolomiten).

Abstieg über die Aufstiegsroute.

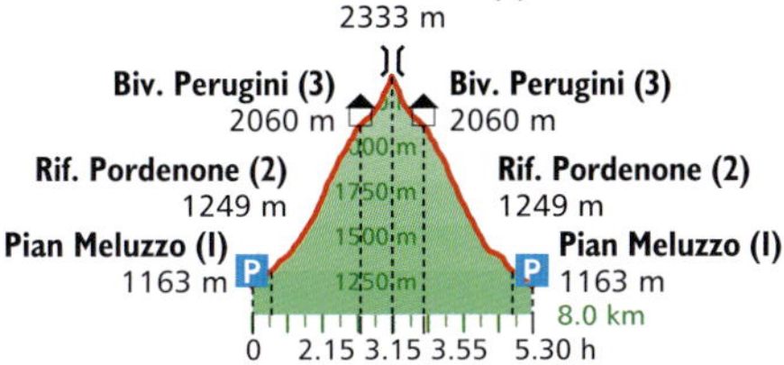

47 Bivacco Marchi-Granzotto und Forc. del Leone, 2290 m

7.00 Std.

In die fantastische Felsenwelt der Monfalconigruppe

Wer als Wanderer an der Westseite des Val Cimoliana/Val Meluzzo im Bereich der Monfalconi und Spalti di Toro sein Glück versuchen möchte, hat's neuerdings schwer! Denn die früheren Highlights wurden infolge von Lawinenabgängen und Felsstürzen in den letzten Jahren unpassierbar und der Rest ist Durchschnittsgehern nur bedingt zu empfehlen. Möglich und lohnend ist aber nach wie vor die Überschreitung der Forcella del Leone, das Val Monfalcon di Forni hinauf, das Val Monfalcon di Cimoliana hinunter. Über einen Mangel an einprägsamen Felsszenerien wird man sich dabei nicht zu beklagen haben!

Talort, Ausgangspunkt: Siehe Tour 46.
Anforderungen: Unschwierige, aber lange und anstrengende Wanderung mit beachtlichem Höhenunterschied. Nur bei trockenem Wetter!
Höhenunterschied: 1130 m im Auf- und Abstieg.

Einkehr: Rif. Pordenone (siehe S. 35). Biv. Marchi-Granzotto (12 L., stets geöffnet, aber nicht bew.).
Variante: Vom Bivacco Marchi kann auf Weg Nr. 342 in 30 Min. die Forc. del Cason (2280 m; Blick bis zur Karnischen Hauptkette!) gewonnen werden.

Am Pian Meluzzo. Rechts über der Mündung des Val Montanaia (Tour 46) die C. Meluzzo.

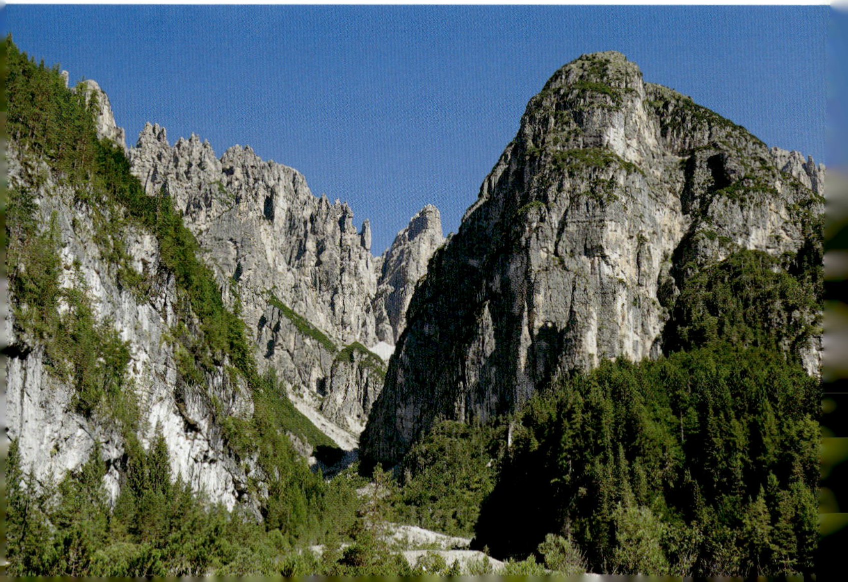

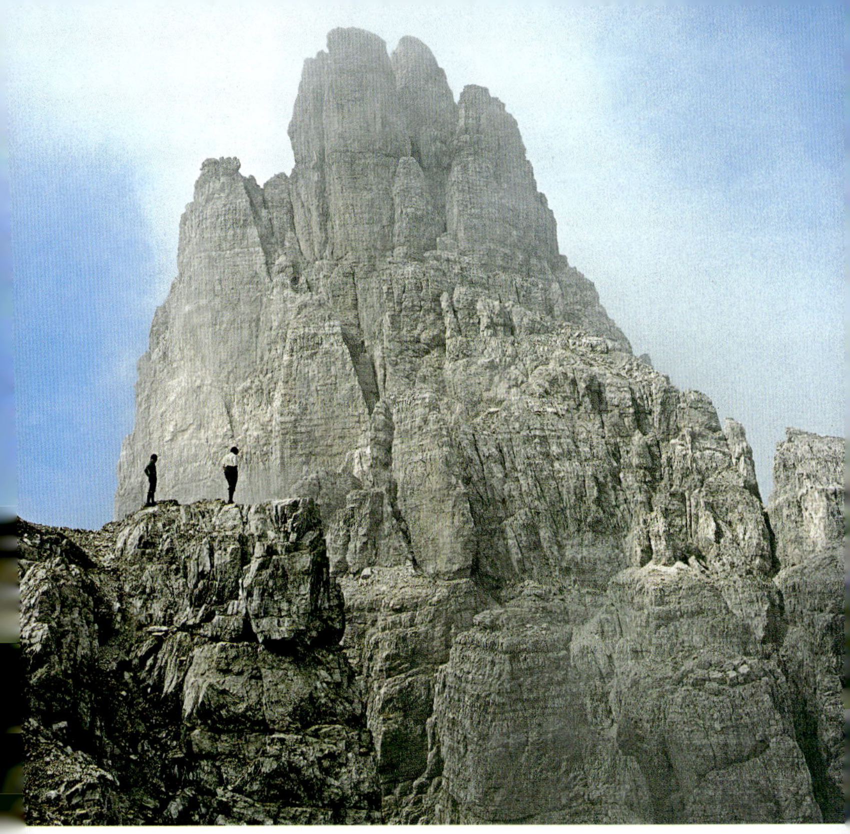

Eines der Schaustücke im Umkreis des Bivacco Marchi-Granzotto ist der wuchtige Monfalcon di Forni, hier aus dem Blickwinkel der Forc. del Cason (Variante).

Vom **Parkplatz Pian Meluzzo** (1) wie bei Tour 48 zum Verzweigungspunkt unterhalb der **Caseruta dei Pecoli**, 1363 m (4).
Links den Weg Nr. 359 an der rechten Seite des **Val Monfalcon di Forni** im Wald nordwärts gegen die C. dei Pecoli hinauf, später an Grashängen nach links (Nordwesten) zu einer Verflachung, 1650 m. Über zwei Steilaufschwünge aufwärts in den durch einen Felssporn zweigeteilten oberen Talabschnitt und im linken Ast weiter zu einer Verzweigung. Auf Weg Nr. 342 kurz nach rechts empor zu dem auf der Höhe des Felssporns stehenden **Biv. Marchi-Granzotto**, 2152 m (5). Prachtblick nach Süden zu den Käm-

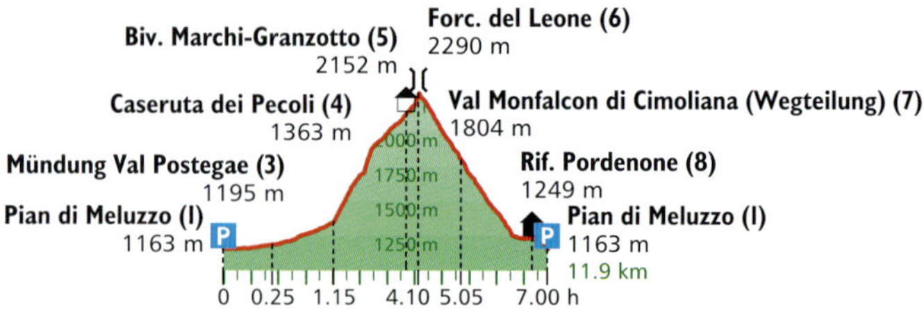

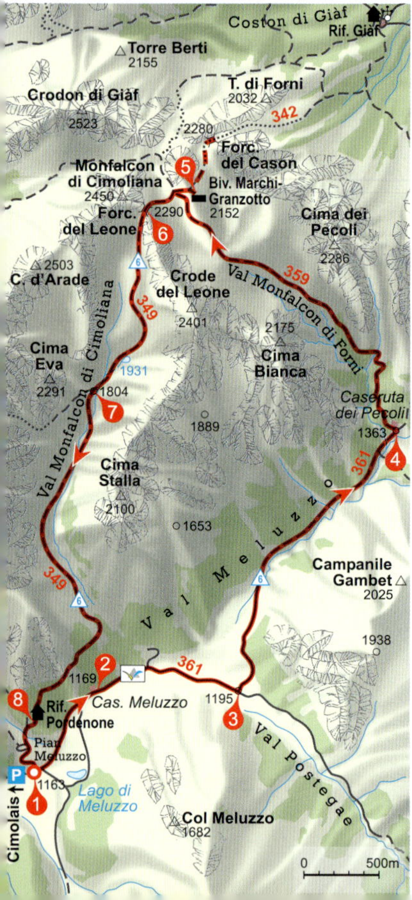

men der Pramaggioregruppe!

Von der genannten Verzweigung im obersten Val Monfalcon di Forni auf Weg Nr. 349 und 360 über Schutthänge schräg nach rechts (Nordwesten) hoch, später eine steile Geröllrinne in Kehren nach links (Südwesten) empor in die **Forc. del Leone**, 2290 m (6), zwischen Crode del Leone und Monfalcon di Cimoliana. Jenseits an der linken Seite des **Val Monfalcon di Cimoliana** über Geröll ziemlich tief hinab zu schöner Wiese, danach durch eine Geröllmulde zu einem Wiesenbalkon (1931 m, Quelle).

Schräg nach rechts (Südwesten) abwärts, später über ein Bächlein und jenseits durch Wiesen und Latschen zur Wegteilung (7) bei einem meist trockenen Bachbett, 1804 m. Geradeaus das geröllige Hochtal weiter bergab, dann an der rechten Talseite zur Verzweigung noch oberhalb der Talsohle des Val Meluzzo. Rechts (Weg Nr. 349) an den Waldhängen in langer Querung eben nach Südwesten zum **Rif. Pordenone**, 1249 m (8). Auf Weg Nr. 353 und 349 nach Süden hinab zu den Schuttströmen im Auslauf des Val Montanaia und zum **Parkplatz** (1).

Um die Cima Brica

Paradiese, dort, wo man sie am wenigsten vermutet …

In den Pramaggiorebergen habe ich »Klingsors Zaubergarten« entdeckt, ein brettebenes Wiesenrund inmitten wilder Felskulissen, weltabgeschieden, unvergleichlich, der Camporosso, auch »Canpuròs« genannt. An ihm vorbei führt unser Weg um die Cima Brica, der an der urigen Casera Valbinon, von zwei bergbegeisterten Burschen bewirtschaftet, einen ersten Höhepunkt hat. Der nachfolgende Fünf-Scharten-Weg in das obere Val Postegae bringt eine Fülle selten geschauter, großartiger Landschaftsbilder.

Talort, Ausgangspunkt: Siehe Tour 46.
Anforderungen: Unschwierige, aber lange Wanderung auf bez. Wegen. Trittsicherheit und Ausdauer nötig. Nur bei trockenem Wetter!
Höhenunterschied: 1250 m im Auf- und Abstieg.
Einkehr: Rifugio Pordenone und Ric. Casera Valbinon (siehe S. 35).
Hinweise: Vom Parkplatz Pian Meluzzo erreicht man, Weg Nr. 353 und 349 folgend, in 15 Min. die bew. Pordenonehütte. Am Ric. Casera Valbinon wird bei geplanter Übernachtung eine Voranmeldung (Tel. +39 339 5309361) empfohlen.

Vom **Parkplatz Pian Meluzzo** (1) den Fahrweg Nr. 361 (Fahrverbot) durch das Val Meluzzo über Schutt und Wiesen eben talein zur **Cas. Meluzzo**, 1169 m (2, links oberhalb). Nach rechts über das wasserlose Bachbett und jenseits durch Buschwerk und Wiesen zur Verzweigung (3) an der Mündung des **Val Postegae**, 1195 m. Links (Weg Nr. 361) anfangs durch Wald, dann über Geröll durch das sich verengende Tal bald auf Fußweg am rechten, später am linken Rand der Schuttströme bergauf zur Verzweigung unterhalb der **Caseruta dei Pecoli**, 1363 m (4; einfache Holzhütte, Bänke, Feuerplatz). Geradeaus den Weg Nr. 361 zur Linken des **Rio Valbinon** durch Wald und Wiesen steil nach Nordosten hinauf, dann zur Rechten des Baches im lichten Bergwald weiter, zuletzt ostwärts in die Wiesenmulde um das **Ric. Cas. Valbinon** (auch »Valmenon«), 1778 m (5).
Den Weg Nr. 361 100 m nach Osten aufwärts zur Quelle bei niedriger Felswand, danach zu Verzweigung. Rechts auf Weg Nr. 369 ein enges gewundenes Hochtal durch Almrosen, Latschen und Lärchen in Süd-

Unterwegs zur Cas. Valbinon. Rückblick durch das Meluzzotal zur C. dei Preti.

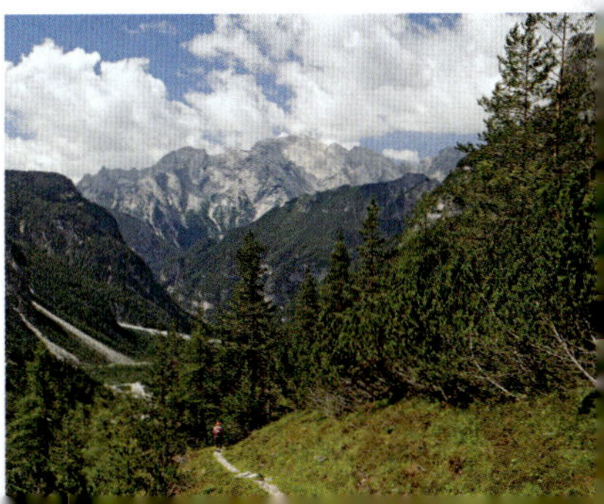

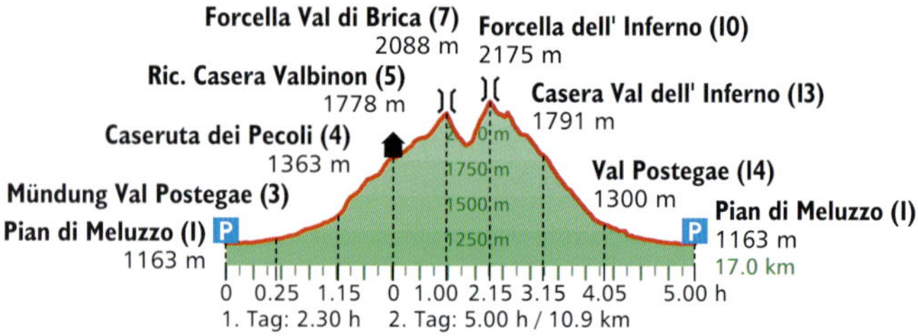

richtung hinauf, zuletzt ostwärts zur märchenhaft schönen Wiesenfläche **Camporosso** (6, auch »Canpuròs«, 1914 m; links auf einer Anhöhe die Unterstandshütte Cason di Canpuròs, 1945 m). Am rechten Wiesenrand südwärts weiter zu einer Quelle, dann durch Lärchen und Buschwerk steil hoch, zuletzt über begrünte Geröllhänge in die **Forc. Val di Brica**, 2088 m (7). Jenseits kurz steiler abwärts, dann an den Latschen- und Wiesenhängen schräg nach links hinab auf eine Terrasse im oberen **Val di Brica**. Dort durch Blockwerk und Latschen nach Süden abwärts zu einer Verzweigung, 1860 m (8). Geradeaus auf Weg Nr. 369 die begrünten Schutthänge hinauf zur **Forc. del Mus di Brica**, 2020 m (9), neben einem frei im Kar aufragenden Felsturm, danach im steilen, schrofig-schuttigem Gelände (Vorsicht!) weiter und nach links empor in die **Forc. dell' Inferno**, 2175 m (10). Jenseits an be-

Im Nordanstieg zur Forc. Val di Brica mit Tiefblick auf die Wiesenoase des Camporosso.

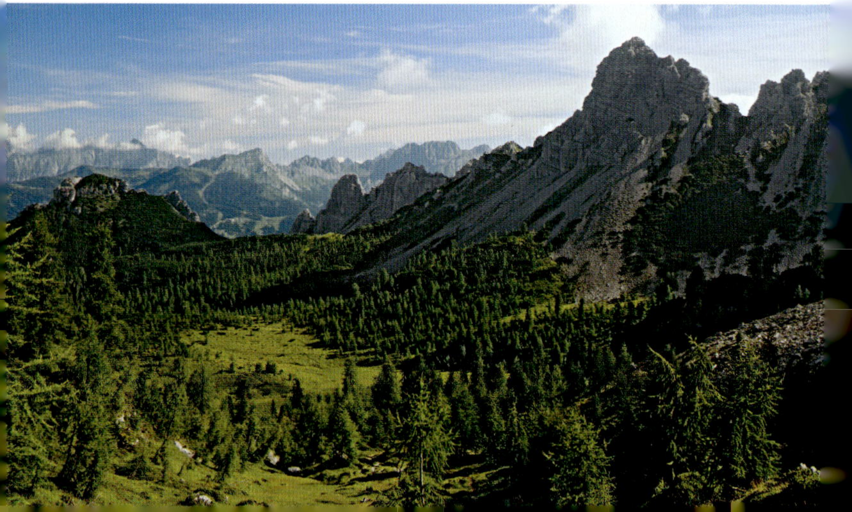

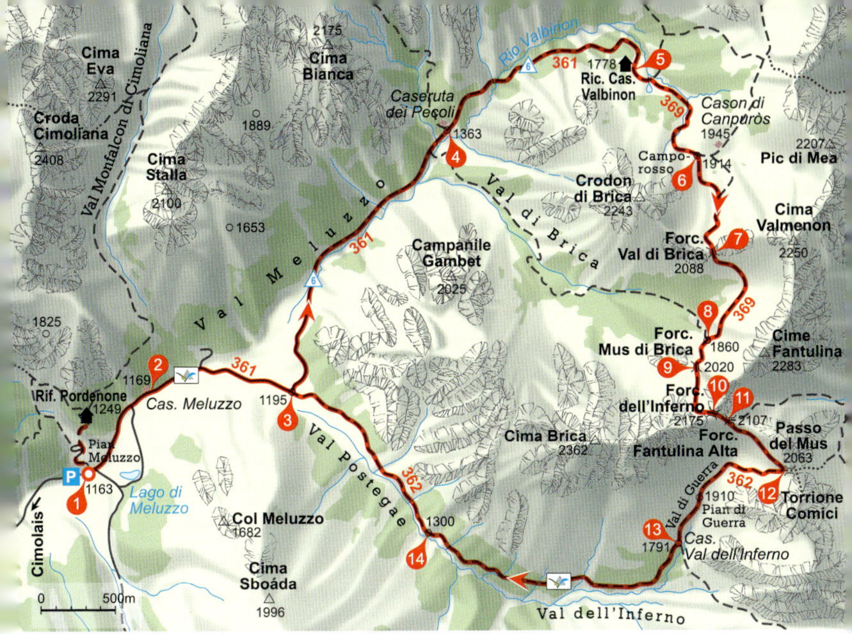

grünter Geröllflanke nach Südosten hinab in die **Forc. Fantulina Alta**, 2107 m (11). Auf Weg Nr. 369 über den Verbindungskamm zur Punta del Mus eben weiter, später in seine rechte Seite und dort an steiler Felsflanke vorsichtig bergab und hinauf in den **Passo del Mus**, 2063 m (12; Steinbockkolonien, Klettersteig-Abzweigung »Cassiopea« auf den Torrione Comici). Ohne den Pass zu überschreiten auf Weg Nr. 362 über Geröll scharf nach rechts (Westen) hinab zum Wiesenboden **Pian di Guerra**, 1910 m (hausgroße Felsblöcke). An der rechten Seite des **Val di Guerra** durch Lärchen und Latschen nach Süden hinunter zur verfallenen **Cas. Val dell'Inferno**, 1791 m (13; Felsblock, Quelle), und auf Weg Nr. 362 über steile Waldhänge, an einer Quelle vorbei, westwärts weiter bergab in das **Val Postegae**, 1300 m (14). Dort rechts der Schuttfelder talaus in das Val Meluzzo und auf bekanntem Weg zum **Parkplatz** (1).

Ein gar nicht scheuer Vertreter der Steinbockkolonie am Passo del Mus.

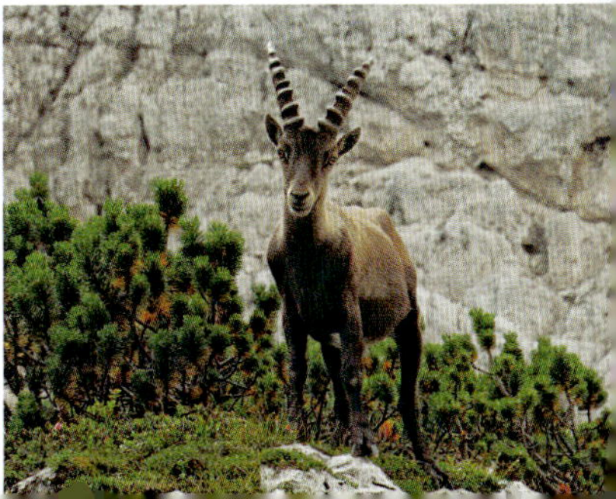

49 Pian Roncada und Monte Ferrara, 2258 m

6.30 Std.

Logenplätze gegenüber Spalti di Toro und Monfalconi

Die gegen das Val Cimoliana/Val Meluzzo gerichteten Wände und Steilflanken der Pramaggioregruppe lassen die paradiesischen Wiesenterrassen darüber nicht erahnen. Der Pian Roncada umgibt ringförmig den Monte Ferrara, der als Panoramapunkt im Zentrum eines traumhaften, kaum bekannten Wandergebiets steht. Der Zugang aus dem Meluzzotal durch das canyonartige Val Ciol de Mont geschieht auf markierten Wegen, der Gipfelanstieg auf den Monte Ferrara setzt hingegen etwas Bergerfahrung voraus. Die Tour bietet begeisternde Ausblicke auf den Zackenwald der Spalti di Toro und Monfalconi.

Im Anstieg zum Pian Roncada. Rückblick gegen den Türmewald der Monfalconi und Spalti di Toro mit dem berühmten Campanile di Val Montanaia.

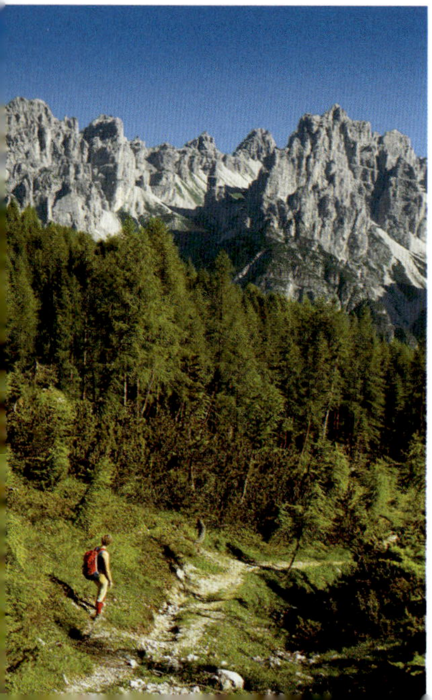

Talort, Ausgangspunkt: Siehe Tour 46.
Anforderungen: Bis zur Forc. Savalòns einfache Wanderung auf bez. Wegen. Der Gipfelanstieg auf den M. Ferrara ist nicht markiert (Steigspuren) und verlangt Orientierungsvermögen, Trittsicherheit und Schwindelfreiheit.
Höhenunterschied: 1100 m im Auf- und Abstieg.
Einkehr: Rif. Pordenone (siehe S. 35). Ric. Casera Roncada (12 L.) und Ric. Casera Bregolina Grande (10 L.), beide immer offen, aber nicht bewirtschaftet.
Variante: Von der Forc. Savalòns können Geübte über das Ric. Cas. Bregolina Grande und durch die imposante Talschlucht des Valle Pezzeda (Weg Nr. 370/371) in das Val Cimoliana und dort (Straße) zum Pian Meluzzo gelangen.
Hinweis: Vom Parkplatz erreicht man auf Weg Nr. 353 und 349 in 15 Min. die bew. Pordenonehütte.

Vom **Parkplatz Pian Meluzzo** (1) auf Straße kurz ostwärts zur Rechtsabzweigung des schottrigen Fahrwegs Nr. 370. Auf ihm durch Gesträuch in Südostrichtung quer über den Talboden unter eine Wand und dort nach rechts aufwärts in das **Val Ciol de Mont**. An seiner linken Seite südwärts zum Ende des Fahrwe-

ges. Auf bez. Steig an die rechte Talseite und dort ein Stück hinauf, später im Zentrum des Schotterbettes steiler hoch, schließlich nach rechts zu einem Bach, 1537 m (2), bei dem die Talsohle nach rechts verlassen wird. Über einen steilen Waldhang, an einer Quelle vorbei, in Kehren nach Westen empor zu einer Verzweigung, 1676 m, (rechts in 20 Min. zum **Ric. Casera Roncada**), danach weniger steil in die Mulde nördlich unterhalb des M. Ferrara. Dort im lichten Lärchenbestand nach Südwesten hinauf in einen Sattel mit Tümpel am **Col Ronsciada,** 1920 m (3, Pian Roncada). Eine Wiesenmulde querend, südwärts in die **Forc. della Lama**, 1935 m (4). Am Westabhang des M. Ferrara weiter und durch eine Mulde hinauf zur **Forc. Savalòns,** 1976 m (5, auch »Forc. di Sabbia«). Wunderbare Schau zur Monfalconi- und Spalti-di-Toro-Gruppe mit dem Camp. di Val Montanaia!
Zurück in die **Forc. della Lama** (4). Rechts den Westrücken des M. Ferrara durch Wiesen und Latschen, später über Steilschutt (Vorsicht!) empor auf einen Vorgipfel, 2220 m. Hinab in eine Scharte und über den Gipfelgrat, Aufschwünge rechts umgehend, zum höchsten Punkt des **M. Ferrara**, 2258 m (6, Stange).
Abstieg entlang der Aufstiegsroute.

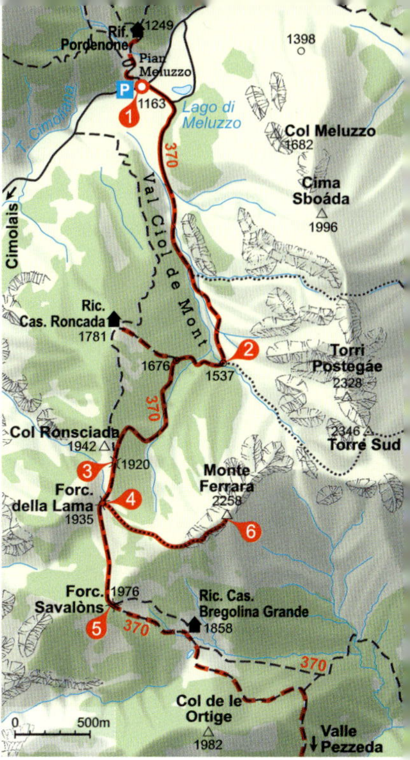

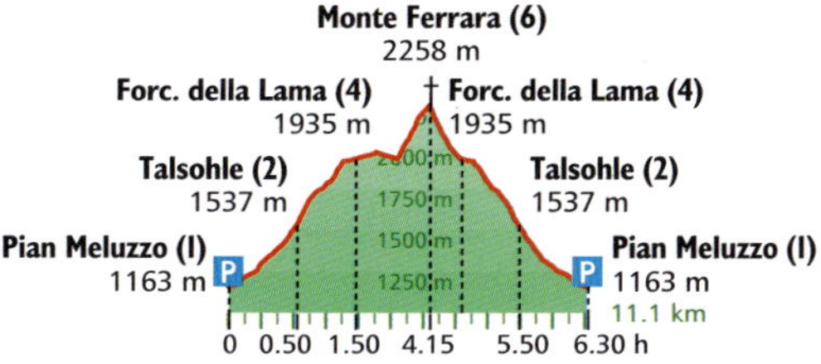

50 Monte Cornetto (»Al Zimat«), 1792 m

6.00 Std.

Klein, aber oho!

Neben Col Nudo oder Monte Duranno nimmt sich der bis hoch hinauf bewaldete Monte Cornetto über der Passhöhe von San Osvaldo recht bescheiden aus. Doch die Mühen des 1060-Meter-Anstiegs auf seinen Scheitel werden mit paradiesischen Wiesenoasen, mit umfassendem 360-Grad-Panorama und atemberaubenden Tiefblicken in die Vajontschlucht und die Talbecken von Cimolais-Claut und Erto, dem Schauplatz der furchtbaren Vajont-Katastrophe, überreich belohnt.

Talort: Erto, 778 m. Gebirgsdorf nördlich über dem ehem. Lago di Vajont (heute »Restsee«). Hotel und Restaurants.
Ausgangspunkt: Parkplätze San Martino, 762 m, an der Staatsstraße Nr. 251. Zufahrt von Erto mit eigenem Auto zur Rechtsabzweigung der Straße zu den Weilern Marzana, Prada, Liron und Pineda gegenüber der Mündung des inneren Val Vajont, 2,5 km von Erto. Je ein kleiner Parkplatz entlang der Staatsstraße vor und nach der Verzweigung.

Anforderungen: Lange, anstrengende Tour in steilem Gelände. Nur für ausdauernde, trittfeste und schwindelfreie Geher. Bis zum Pian Grant bez. Weg, danach weglos.
Höhenunterschied: 1060 m im Auf- und Abstieg.
Einkehr: Bivacco Flavio Zanette (gemauerte Biwakhütte in gutem Zustand; unbew., aber ständig geöffnet, 8 L. im Dachgeschoss mit Matratzen und Decken, Wasser am Brunnen auf Pian Grant, dorthin 15 Min.).

Von den **Parkplätzen San Martino** (1) die Asphaltstraße nach Marzana-Prada nach Osten abwärts zur Brücke über den **Torrente Tùara** und jenseits bald zur Abzweigung, 733 m (2), eines Stiegenwege halb links aufwärts. Die Betonstiege hoch, dann an den steilen Waldhängen (Vorsicht!) nach Südwesten hinauf zur kleinen **Kapelle Sant Antonio in Zerentòn**, 762 m (3, Verzweigung) an der Talgabel Val Vajont/Val della Tùara.
Links auf Weg Nr. 903 den Westrücken des M. Cornetto im steilen Laubwald aufwärts zu einem Aussichtspunkt, danach durch teilweise felsiges Gelände in Windungen und Kehren empor zu einem Absatz. In der linken Flanke (Nordseite) des Rückens im Wald bergauf zu markanter **Schulter**, 1359 m (4), mit tollem Tiefblick zum Vajont-Stausee, auf die Orte Casso und Erto mit dem M. Schiara jenseits des Piavetales sowie nach Süden in die innere Vajontschlucht. Nun in überraschend bequemer Wanderung den Rücken durch Misch-Hochwald sanft bergauf un-

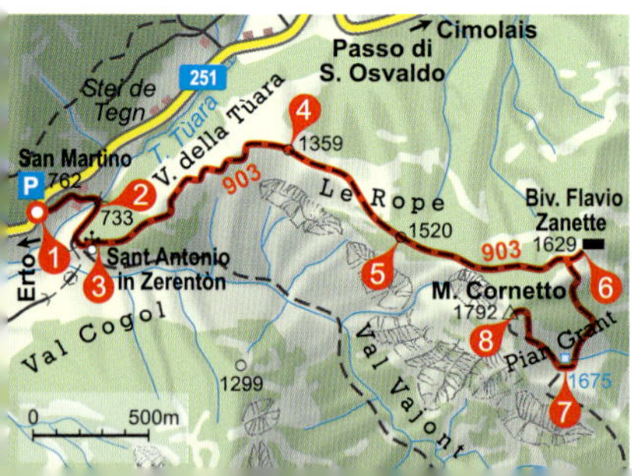

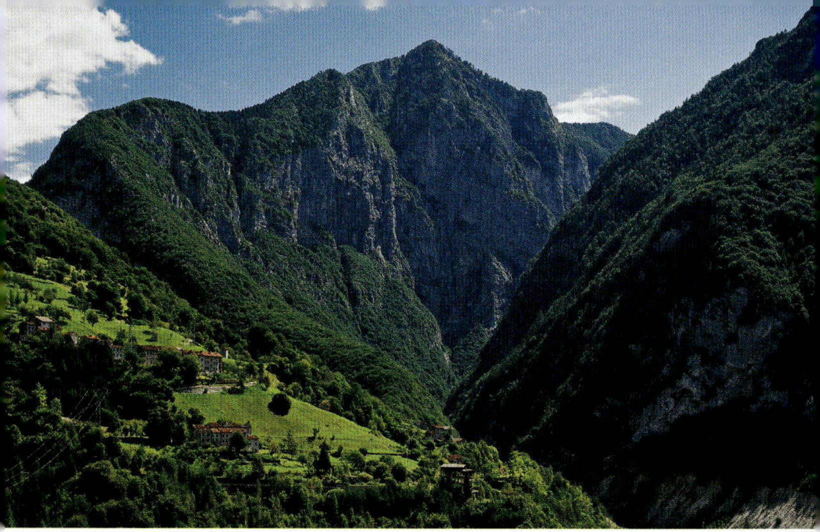

Der Monte Cornetto von Westen, aus dem Ortsgebiet von Erto.

ter einen Steilaufschwung und diesen in engen Kehren hinauf, dann nach links in eine felsige **Scharte**, 1520 m (5). Jenseits kurz bergab, dann in langer Querung der steilen Waldflanke »Le Rope« (an einer krautig verwachsenen Stelle gibt ein gespanntes Drahtseil die Richtung an) nach Osten aufwärts. Über ein etwas ausgesetztes Band, später im lichten Wald, mehrere Gräben querend, eben hinaus zum Wiesenbalkon der Cornetto-Nordostschulter mit verfallener Stallung (Wegteilung) und dem östlich etwas tiefer stehenden, aus dem Wirtschaftsgebäude der ehem. **Cas. di M. Cornetto** errichteten **Biv. Flavio Zanette**, 1629 m (6), ein Refugium für Einsamkeitssucher, um das sich die Massive des M. Duranno und C. dei Preti, die Turmlabyrinthe der Spalti di Toro, Monfalconi, Pramaggiore und Caserine-Cornaget im Norden und Osten scharen.

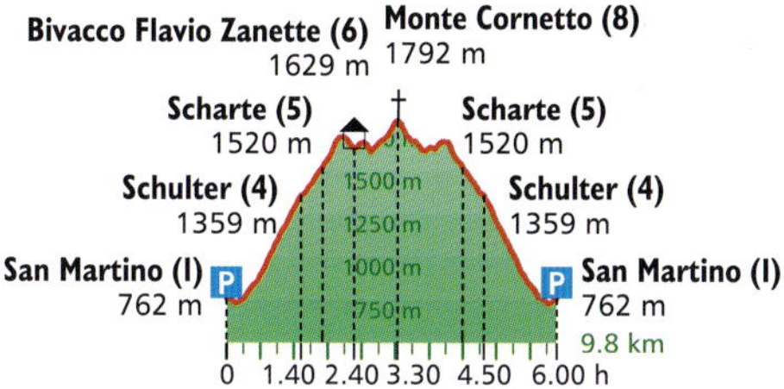

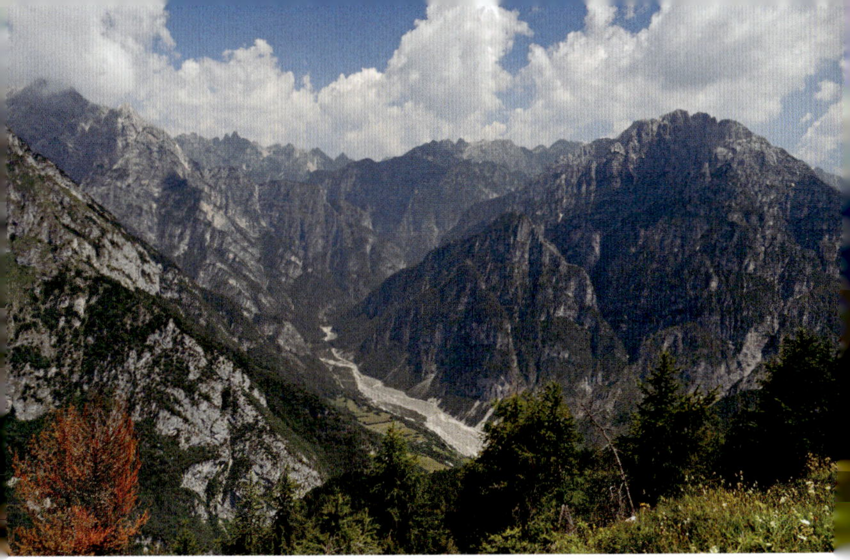

Am Gipfel des Monte Cornetto. Im Norden das Val Cimoliana mit Cima dei Preti, Monfalconi und Pramaggioregruppe.

Der Schauplatz der Vajont-Katastrophe vom Gipfel des Monte Cornetto: Der Lago del Vajont (heute Restsee) mit dem Erdrutsch am Monte Toc links.

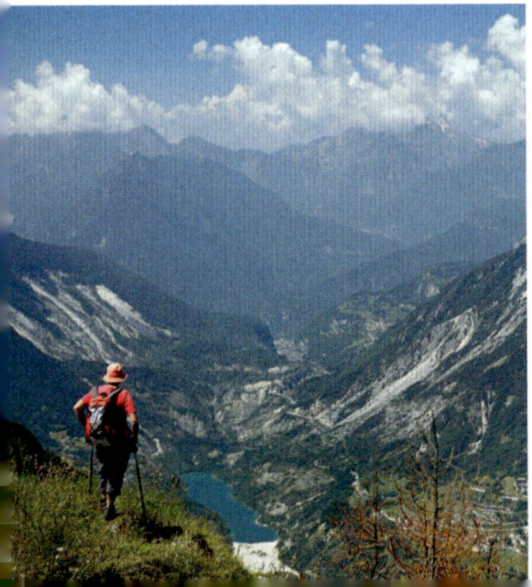

Zurück zur Verzweigung an der Stallung. Dort links auf Weg Nr. 903, Wiesen querend, in die bewaldete Ostflanke des M. Cornetto hinein, dann um eine felsige Ecke nach rechts herum in die große Wiesenmulde des **Pian Grant** (Tiefblick in das Val Cellina) zwischen C. di Tola und M. Cornetto. An der rechten Muldenseite nach Südwesten aufwärts zu gutem **Brunnen** 1675 m (7, Trog). Bald nach diesem rechts vom bez. Weg ab und über die Wiesen weglos in die aufsteilende Südflanke des M. Cornetto hinein. Durch lichten Wald erreicht man den Ostrücken des Berges und über diesen links haltend den grasigen Gipfel des **M. Cornetto**, 1792 m (8). **Abstieg** entlang der Aufstiegsroute.

6.30 Std.

Col Mat, 1981 m, Überschreitung 51

Schwereloser Wandelgang über Wolken, Täler und Menschen

Verglichen mit dem allgewaltigen Col Nudo ist der Col Mat freilich nur ein Vorberg, eine »Miniatur«. Doch seine West-Ost-Überschreitung, entlang der schmalen Gratschneide mit übersteilen Grasflanken beiderseits, vermittelt einen superben Höhengang über dem Alpago und den Talschluchten des Piave und der Gallina. Schwierigkeiten gibt es keine, des steilen Geländes wegen ist aber unbedingt Trittsicherheit vonnöten.

Talort: Pieve d'Alpago, 691 m, im Norden des Alpago, zu Füßen des M. Dolada. Mehrere Gastbetriebe, Bushalt.
Ausgangspunkt: Stàol di Plois (1002 m, Gaststätte, Parkplatz), zur Gemeinde Pieve d'Alpago gehörende Fraktion an der Doladastraße, 3½ km von Pieve.
Anforderungen: Unschwierige, aber nicht ungefährliche Tour. Teils schlecht bez. exponierte Steige. Trittsicherheit, Schwindelfreiheit und Orientierungsvermögen nötig. Nur für trittfeste Geher bei guter Sicht und trockenen Verhältnissen!
Höhenunterschied: 1050 m im Auf- und Abstieg.
Einkehr: Rist. »Al Rifugio Carota« (20 B., ganzj. offen; Juli und August kein, sonst Di. Ruhetag. Tel. +39 0437 478 033) in Stàol di Plois. Rif. Dolomieu al Dolada (siehe S. 35).
Hinweise: Die Tour kann durch Übernachtung am Rif. Dolomieu auf zwei Tagesetappen aufgeteilt werden. Die Hütte lässt sich von Stàol di Plois auch mit eigenem Kfz bzw. per Taxi erreichen, 6,5 km (1½ Std. Zeitersparnis).

In **Stàol di Plois** (1) links von der Doladastraße ab und auf Fahrweg 100 m nach Westen zu querendem Karrenweg. Auf ihm (Weg Nr. 905) durch Gesträuch in Nord-, später in Westrichtung hinauf zu einer Verzweigung. Am **Sasso della Polenta** vorbei, die Südostflanke des M. Dolada, die Autostraße zweimal traversierend, nach Norden hinauf zu dem am Pian di Guerra nahe der Waldgrenze gelegenen **Rif. Dolomieu**, 1494 m (2).
Kurz nach Westen zu grasiger Schulter. Rechts (Weg Nr. 905, Kennmarkierung der Dolomiten-Höhenroute Nr. 7 mit rot eingerandetem Blaupunkt) durch kurzstämmigen Wald und über steile Wiesen nach Norden aufwärts, später durch felsiges Gelände in Kehren nach links (Nordwesten) empor zur **Forc. Dolada**, 1739 m (3), zwischen M. Dolada und Col Mat. An der grasigen, stellenweise schmalen, ausgesetzten Gratschneide (Vorsicht!) auf bez. Steigspuren nach rechts (Nordosten) hoch, später auf dem breiten Wiesenrücken über mehrere Erhebungen hinweg auf den **Col Mat**, 1981 m (4). Am schmalen Graskamm weiter, später in seiner rechten Flanke an begrünten Hängen hinab zur Forc. Gallina, 1875 m (5). Vorerst noch am Höhenrücken, dann nach rechts in die steile latschenbewachsene Südseite und dort hinab in die Mulde unterhalb der **Forc. della Lastra**, 1825 m (6, Wegteilung). Die Mulde wird gequert und eine weitere Verzweigung erreicht. Rechts ab (!)

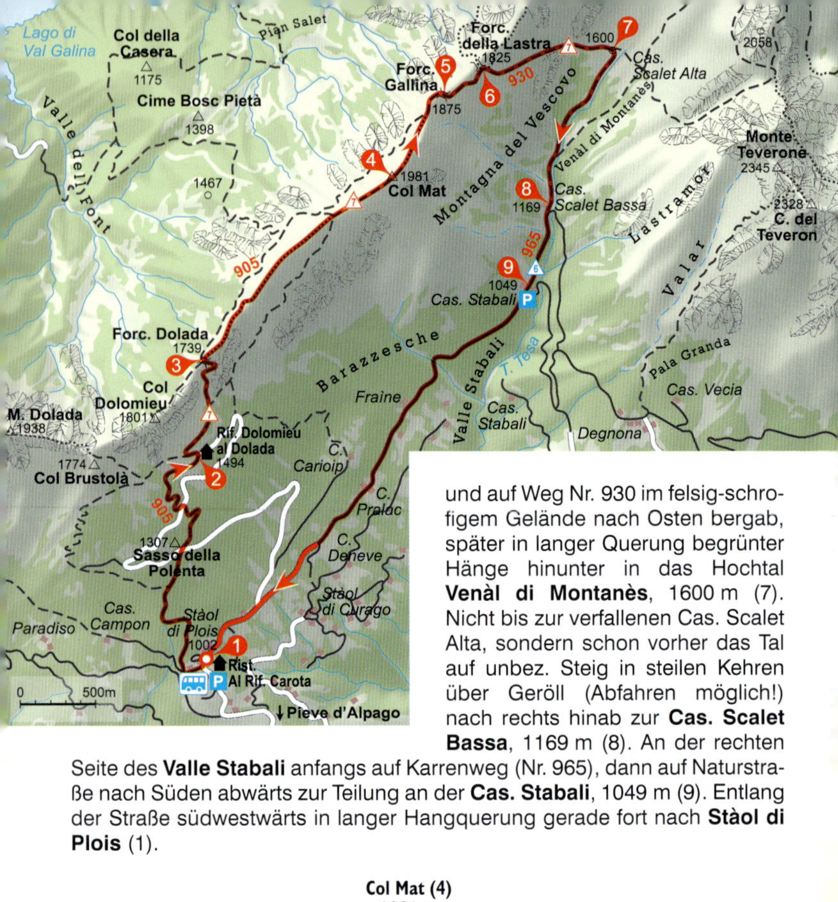

und auf Weg Nr. 930 im felsig-schrofigem Gelände nach Osten bergab, später in langer Querung begrünter Hänge hinunter in das Hochtal **Venàl di Montanès**, 1600 m (7). Nicht bis zur verfallenen Cas. Scalet Alta, sondern schon vorher das Tal auf unbez. Steig in steilen Kehren über Geröll (Abfahren möglich!) nach rechts hinab zur **Cas. Scalet Bassa**, 1169 m (8). An der rechten Seite des **Valle Stabali** anfangs auf Karrenweg (Nr. 965), dann auf Naturstraße nach Süden abwärts zur Teilung an der **Cas. Stabali**, 1049 m (9). Entlang der Straße südwestwärts in langer Hangquerung gerade fort nach **Stàol di Plois** (1).

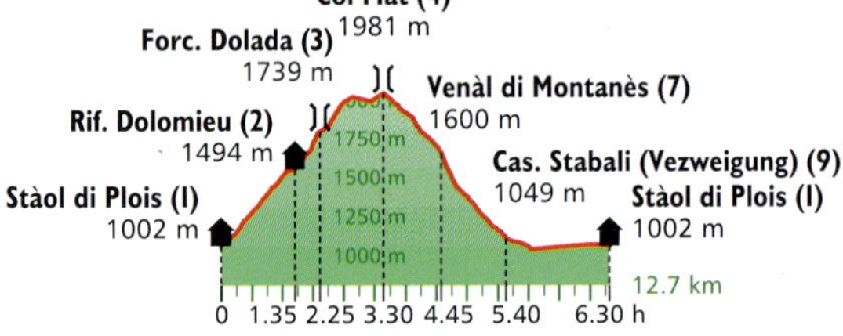

Luftiger Höhengang über die Graskämme des Col Mat.

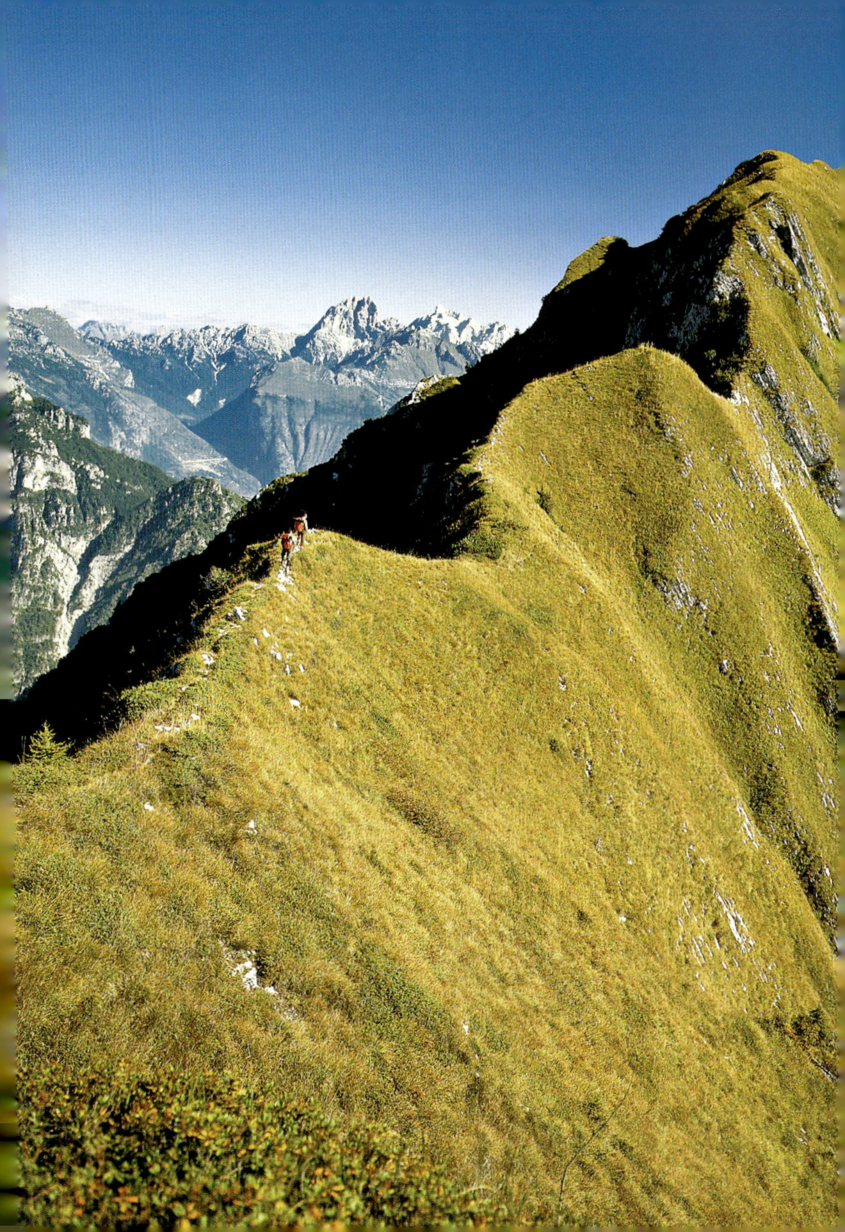

52 Col Nudo, 2471 m

7.00 Std.

Einsamer Bergriese südlich von Vajont

Liebhaber leicht erreichbarer Aussichtsberge sollten die Hand von ihm lassen, denn der Col Nudo ist kein Ziel für Normalverbraucher! Wer ihn besteigt, lernt nicht einen Berg, sondern ein ganzes Gebirge kennen, dessen Ursprünglichkeit absolut fasziniert. Der Gipfel kann sowohl aus dem Alpago als auch aus dem Val Cellina erreicht werden, aber diese Anstiege haben es in sich, sind lang und anstrengend, der zu bewältigende Höhenunterschied enorm. Das Gebiet ist nahezu ohne Wasser, auch gibt es keine bewirtschafteten Unterkünfte. Auf der hier empfohlenen Südroute von Pieve d'Alpago her kann notfalls in einer eingerichteten Biwakhöhle am Valbonapass genächtigt werden. Eine unvergessliche Gipfelstunde ist der Lohn. Unter den Panoramabergen können da nur Civetta, Antelao, Pelmo und Duranno mithalten!

Talort: Siehe Tour 51.
Ausgangspunkt: Cas. Stabali, 1049 m, in der Sohle des gleichnamigen Tales nordöstlich von Pieve d'Alpago und von dort per Auto erreichbar: Von Pieve die Straße auf den M. Dolada (Rif. Dolomieu) nach Stàol di Plois (1002 m, Gaststätte), 3,5 km. Rechts ab und auf Straße, an der Südflanke des Col Mat entlang, nach Nordosten zur Gabelung an der Cas. Stabali (1049 m, kleiner Parkplatz), 7 km von Pieve d'Alpago.
Anforderungen: Besonders lange und anstrengende Tour für geübte, ausdauernde Geher. Bis zum Passo di Valbona markierter Steig, danach unbez. Steigspuren. Trittsicherheit, Schwindelfreiheit und etwas Kletterkenntnisse (Passage im Grad I) nötig. Nur bei absolut sicherem Wetter!
Höhenunterschied: 1430 m im An- und Abstieg.
Einkehr: Ric. Col Nudo (2115 m; unbew. Notunterstand in einer Höhle 50 m westl. des Valbonapasses, Lagerplatz für 4 Personen mit Liegematte und Schlafsack).

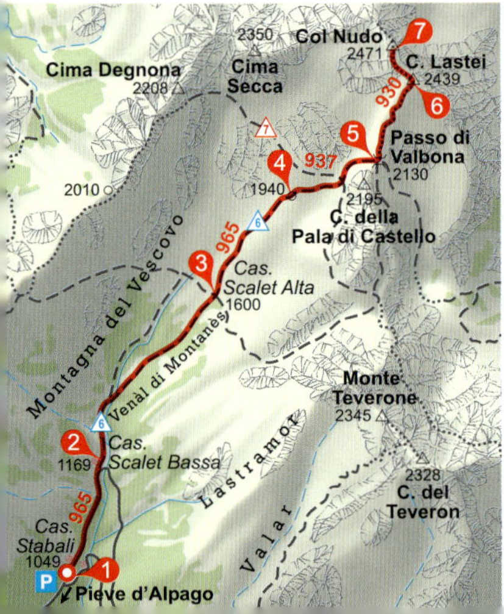

Von der **Cas. Stabali** (1) die Forststraße mit Weg Nr. 965 das **Val Stabali** durch Laubwald und Buschwerk in Nordrichtung aufwärts zur **Cas. Scalet Bassa**, 1169 m (2). Auf Fußweg in der Talsohle weiter, danach die breite Talflanke »**Venàl di Montanès**« in Windungen steil und mühsam nach Nordosten hinauf zur verfallenen **Cas. Scalet Alta**,

1600 m (3), am Querweg Nr. 930. Nordostwärts im grasigen Gelände weiter bergauf zu einer Verflachung bei großem Stein, danach das grüne Kar links unterm Col di Piero hoch und nach rechts in die **Scharte**, 1940 m (4), nördlich des im Kar frei aufragenden Turmes. Ostwärts empor auf eine durch eiszeitliche Gletscher abgerundete felsige Geländerampe, 2020 m, mit dem Querweg Nr. 937 (Dolomiten-Höhenroute Nr. 7). Diesen 100 m nach rechts, dann links ab und auf Weg Nr. 965 durch eine geröllige Karmulde, dann über steile Schutthänge empor in den **Passo di Valbona**, 2130 m (5), zwischen Col Nudo und C. della Pala di Castello.
Über begrünte Felsstufen steil nach links (Nordosten) empor auf die **C. Lastei**, 2439 m (6), danach etwas luftig in leichter Kletterei (I) über den Gipfelgrat ab und auf zum höchsten Punkt des **Col Nudo**, 2471 m (7).
Abstieg entlang der Aufstiegsroute.

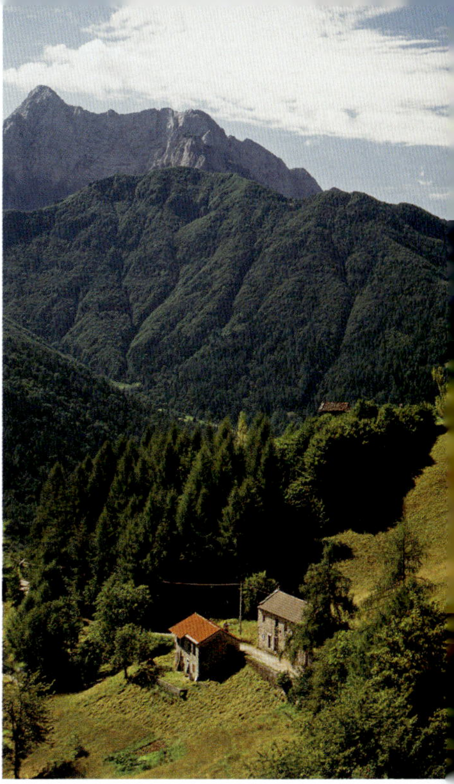

Das Massiv des Col Nudo von Norden, aus der Gegend von Erto.

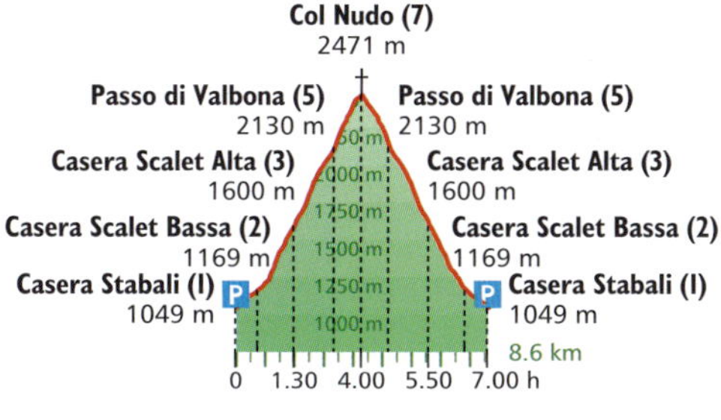

53 *Monte Messer, 2230 m*

5.30 Std.

Rassiges Gipfelziel am Rande des Alpago

Wer behauptet, der Monte Messer gehöre den Italienern, hat sicher recht, denn es sind vorwiegend Einheimische, die seine Qualitäten als Wander- und Panoramaberg kennen, darüber aber aus guten Gründen schweigen. Entsprechend ausgerüstet, kann man, unterwegs zu ihm, am Biwak Toffolon übernachten und so anderntags bei den ersten Sonnenstrahlen am Gipfel stehen.

Talort: Chies d'Alpago, 702 m, Sommerfrische im Zentrum des Alpago.
Ausgangspunkt: Malga Pian Formosa (1204 m, Parkplatz) in großartiger Lage über der Terrasse des Alpago, am Westfuß des M. Messer. Zufahrt von Chies d'Alpago mit eigenem Kfz auf z.T. schmalen Asphaltstraßen, 5 km.
Anforderungen: Anspruchsvolle Bergtour auf bez. Steigen, im Gipfelbereich auch exponiert. Trittsicherheit, Schwindelfreiheit, Ausdauer und Kletterkenntnisse (Passagen im Schwierigkeitsgrad I) nötig.
Höhenunterschied: 1120 m im Auf- und Abstieg.
Einkehr: Ristorante-Agriturismo Malga Pian Formosa (5 B./Bed and Breakfast, 1. Juli – 31. August täglich, 1. April – 30. Juni/1. Sept. – 30. Nov. Frei., Sa. und So. 9–14 und 18–23 Uhr geöffnet, einfache Speisen und Milchprodukte, Tel. +39 340 5986452 und +39 347 0161281). Biv. Toffolon (9 L., stets geöffnet, aber nicht bew.; keine Quelle, Regenwasser in Plastiktonnen).

Von der **Malga Pian Formosa** (1) den Fahrweg Nr. 979 durch Buschwerk in Kehren nach Norden aufwärts unter eine Schuttreise. Rechts ab und auf Fußweg über Geröll in Kehren steil hinauf, dann durch Wiesen, Gesträuch und lichten Lärchenbestand weiter, zuletzt nach links empor auf einen Absatz. Nordostwärts gegen eine Wand aufwärts und unterhalb von ihr über Geröll in das **Valle Antànder**, 1620 m (2). Auf gutem Steig jetzt weniger steil links der Schutthänge durch grüne Mulden nach Osten bergauf, später über eine steile felsig-begrünte Flanke in Kehren empor in die oberste Talmulde, 1902 m (Biv. Toffolon wird sichtbar). Im grasigen, teils felsdurchsetzten Ge-

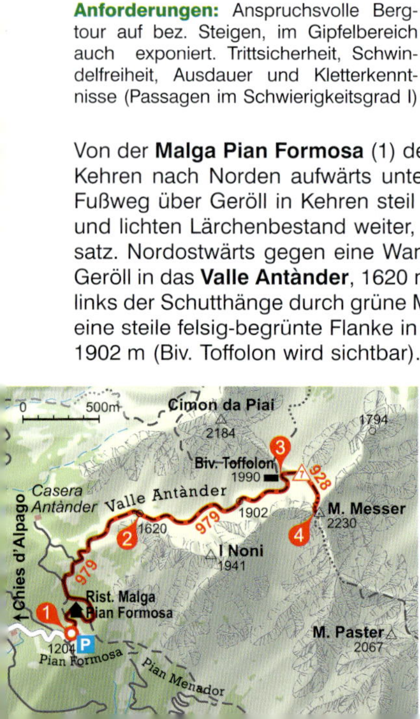

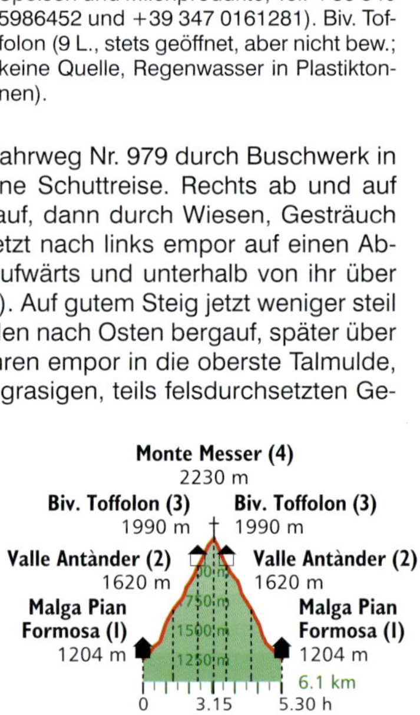

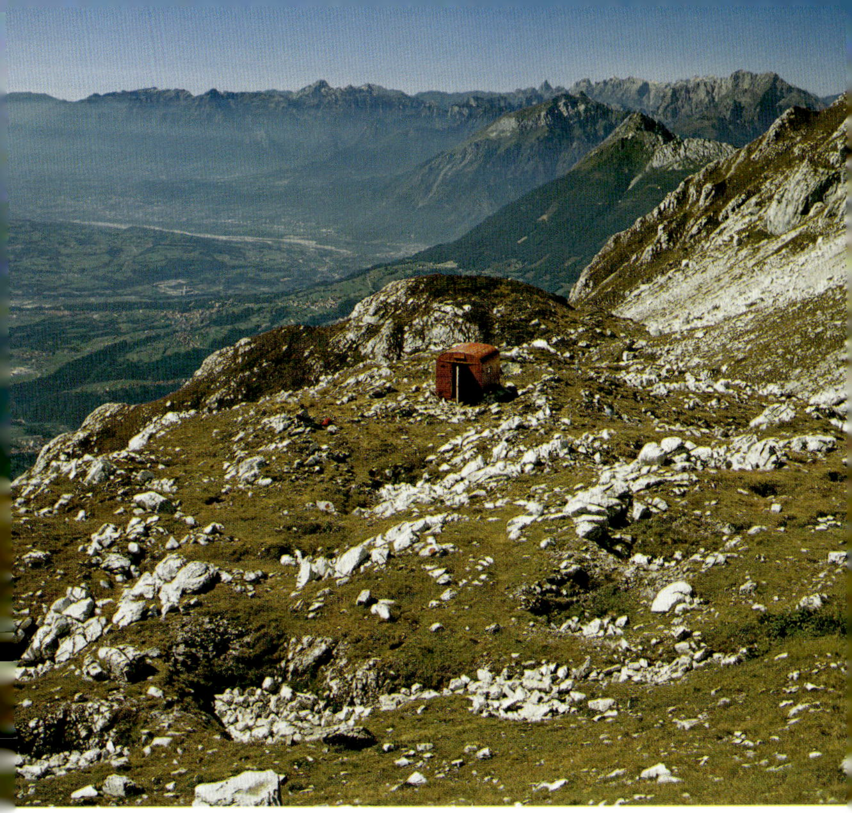

Das Bivacco Toffolon am Nordfuß des Monte Messer. Tiefblick in das Piavetal mit der Stadt Belluno. In der Ferne die Feltriner Dolomiten, weiter rechts Monti del Sole, Pala- und Schiaragruppe.

lände bald wieder steiler aufwärts zu dem auf einer Verflachung stehenden **Biv. Toffolon**, 1990 m (3). Prachtvolle Lage hoch über dem Piavetal (Val Belluna), das man von Belluno bis Feltre überschaut. Dolomitenblick!
Nach Osten empor auf eine Schulter am Nordwestrücken des M. Messer und dort zum Querweg Nr. 928 **(Dolomiten-Höhenweg Nr. 7)**. Auf ihm den steilen Grasrücken nach rechts aufwärts, später in die felsige Nordflanke des Berges hinein und dort etwas ausgesetzt in Kehren (leichte Kletterpassagen) aufwärts zum Gipfelgrat. In seiner Nordseite nach rechts zum höchsten Punkt des **M. Messer**, 2230 m (4). **Abstieg** entlang der Aufstiegsroute.

54 Cimon del Cavallo (C. Manera), 2251 m

6.00 Std.

Südlichster Hochgipfel der Karnischen Alpen

Die bis in den Frühsommer hinein schneebedeckten Flanken des Cavallo-Massivs grüßen in das Talbecken von Belluno und lassen bei vielen den Wunsch nach einer Besteigung wach werden. Der einfachste und kürzeste Weg auf die höchste Erhebung, den Cimon del Cavallo, nimmt an der Malga Pian delle Lastre seinen Anfang. Mit Ausnahme der durch Drahtseile gesicherten Gipfelfelsen bietet die markierte Route keine Probleme.

Talort: Tambre d'Alpago, 922 m, Erholungsort auf der Höhenterrasse des Alpago.
Ausgangspunkt: Malga Pian delle Lastre (1270 m, Parkplatz), von Tambre mit eigenem Kfz auf Asphaltstraßen über Sant' Anna und Col Indes zu erreichen, 5 km.
Anforderungen: An den gesicherten Gipfelfelsen sind Trittsicherheit, Schwindelfreiheit und Kletterkönnen (Passagen im Schwierigkeitsgrad I) nötig. Sonst unschwierige Bergtour auf bez. Wegen.
Höhenunterschied: 1000 m im Auf- und Abstieg.
Einkehr: Rif. Semenza (siehe S. 35), Biv. Lastè (9 L.; stets offen, aber nicht bew.).
Hinweise: Die Tour kann durch Übernachtung am Rif. Semenza auf zwei Tagesetappen aufgeteilt werden. Außerhalb der Hütten-Bewirtschaftung bietet die ständig geöffnete, aber unbew. Blech-Biwakschachtel an der Forc. Lastè Unterkunft.

Von der **Malga Pian delle Lastre** (1) auf Fahrweg kurz nach Südosten hinauf zur Linksabzweigung von Weg Nr. 926. Diesen, an der **Malga Pradosàn** vorbei, die Südhänge der Costa Schienon durch Wiesen und Laubwald in Ostrichtung aufwärts und um eine Bergkante (1840 m) nach links herum in das Val de Piera. Dort hoch über der Talsohle an den Hängen der C. delle Vacche nach Nordosten empor zur Rechtseinmündung von Weg Nr. 923. An den Schutthängen unterhalb der Wände weiter, zuletzt in Kehren steil empor zum **Rif. Semenza**, 2020 m (2).
Kurz nach Norden hinauf in die **Forc. Lastè,** 2036 m (3, Blech-Biwakhütte) zwischen M. Cornor und M. Lastè mit überraschender Schau auf Dolomiten und Südliche Karnischen Alpen. Auf Weg Nr. 924 den schrofig begrünten

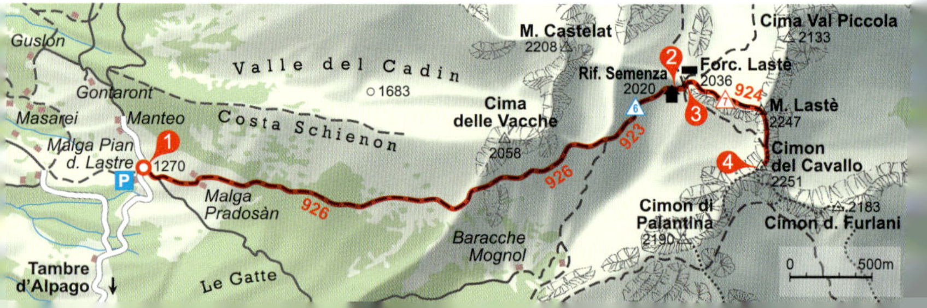

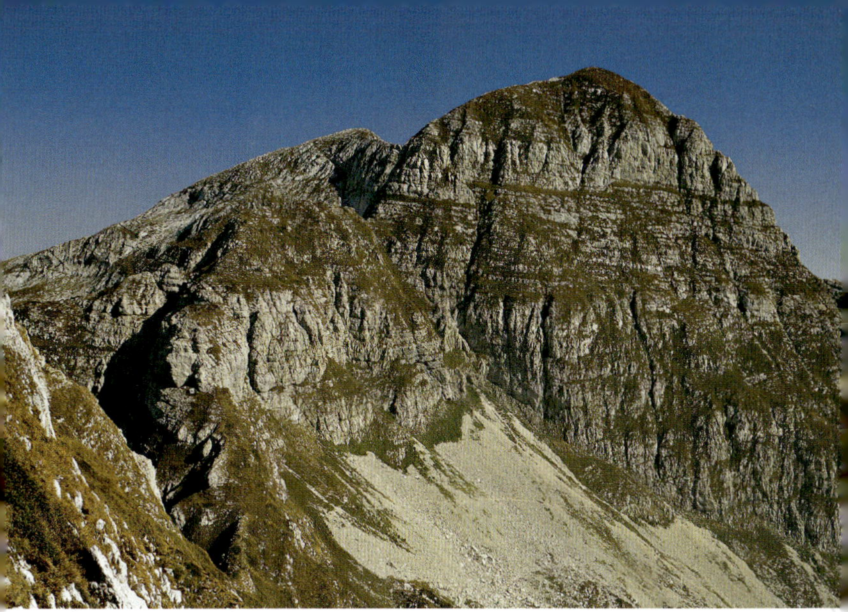

Das Felshaupt des Cimon del Cavallo von Südwesten.

Westrücken des **M. Lastè** (auch »Cimon d'Alpago«) nach rechts aufwärts. Knapp unterhalb des Gipfels vorbei nach rechts an den schmalen Südgrat und über ihn abwärts, dann, einige Zacken links oder rechts umgehend, in die Scharte vor dem Cimon del Cavallo. Nach rechts in die Westseite des Cimon und dort über riesige Blöcke in anregender Kletterei (I, durchlaufendes Drahtseil) steil nach links bergauf, zuletzt durch begrüntes Gelände auf den Gipfel des **Cimon del Cavallo**, 2251 m (4). Grandioses 360-Grad-Panorama von den Dolomiten bis zur Adria!
Abstieg entlang der Anstiegsroute.

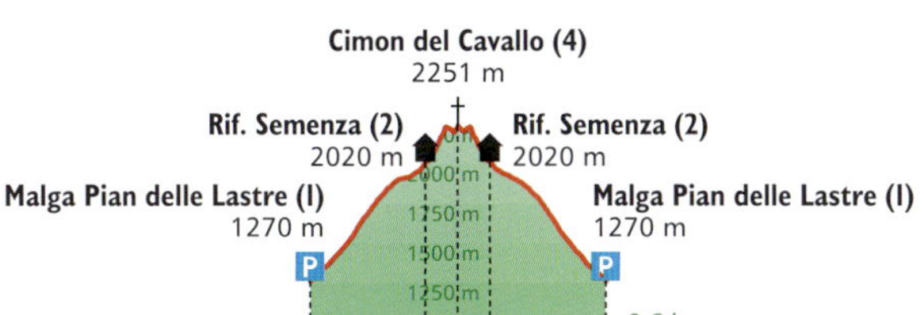

55 Monte Pizzòc, 1565 m

4.45 Std.

Schaupodium am Rande der Po-Ebene

Die Karnischen Alpen laufen nach Süden im sanften Waldplateau des Cansiglio aus. Die Hochfläche birgt eine weite Wiesenoase, eine Riesendoline, den Pian del Cansiglio. Dieser wird im Süden von der per Auto erreichbaren Kuppe des Monte Pizzòc flankiert, die ihrerseits volle 2000 Meter gegen Vittorio Veneto und damit zur Po-Ebene abfällt. Aus der Südwestecke der Cansiglio-Wiese, vom Zimberndorf Vallorch, führt ein guter Fußweg zu seinem Scheitel (Schutzhaus!) empor. Dort können wir uns dem tollen Panorama widmen, das auf der einen Seite das Gipfelheer der Südalpen, auf der anderen die grenzenlose Weite der Po-Ebene bis zum Meer präsentiert.

Talort: Farra d' Alpago, 400 m, am Lago di Santa Croce. Vittorio Veneto, 139 m, Stadt am Nordrand der Po-Ebene.
Ausgangspunkt: Centro Educazione Naturalistica Vallorch (1081 m, Großparkplatz) an der Südwestecke des Pian del Cansiglio, 15,5 km von Farra d'Alpago, 19 km von Vittorio Veneto.
Anforderungen: Einfache Wanderung auf nicht immer optimal bez. Wegen.
Höhenunterschied: 490 m auf und ab.

Einkehr: Rifugio Alpino Vallorch (Nächtigung in Schlafsälen und Zweibettzimmern, ganzj. geöffnet, Tel. +39 349 094 6001, E-Mail: lupigufiecivette@gmail.com, https://asdlupigufiecivette.it), Vecchia Osteria Vallorch und Bar-Ristorante »La Faja« im Zimberndorf Vallorch (keine Nächtigung; 15./20. Mai bis 15./20. Sept. geöffnet), Jst. Malga Le Crode (keine Nächtigung, im Sommer offen). Rif. Citta di Vittorio Veneto (siehe S. 34).

Vom **Centro Vallorch** (1) auf Asphaltstraße durch Wald 500 m nach Südwesten aufwärts zum **Zimberndorf Vallorch**, 1118 m (2), mit Verzweigung danach. Geradeaus den rot-weiß-rot bez. Weg F1 das seichte **Vallone Vallorch**

Der Pian del Cansiglio, im Norden überragt von den Höhen der Col-Nudo-Cavallo-Gruppe.

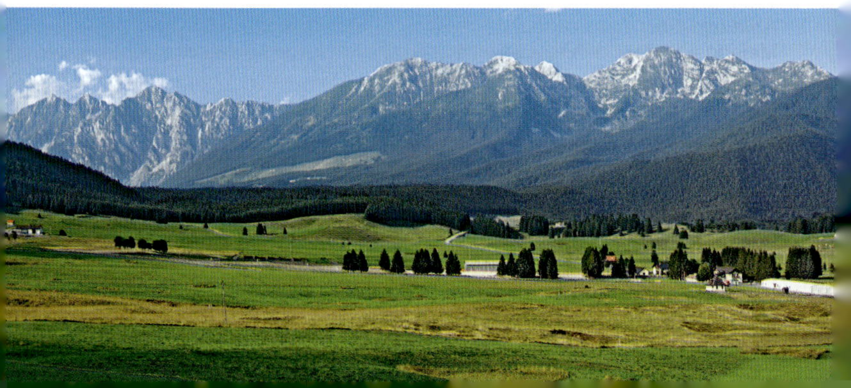

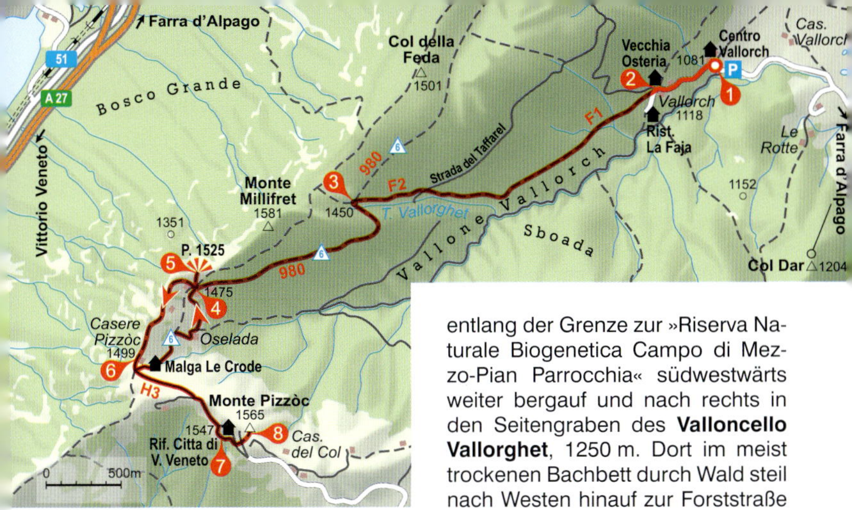

entlang der Grenze zur »Riserva Naturale Biogenetica Campo di Mezzo-Pian Parrocchia« südwestwärts weiter bergauf und nach rechts in den Seitengraben des **Valloncello Vallorghet**, 1250 m. Dort im meist trockenen Bachbett durch Wald steil nach Westen hinauf zur Forststraße **»Strada del Taffarel«** und, diese trasversierend, auf Weg F2 weiter zum Querweg Nr. 980 (3; H3). Auf ihm links haltend an den Waldhängen des M. Millifret nach Westen aufwärts und eben zu den Gipfelwiesen des M. Pizzòc. Beim ersten **Privathaus**, 1475 m (4), rechts ab und über Stiegen, dann durch Wiesen, den rot-blau-rot bez. Dolomiten-Höhenweg Nr. 6 kreuzend, steil nach Norden empor auf den **P. 1525** (5) südwestlich des M. Millifret. Atemberaubender Tiefblick zur Sella di Fadalto und auf den Lago di Santa Croce mit dem Col Visentin darüber.
Zurück zum Dolomiten-Höhenweg Nr. 6 und auf ihm, dem grasigen Höhenrücken folgend, nach rechts (Süden) zu den **Casere Pizzòc**, 1499 m (6). Nun auf Naturstraße knapp links des Wiesenrückens aufwärts in einen Sattel und jenseits zum **Rif. Citta di Vittorio Veneto**, 1547 m (7). Auf Fußweg, die Zufahrtsstraße kreuzend, steil nach Osten empor zum Gipfel des **M. Pizzòc**, 1565 m (8, Kruzifix).
Abstieg: Zurück zu den Casere Pizzòc und auf dem Fahrweg weiter zur **Jst. Malga Le Crode**, danach über Wiesen nach Nordosten hinab zum erwähnten **Privathaus**, 1475 m (4). Weiter auf bekanntem Weg zum **Centro Vallorch** (1).

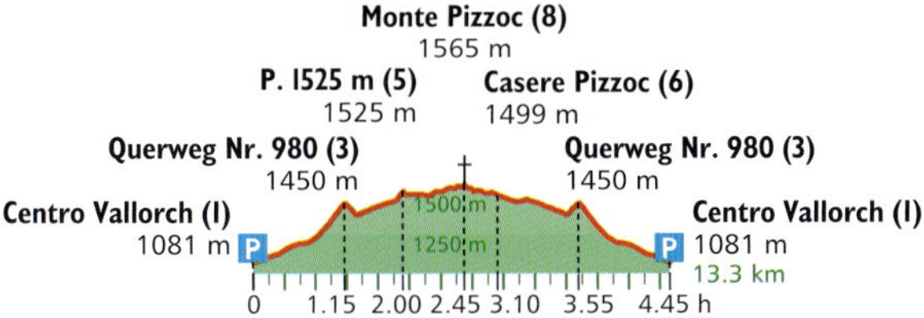

56 Col Visentin, 1763 m

2.45 Std.

Die Dolomiten aus Perspektive der Venetianischen Voralpen

Nur extreme Naturen, die sich das Wandern partout abgewöhnen möchten, sind in den Venetianischen Voralpen sommers bei drückender Hitze unterwegs. Kenner besuchen das Gebiet im Frühling oder Herbst ... und werden mit bekömmlichen Temperaturen und wunderbarer Dolomitenschau verwöhnt. Die höchste Erhebung im Mittelgebirge zwischen Val Belluna und oberitalienischer Tiefebene ist der Col Visentin, der von Vittorio Veneto auch über eine Autostraße zu erreichen ist. Wer wandern will, fährt von Belluno mit eigenem Untersatz auf den Monte Faverghera und erreicht nach aussichtsreichem Höhenspaziergang den hüttenbewehrten Gipfel.

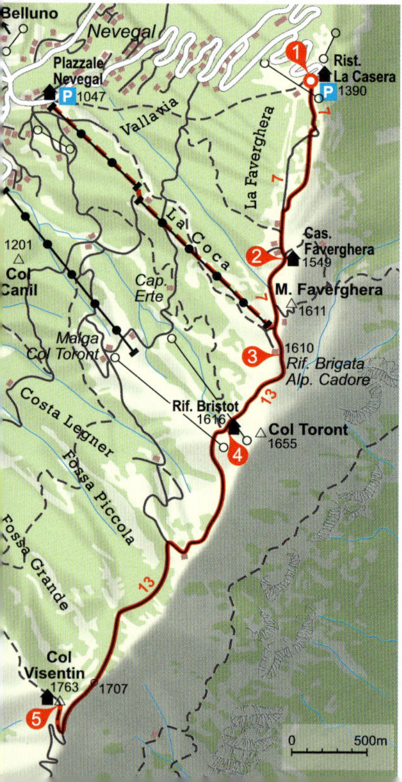

Talort: Siehe Tour 42.
Ausgangspunkt: Rist. La Casera (1390 m, Parkplatz) am Höhenrücken des M. Faverghera. Auffahrt von Belluno mit eigenem Kfz über Piazzale Nevegal, 18 km.
Anforderungen: Kurze Wanderung auf meist unbez., aber gutem Karrenweg.
Höhenunterschied: 360 m im Auf- und Abstieg.
Einkehr: Rist. La Casera (keine Nächtigung, ganzj. offen; Juni, Juli, August, Sept. kein, sonst Mo. Ruhetag), Cas. Faverghera (im Sommer bew., keine Nächtigung, Milchprodukte), Rif. Bristot (10 L., bew. 15. Juli – 30. Sept., Tel. +39 0437 908174 u. +39 338 9553434; www.consorzionevegal.it), Rif. Col Visentin (siehe S. 34).
Variante: Man kann auch an der Piazzale Nevegal (1047 m; Parkplatz, Gastbetriebe, 13 km von Belluno) starten und per Dreiersessellift (Sektion 1 mit Sommerrodelbahn »Fun-Bob«) den M. Faverghera erreichen. Betrieb: im August täglich, im Juli und vom 1. bis 15. Sept. an Wochenenden 10–12 u. 14–18 Uhr, So. u. Fei. 10–18 Uhr; Zeitersparnis: 1 Std.
Hinweis: Der botanische Garten (Giardino Botanico delle Alpi Orientali) an der Cas. Faverghera ist vom 10./15. Juni bis 5./10. Sept. Sa., So. und Fei. 9.30–17 Uhr geöffnet.

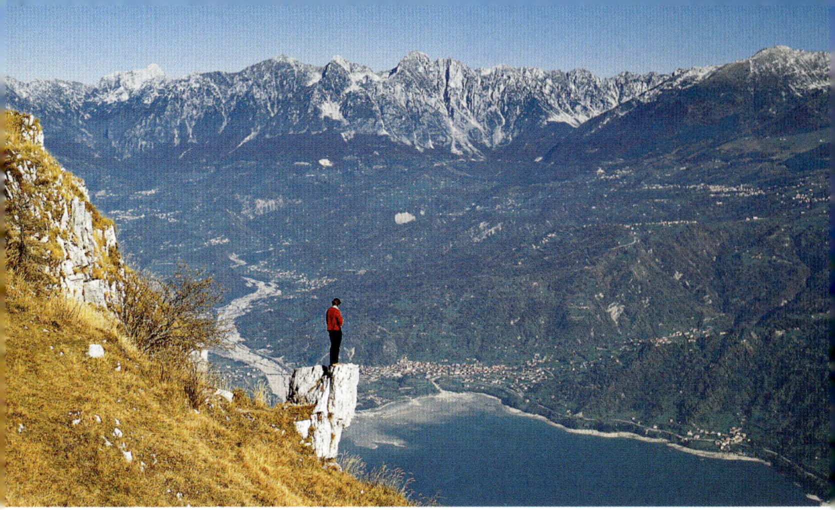

Tiefblick vom Monte Faverghera auf den Lago di Santa Croce, dahinter die Col-Nudo-Cavallo-Gruppe mit dem Monte Messer (Tour 53) rechts.

Vom **Rist. La Casera** (1) auf unbez. Fahrweg nach Süden hinauf an den Wiesenrücken des M. Faverghera (Tiefblick auf den Lago di Santa Croce!). Über diesen hinauf zur **Cas. Faverghera**, 1549 m (2), mit botanischem Garten. Unterm Gipfel des M. Faverghera vorbei, durch eine Wiesenmulde aufwärts und am Rücken weiter zum aufgelassenen Rif. Brigata Alpina Cadore, 1610 m (3). Hinab in den Sattel vor dem Col Toront, danach in die rechte Flanke (Westseite) des Kammes und dort durch Wiesen und Almrosen eben zum **Rif. Bristot**, 1616 m (4). Den unbez. Karrenweg in der Westseite des Rückens bergauf, wobei drei Wiesenmulden ausgegangen werden, zuletzt steiler empor zum Sattel, 1707 m, vor dem Col Visentin. In die Ostseite des Berges und dort, eine steile Grasflanke querend, an den Südrücken mit der Zufahrtsstraße von Vittorio Veneto her. Auf ihr kurz nach rechts hinauf zum Gipfel des **Col Visentin,** 1763 m (5, Schutzhaus). Großartiges Panorama! **Abstieg** entlang der Aufstiegsroute.

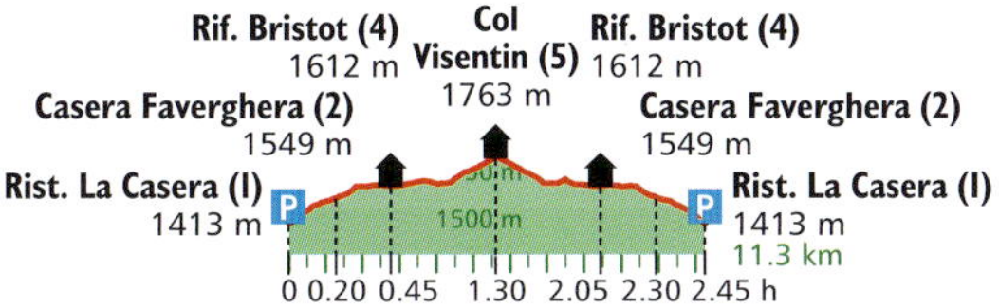

Stichwortverzeichnis

Italienische Begriffe für Wanderer

acqua	Wasser
albergo	Gasthof, Hotel
alta, alto	Hohe(r)
Alta Via delle Dolomiti	Dolomiten-Höhenweg
altezza	Höhe
attrezzato	gesichert
arrampicare	klettern
bàita	Bar, Unterstand
banca	breites Geröllband
bassa(o)	tiefe(r), niedrige(r)
bivacco	Biwak, -schachtel
bocca	Scharte
bocchetta	kleine Scharte
busa	Bergkessel, Kar
bussola	Kompass
cima	Gipfel, Spitze
cabinovia	Kleinkabinenbahn
cadin	Kar
campanile	Turm
camminata	Fußmarsch
capanna	Hütte
carta geografica	Landkarte
casera	Almhütte
cengia	Band
col	Hügel
corda	Seil
cresta	Grat
croda	steiler Felsgipfel
diritto	geradeaus
discesa	Abstieg
dos(so)	Rücken, Hügel
est	Osten
fiume	Fluss
fonte	Quelle
forcella	Joch, Sattel, Scharte
funivia	Seilbahn
ghiacciaio	Gletscher
guglia	Turm, Felsnadel
incidente	Unfall
lago	See
monte	Berg
malga	Alm
nebbia	Nebel
neve	Schnee
nord	Norden
ovest	Westen
passo	Joch, Pass
pericoloso	gefährlich
pernottare	nächtigen
pian(o)	Ebene, Fläche
pioggia	Regen
piz, pizzo	Spitze
ponte	Brücke
porta	Felstor, Scharte
pra(to)	Wiese
previsione del tempo	Wetterprognose
punta	Gipfel, Spitze
ricovero	einfache Biwakhütte, Unterstand
rifugio	Hütte, Schutzhütte
rio, rivo	Fluss
salita	Anstieg
sass(o)	Fels, Felsberg
seggiovia	Sessellift
segnalazione	Markierung
sella	Schulter, Sattel
sentiero	Steig, Weg
serpente	Schlange
soccorso alpino	Bergrettung
sorgente	Quelle
sosta	Rast
spallóne	große Bergschulter
spigolo	Bergkante
sud	Süden
tabià	Heustadel
teleferica	Seilschwebebahn
tempo	Wetter
temporale	Gewitter
torre	Turm, Felsturm
torrente	Bach
val, valle, vallon	Tal
valanga	Lawine
van, vant	Bergkessel, Kar
vedretta	kleiner Gletscher
vento	Wind
vetta	Gipfel
via	Weg, Steig
via ferrata	Klettersteig
zaino	Rucksack
portela (mundartl.)	Tor, Felstor, Scharte
spiz (mundartl.)	Spitze, Gipfel
viàz (mundartl.)	rauer Jagdsteig

Umschlagbild:
Der Monte Pelmo, eines der imposantesten Felsgebilde der Alpen, von Südosten betrachtet. Durch den rechten Teil der unteren Wandzone (Ballband) und das Kar darüber erfolgt der Normalanstieg (Tour 4).

Bild im Innentitel:
Die Südabstürze der Schiaragruppe (links der Monte Schiara, rechts der Monte Pelf) über dem Val d'Ardo, vom Pian de Roanza bei Belluno (Touren 41–43).

Bild Seite 2:
Rast unterm Campanile di Val Montanaia (Tour 46). Blick nach Süden gegen den Col Nudo.

Alle 134 Fotos vom Autor.

Kartografie:
56 Wanderkärtchen im Maßstab 1:50.000
(gezeichnet von Barbara Häring, Gröbenzell)
© Bergverlag Rother GmbH
Zwei Übersichtskarten im Maßstab 1:550.000 und 1:700.000
© Freytag & Berndt, Wien

Die Ausarbeitung aller in diesem Führer beschriebenen Wanderungen erfolgte nach bestem Wissen und Gewissen des Autors. Die Benützung dieses Führers geschieht auf eigenes Risiko. Soweit gesetzlich zulässig, wird eine Haftung für etwaige Unfälle und Schäden jeder Art aus keinem Rechtsgrund übernommen.

2. Auflage 2022

ISBN 978-3-7633-4440-6

FSC
www.fsc.org
MIX
Papier aus verantwortungsvollen Quellen
FSC® C021956

Wir freuen uns über jeden Korrekturhinweis zu diesem Wanderführer!
Bitte per E-Mail an: leserzuschrift@rother.de

ROTHER BERGVERLAG · München
D-82041 Oberhaching · Keltenring 17 · Tel. +49 89 608669-0 · www.rother.de